企业数据资源入表操作手册

张　军　编著

2024年1月1日，《企业数据资源相关会计处理暂行规定》正式实施，标志着我国企业数据资源会计处理领域迈出了重要一步，开启了数据资产化、价值化大时代，我国走在了将企业数据资源确认为会计意义上资产的世界前列。在这一背景下，企业应如何迈过数据要素门槛，如何分享数据要素红利，如何加强合规管理，完善内部控制体系，迎接数据资源入表给经营理念和管理体系带来的挑战，这些都是亟待研究解决的问题。数据资源入表不是财务部门一个部门的事情。秉持这一理念，本书以国家相关政策及我国数据要素市场资源为基础，立足企业的实际操作需求，针对数据资源发掘、数据权属确认登记、数据资源入表及核算、数据资源资产化、数据资产评估、内部控制完善、管理制度健全等具体方面工作，提供了具体方法参考，助力企业有效实现自身数据从资源到资产的价值转换。本书适合企业财务、数字化等部门涉及此项工作的相关专业人士，以及相应管理部门、领导层、决策者阅读，也可作为高校财务、会计、审计等专业师生学习参考用书。

图书在版编目（CIP）数据

企业数据资源入表操作手册 / 张军编著. -- 北京 ：机械工业出版社，2024. 11. -- ISBN 978-7-111-77443-3

Ⅰ. F279.23-62

中国国家版本馆CIP数据核字第2025JF1431号

机械工业出版社（北京市百万庄大街22号　邮政编码100037）

策划编辑：陈小慧　　　　责任编辑：陈小慧　王　涛

责任校对：张爱妮　张　薇　　责任印制：郜　敏

中煤（北京）印务有限公司印刷

2025年4月第1版第1次印刷

170mm×230mm · 19.75印张 · 292千字

标准书号：ISBN 978-7-111-77443-3

定价：89.00元

电话服务	网络服务
客服电话：010-88361066	机　工　官　网：www.cmpbook.com
010-88379833	机　工　官　博：weibo.com/cmp1952
010-68326294	金　　书　　网：www.golden-book.com
封底无防伪标均为盗版	机工教育服务网：www.cmpedu.com

推荐序一

把握时代脉搏，助力数据资源入表

在当今全球经济格局深刻变革的浪潮中，数字化转型已成为不可阻挡的时代潮流，正以前所未有的力量重塑着各行各业的发展模式与竞争格局。数字经济作为一种新型经济形态，凭借数字技术的强大驱动力而逐渐成为推动全球经济增长的关键引擎。它不仅改变了传统的生产方式、商业模式，更深刻影响着社会的运行逻辑与人们的生活。伴随着数字技术的突飞猛进，我国始终保持战略高度的积极应对，积极布局数字经济领域。2022 年 12 月 19 日，《中共中央 国务院关于构建数据基础制度更好发挥数据要素作用的意见》（业内称“数据二十条”）的正式发布，无疑是这一布局的重磅举措。“数据二十条”为我国构建起了完善的数据基础制度框架，旨在更好地挖掘数据要素价值，使其在经济社会发展中释放更大的潜能。此后，独立、专职的国家数据局正式成立，这更是为统筹数据资源管理、推动数据要素产业发展提供了坚实的组织保障。国家数据局积极履行职责，于 2024 年初，联合中央网信办、科技部等 17 个部门，发布了《“数据要素×”三年行动计划（2024—2026 年）》。该计划的重要意义在于：一是推动发挥数据要素乘数效应，释放数据要素价值，选取了 12 个重点行业和领域，到 2026 年底，计划打造 300 个以上示范性强、显示度高、带动性广的典型应用场景；二是标志着我国在数据要素市场建设方面，迈出了从宏观制度向具体举措的重要一步，有助于构筑以数据为核心的新型经济结构及增长模型，加速经济数字化转型；三是通过典型案例的示范作用，为释放数据价值、强化数据产品开发和服务提供重要参考，为构建数据要素市场提供实践样本，提升全社会对数据价值的认识。此后，《国家发展改革委等部门关于促进数据产业高质量发展的指导意见》

和《国家数据局等部门关于促进企业数据资源开发利用的意见》等政策文件，从多个维度为数据要素市场的繁荣发展、企业数据资源的开发利用保驾护航。

经济越发展，会计越重要。这是众所周知的普遍规律，也是中国市场经济条件下会计人的使命担当。在中央顶层设计的宏观政策背景下，财政部于 2023 年发布《企业数据资源相关会计处理暂行规定》（以下简称《暂行规定》），并从 2024 年 1 月 1 日起正式执行。这一规定具有里程碑意义，它标志着继《关于构建更加完善的要素市场化配置体制机制的意见》将数据资源作为与土地、劳动力、资本、技术并列的五大生产要素之一后，数据资源被正式纳入会计核算体系，成为实实在在的会计核算对象。这不仅是我国在数据资源管理领域的一次历史性跨越，更是我国在全球范围内率先将数据资源的会计核算进行规范化、制度化的重要创举，彰显了我国在数字经济时代把握发展机遇、引领全球潮流的决心与实力。

其实，作为与数据打了几十年交道的会计学教授，回顾我多年在企业财务报表分析领域的耕耘历程，深感“数据”既是微观细胞又是宏观大业，始终贯穿企业运营管理的方方面面。财务报表作为企业生产经营状况的直观反映，以数据为载体，将企业的财务状况、现金流量、经营成果等重要信息进行系统的报告和披露，本质上就是一个高度结构化的数据呈现形式。在经济全球化日益深入、市场竞争越发激烈的当下，财务报表分析对于企业的重要性不言而喻。它犹如企业的“体检报告”，通过对各项数据指标的深度剖析，帮助企业管理者、投资者及其他利益相关者洞察企业的优势与不足，为决策提供有力依据。长期以来，我一直致力于挖掘财务报表背后深层次的经济含义，探寻数据之间的内在逻辑关系，力求通过精准的分析为企业发展提供更具前瞻性、针对性的建议。随着数字经济的蓬勃兴起，数据资源的重要性不断凸显，我越发意识到，传统的财务报表分析需要与时俱进，要将数据资源这一新兴要素纳入分析视野，进一步挖掘其在企业价值创造过程中的作用机制及在财务表现上的影响。

而此刻呈现在大家面前的这本《企业数据资源入表操作手册》，正是契合时代需求、聚焦数据资源入表这一关键领域的匠心之作。该书由北京物资学院会计学院院长张军教授编著，凝聚了编写团队大量扎实且深入的工作成果。从内容结构来看，该书编排合理、条理清晰，涵盖从数据相关概念的梳理、我国相关法规政策的解读，到企业数据治理、资源化操作的详细指引，再到保障体系建设及丰富的实操案例展示等多个重要板块。

在法规政策解读方面，该书对“数据二十条”及《暂行规定》等关键政策进行了深入浅出的剖析，帮助读者准确把握政策导向与核心要求，为企业在数据资源入表工作中依规行事奠定了坚实基础。在企业数据治理板块，详细探讨了影响企业数据价值的关键因素、公司治理与数据资产管理及治理之间的关系，并对数据治理岗位设置给出了合理建议，助力企业从内部管理层面优化数据资源的整合与运用。尤为值得一提的是书中关于数据资源入表的操作指引部分，这是全书的核心亮点所在。它从认识企业数据资源入手，逐步引导读者了解如何发掘企业自身数据资源、开发外部数据资源，进而深入到如何科学评估数据资源的价值、确定数据权属并进行登记，以及如何有条不紊地进行数据资源的入表整理、开展预期经济利益及可行性分析、进行相关成本归集与分摊，直至最后完成数据资产报告与披露及资产评估等一系列关键环节。整个过程环环相扣、细致入微，仿佛为企业数据资源入表工作绘制了一幅精准的“施工蓝图”，无论是经验丰富的财务专业人士，还是刚刚涉足这一领域的新手，都能从中获取清晰的操作思路与实用的方法技巧。同时，书中还通过多个典型的实操案例，总结了正反两个方面的经验教训。这些案例既有来自大型国有企业的成功实践，也有不同行业在探索过程中遇到的问题与解决思路，具有很强的代表性和借鉴价值。它们就像一面镜子，让读者能够对照自身企业的实际情况，在数据资源入表的道路上少走弯路，避免重蹈覆辙，更高效地实现数据资源的规范化入表和价值转化，同时引导读者能够在企业数据资源入表工作中有序推进、有规而行、有为而作。

我由衷地希望，这本《企业数据资源入表操作手册》能够成为广大企业管理者、财务人员，以及所有关心数据资源会计核算事业的同仁手中的得力工具。在实际工作中，大家可以通过学习领会书中的内容，参照案例中的实践经验，更加有效、务实地开展数据资源入账入表工作，为企业在数字经济时代的高质量发展提供有力支撑。

数据资源会计核算作为一项新兴事业，目前尚处于不断探索与发展的阶段，犹如一片尚待深度开发的处女地，充满了无限的潜力与可能。在阅读和学习这本书的过程中，我也期待大家能够积极反馈实践中的心得体会，不断总结经验，共同为完善我国数据资源会计核算体系添砖加瓦。相信在大家的共同努力下，这本书将在我国数据资源乃至数据资产会计核算工作中持续发挥作用，助力我国数字经济加速发展，迈向更加辉煌的未来。

张新民

2024 年 11 月 16 日

推荐序二

乘技术进步之风，探数据资源入表之路

当今，飞速发展的数字技术使得数据资产成为越来越多企业拥有的一项重要经济资源。从互联网的普及让数据量呈爆炸式增长，到大数据技术的兴起使我们有能力处理海量、复杂的数据，再到人工智能、区块链、云计算等前沿技术与数据的深度融合不断挖掘出数据更深层次的价值，数据已然成为驱动经济社会发展的主要力量。

我国政府和企业都十分重视数据资产。政府层面，通过出台一系列前瞻性政策规划，为数据产业营造良好的发展环境，引导资源向数据领域汇聚；企业层面，各类企业积极投身数字化转型，将数据作为重要资产进行管理和运营，探索如何在这场数据驱动的变革中提升自身竞争力，实现创新发展。

从国际来看，数据资产会计的理论研究也呈现活跃且多元的景象。随着全球数字化进程的加速，不同国家和地区都意识到数据资产在经济发展中的关键作用，纷纷展开对数据资产会计核算、计量、披露等方面的深入研究。国际会计准则制定机构也在持续探讨如何构建统一且科学合理的数据资产会计准则框架，以适应跨国企业数据资产处理的需求，协调各国之间的数据资产会计实务差异。在这一过程中，新的理论观点不断涌现。例如，关于数据资产的确认标准，有的主张以数据的未来经济利益流入可能性作为核心判断依据，有的则强调数据的控制权归属问题；在计量属性选择上，也存在着历史成本、公允价值、可变现净值等多种不同思路的激烈碰撞。同时，国际上围绕数据资产的跨国交易、税收处理等问题也引发了广泛的讨论，各国学者试图从不同角度找到兼顾公平与效率的解决方案，这些都反映出国际数据资产会计理论前沿的动态性与复杂性。

从国内来说，数据资产会计问题也已成为会计理论研究的热点领域。一方面，随着我国数字经济规模的不断扩大，企业对于数据资产会计处理的规范化需求日益迫切，这促使学界加大了对数据资产会计基础理论的研究力度，如探索适合我国国情的数据资产定义、分类方法及会计要素确认条件等，力求构建具有中国特色的数据资产会计理论体系；另一方面，我们也面临着诸多新的问题亟待解决。例如，如何在现有会计制度框架下，妥善处理数据资产与传统资产在会计核算上的差异与衔接；如何应对数据资产快速更新迭代所带来的会计估计和判断难题；如何在保障数据安全、隐私的前提下，实现数据资产的充分披露，满足投资者和其他利益相关者的信息需求等。这些问题既是挑战，也为国内数据资产会计理论的进一步发展提供了广阔的研究空间，激励着广大学者不断探索创新。

近年来，我国政府在推动数据资源入表工作方面可谓紧锣密鼓，出台了一系列具有重要实践指导意义的政策文件。财政部站在规范企业会计处理、促进数据资源合理配置的高度，发布了涉及数据资源财务处理、资产评估及资产管理等多个方面的规定和指导意见。这些政策从不同维度为企业开展数据资源入表工作提供了清晰的操作指南，使得数据资源在会计层面得以从抽象的概念逐步落地为实实在在的核算对象。例如，在财务处理维度，明确了数据资源相关的会计科目设置、账务处理原则，帮助企业将数据资源纳入日常的财务核算体系；在资产评估维度，给出了评估方法选择、评估参数确定等方面的指引，确保数据资产价值能够得到科学合理的衡量；在资产管理维度，则着重强调了数据资产全生命周期的管理要求，即从数据的采集、存储、使用到处置等环节，都要遵循相应规范，保障数据资产的质量和安全。这些政策举措共同构建了我国数据资源入表工作的政策基石，有力地推动了数据资产会计实务在全国范围内的有序开展。

在此背景下，由北京物资学院会计学院院长张军教授精心组织编写的《企业数据资源入表操作手册》应运而生。该书总结了过去一年多时间里我国诸多行业上市公司和非上市公司数据资源入表工作的经验。从内容结构来看，该书首先系统梳理了数据相关的基础概念，为读者搭建起扎实的认知框架，让大家能够清晰地理解数据资源在企业运营中的角色与地位。其中，在企业数据治理部分，深入探讨了影响数据价值的关键因素，以及公司治理与数据资产管理、治理之间的关系，并针对数据治理岗位设置提出了合理建议，从企业内部管理层面为数据资源入表工作筑牢根基。其次对我国现行的相关法规、政策进行了详细解读，帮助读者准确把握政策导向，确保在数据资源入表操作过程中依规行事。最后，尤为值得称道的是书中关于数据资源入表的具体操作指引内容，从如何发掘企业自身数据资源、开发外部数据资源，到如何精准评估数据资源的价值、确定数据权属并登记，再到细致入微的入表整理流程，包括数据预期经济利益及可行性分析、相关成本归集与分摊，以及最后的数据资产报告与披露、资产评估等环节，层层递进，为企业提供了一套完整且操作性极强的入表“路线图”。每一个步骤都结合实际案例进行讲解，既有成功经验的分享，也有对常见问题的剖析和应对建议，使读者仿佛置身真实的数据资源入表工作场景，能够更加直观地掌握操作要点，避免走弯路。

同时，书中还通过丰富的案例展示了不同行业、不同规模企业在数据资源入表过程中的实践探索，涵盖了数据资源丰富的制造业企业、高度依赖数据服务的互联网企业，以及数据敏感度较高的金融企业等。这些案例具有很强的代表性和借鉴价值，无论是大型企业在构建复杂数据资产体系时面临的难题，还是中小企业在有限资源下如何开展数据资源入表工作的困惑，都能在书中找到相应的借鉴和启示。

我深信，《企业数据资源入表操作手册》将成为广大企业、会计从业者及所有关心数据资源入表工作的同仁的得力助手，使读者能够更加有序、有度、有效地开展数据资源入表工作，让数据资源在企业的财务报表中得以准确呈现。

衷心希望该书能够在业界广泛传播，发挥其应有的作用，为我国企业数据资源入表工作的高质量发展贡献力量，共同书写我国数字经济时代数据资产会计核算的精彩篇章。

陆正飞
2024 年 11 月 24 日

前　言

目前，中国是全球数字经济发展较快的国家之一。2020 年 3 月，《中共中央 国务院关于构建更加完善的要素市场化配置体制机制的意见》发布，首次将数据正式纳入生产要素范围。国家互联网信息办公室 2023 年 5 月发布的《数字中国发展报告（2022 年）》显示，2022 年我国数字经济规模达 50.2 万亿元，总量稳居世界第二。数字经济占国内生产总值比重提升至 41.5%，数据已成为第五大生产要素。数据资产作为经济社会数字化转型进程中的新兴资产类型，正日益成为推动数字中国建设和加快数字经济发展的重要战略资源。党中央高度重视数字中国建设和数字经济发展，做出了一系列重要决策部署。到 2022 年 12 月，《中共中央 国务院关于构建数据基础制度更好发挥数据要素作用的意见》（业内称“数据二十条”），对构建数据基础制度做了全面部署，明确提出培育数据要素流通和交易服务生态，通过数据商提供数据资产的合规化、标准化、增值化服务，有序培育数据集成、合规认证、资产评估等第三方专业服务机构；健全数据要素由市场评价贡献、按贡献决定报酬机制，依法依规维护数据资产权益；加大政策支持力度，探索数据资产入表新模式等要求。再到 2023 年 2 月，中共中央、国务院印发《数字中国建设整体布局规划》，进一步指出要加快建立数据产权制度、开展数据资产计价研究等。党中央、国务院的这些部署和要求，为数据资产管理研究工作的开展指明了方向、提供了遵循依据。

为进一步加快推进数据资源化、资产化、资本化进程，规范企业数据资源相关会计处理，强化相关会计信息披露，2023 年 8 月，财政部发布《企业数据资源相关会计处理暂行规定》（财会〔2023〕11 号，以下简称《暂行规定》），规定企业可以将数据资源确认为无形资产或存货，这是对“数据二十条”政策精神的落实。2023 年 9 月，在财政部指导下，中国资产评估协会发布了《数据资产评估指导意见》（以下简称《评估指导意见》），为数据资产的评估实务提供了指引，有助于进一步推动建立数据资产价值评估机制，为数据资源入表、交易、流通及相关运作提供切实可操作的基础支撑，对数字时代企业投融资和经济发展有重要意义。为深入贯彻落实党中央决策部署，规范和加强数据资产管理，更好推动数字经济发展，2024 年 1 月，财政部印发《关于加强数据资产管理的指导意见》（以下简称《管理指导意见》），明确了加强数据资产管理的总体要求、主要任务、实施保障 3 大方面 18 条细化要求，提出要以促进公共数据资产高质量供给，有效释放公共数据资产价值为目标，以推动数据资产合规高效流通使用为主线，有序推进数据资产化，加强数据资产全过程管理，进一步发挥数据资产价值。

在这个大背景下，2023 年底，我们参与了中国会计学会 2023 年重点课题"公共数据资源相关会计问题研究"，激发了对数据资源价值转化的浓厚兴趣，开始关注数据资产方面的报道并开始搜集整理相关资料。2024 年 2 月 20 日，我们参访、调研中关村工信二维码技术研究院（以下简称"中码院"），主要目的一是了解企业，特别是其在数据要素、数据资产等方面的业务情况，推动产教融合，促进校企合作；二是调研中码院对人才的需求，进一步加强人才培养。双方就万物互联编码标识命名系统（MA 标识体系）运营模式及应用场景、数据资源入表相关问题、智能会计人才培养等方面展开了深入交流研讨，并初步达成合作意向。双方希望今后能发挥各自优势，整合资源、相互促进、协同育人，加强沟通，通力合作，实现校企在数字经济大背景下的发展共赢。在调研过程中，大家聊得很投机、尽兴，觉得可以一起做些事情。虽然当时外面飘着大雪，但我们热情似火。2024 年 2 月 29 日，双方启动了《企业数据资源入表操作手册》（以下简称《手册》）的编写计划，希望从实施和落地层面解决企业面临的数据资源入表的实际操作问题；3 月 3 日，邀请中码院的高层、会计师事务所代表和业界专家来北京物资学院会计学院就手册的有关内容进行进一步深入探讨和交流；3 月 4 日，《手册》的第一版大纲编写完成，并根据各个章节匹配相关负责的编委成员，制订了工作计划和时间表，借书、查文献、从网上收集相关报道资料，并邀请有实操经验的企业代表来详细解析其操作案例，先后于3月13日邀请北京易华录信息技术股份有限公司的夏东先生做“数据资产化的底层逻辑与政策导向”讲座；3月15日邀请新华社新闻媒体中心新经济事业部总经理周羿翔先生做“2024年中国数据资产元年”讲座；3月31日邀请北京大学计算机科学技术研究所副研究员何立军先生做“数据资产入表应用研究”的报告，交流电力行业数据资源入表案例；4月26日邀请同方知网（北京）技术有限公司左强先生做“挖掘数据资源潜力，释放数据资产价值——基于某企业数据资源入表的探索与实践尝试”的讲座。于3月19日和5月7日先后两次到北京国际大数据交易中心参观访问，双方就数据交易、数据跨境、数据资产登记及具体应用场景、数据资源入表相关问题、新型智能化会计人才培养等方面展开了深入交流；4月15日实地参访中信百信银行；5月9日到中联集团（评估事务所）进行实地调研和参观访问学习。

《手册》在这种边学习阅读文献资料，边结合专家讲座研讨、实地访谈和深入调研的过程中逐步成形。大家群策群力，于3月19日完成初稿，于3月22日完成第二稿，于3月29日完成第三稿。3月23日，在南京举办的中国政府审计研究中心审计学者研讨会（CAPS）2024年春季会议期间，与上海数据交易所建立联系。4月2日，参加在南京由上海数据交易所发起举办的“DMD数据资产入表与实践论坛”，4月6日修订完成第四稿，4月11日完成第四稿的更新（完善了图标），并于4月24日交给出版社。随后根据出版社建议持续完善，这期间穿插了多次小组讨论和听取专家的建议，到7月更新到第九稿方交出版社终稿。

《手册》编写过程中，编委会各成员做了大量工作，为本书的最终成稿付出了诸多心血，在此表示衷心的感谢！其中，尤其要感谢在各章节内容组织、内容汇编整理等工作方面做出突出贡献的各位专家和老师，他们分别是：

第一章　概论（赵爱莉）

第二章　企业数据治理（王璐）

第三章　数据资源入表主要政策解读（陈仙云）

第四章　企业数据资源化操作指引（李斌、陈仙云）

第五章　企业数据资源入表操作指引（王璐、李佳忆、陈仙云、赵爱莉）

第六章　企业数据资源保障体系建设（陈仙云、赵庆庆）

第七章　数据资源入表实操案例（陈仙云、崔存金）

汇编整理　（陈仙云）

值得一提的是，《手册》编写大纲确定的同时，2024 年 3 月 5 日，编委会审议筹建数据生产力研究院相关事项，随着调研和撰写书稿过程中与各方探讨的逐步深入，于 2024 年 4 月 4 日调整优化了研究院的研究方向，审议改为数据价值链研究院，重新确定了研究院的定位。

回首成书的过程，我们越发体会和认识到数据资源入表的重要意义和关键环节的关键问题。《手册》的内容还有很多不足的地方，我们会根据实践案例不断增多过程中出现的新问题、新方法逐步修订和完善。也希望企业通过《手册》可以对数据的基本概念和数据资源入表有清晰的认知，并按照操作要点梳理和整理企业存在的问题，找到有效解决方案。希望本书能够帮助企业抓住数据资源入表带来的机遇，一方面尽快完成数字化转型，提高企业运行效率，另一方面深度盘整、挖掘数据资源，合规、合理、有效激发企业高质量数据资产效能，将其作为数据资产反映在财务报表中，实现数据资源的资产化、资本化，从而提高企业的创新能力和核心竞争能力。

本书编委会

2024 年 10 月

目　录

第1章　概　　论

1.1　数据相关概念的提出

1.1.1　数据、信息、知识和智能

在探讨数据、信息、知识和智能的概念及其相互关系时（见图1-1），不可避免地要深入研究这些术语的本质和它们在现代信息社会中所发挥的角色功能。

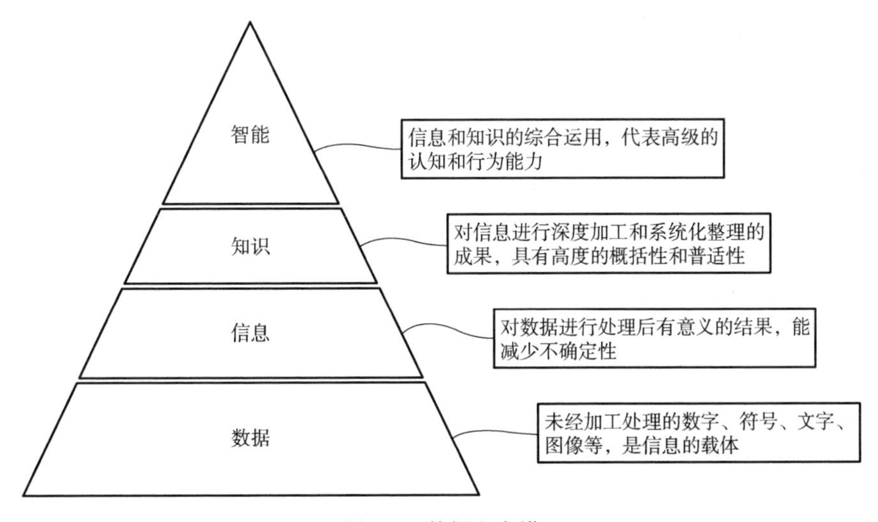

图1-1　数据金字塔

首先，数据是信息的原始形态，通常指未经加工处理的数字、符号、文字、图像等，可以是定量的，也可以是定性的。数据本身并不直接传递意义，而是作为信息的载体存在。信息则是对数据进行解释和赋予意义的结果，它可以是数据所蕴含的规律、趋势、关联等，也可以是数据所表达的具体事实、事件或状态。

换句话说，信息是数据经过处理后所呈现的有意义的形式，它能够减少不确定性，增进人们对某一事物的了解，为人们的决策和行动提供有力支撑。例如，气温读数“15 摄氏度”是一个数据，而当这个数据被解释为“今天天气温暖适宜外出”时，它就变成了信息。

其次，知识是在信息的基础上进一步提炼和抽象出来的成果，是对信息进行深度加工和系统化整理的结果，具有更高的概括性和普适性。知识与信息的关键区别在于，知识不是事实的简单堆砌，而是对信息深层次的加工和抽象，更是对事实之间关系的逻辑理解，包含对信息的判断、推理、验证和解释，使得人们能够在新的情境中应用这些知识来解决问题。例如，气象学家通过对多年气象数据的分析，形成了关于气候变化的知识，这些知识可以用来建立预测未来天气的模型。

最后，智能作为数据、信息和知识的综合运用和超越，代表一种高级的认知能力和行为表现，是对知识和信息的创造性运用和发展。智能可以帮助人们更好地应对复杂的情境和问题，实现自主决策、学习创新和协同合作等高级功能。在智能的实现过程中，需要借助各种智能技术和系统来模拟人类的思维和行为过程，从而实现对知识和信息的自动化处理和使用。

数据、信息、知识和智能构成了一条层层递进的关系链。数据是信息的基础，信息是知识的来源，知识是智能的支撑，智能则是对前三者的综合运用和超越。在这个关系链中，每一层都为上一层提供了必要的支持和条件，共同构成了信息社会中知识创造和智能发展的基石。

1.1.2 数据的特性与分类

1.1.2.1 数据的特性

随着互联网、云计算、物联网、区块链、人工智能等技术的快速发展，网络空间的电子化数据规模急剧增长，形式愈发复杂，应用也日趋丰富，而数据资产管理的核心对象也正是这些电子化数据。

电子化数据在网络空间具有一系列独特的属性（见图 1-2）。首先，它们以二进制字符串的形式存储在介质上，占据了一定的物理空间且可度量、可处理，这是它们的物理属性。这种物理属性使得数据可以被复制和传输，甚至在某些情况下可以直接从物理层面对其勘探或破解。其次，电子化数据能够以人类可感知的形式存在，这是它们的存在属性。通过网络空间中的输入输出设备，这些数据能被以人们可感知的各种形式展现出来。只有被人们感知的数据，才是真正可以被使用的数据。再次，电子化数据还具有信息属性。这意味着数据可能携带某种含义或信息。通常，经过解释的数据会具有明确的含义，但并非所有数据都有此特性。例如，随机数字或乱码虽然也是数据，但并不携带明确的信息。同时，数据的含义可能会随着时间和空间的变化而演变。最后，电子化数据还可被赋予时间属性。当数据被用于表示随时间变化的事物时，需要为其添加时间戳以明确其时间属性。例如“2024 年 3 月 17 日北京市的最高气温是 15℃”，这里的“15℃”就具有了时间戳“2024 年 3 月 17 日”，有了明确的时间属性。与自然界中的事物会随时间老化不同，数据本身不会老化，只要更换存储载体，就可以实现数据的长久保存。

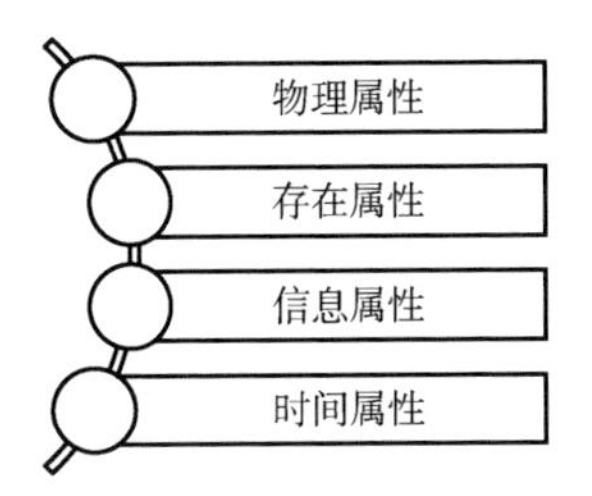

图 1-2　数据的特性

1.1.2.2　数据的分类

数据分类涉及多个维度和方法，以适应不同场景的需求。从存储角度看，数据可分为基础层、中间层和应用层，各层次对数据的集成性和灵活性有不同要求。从加工程度看，数据可分为原始数据、衍生数据和数据产品，加工者的劳动和贡献因类型而异。此外，根据对数据安全性的要求不同，可将数据分为一般数据、重要数据和核心数据，实现数据分级管理以降低安全风险。这些分类方式反映了数据在存储、加工、应用和安全等方面的复杂性。

国际上，数据类型的划分主要基于公共利益或个人权利。例如，美国将数据分为公共数据和非公共数据，以明确其流通导向和策略。欧盟则根据数据所描述对象的不同，将数据分为个人数据和非个人数据，凸显了数据来源主体对数据掌控能力的差异，以及采取差异化数据权利措施的必要性。

2022 年 12 月发布的《中共中央 国务院关于构建数据基础制度更好发挥数据要素作用的意见》，即“数据二十条”，提出了公共数据、企业数据和个人数据的分类方法。尽管这 3 种类型存在复杂交叉，但有助于经过数据权属的认定，建立细化的分类标准和流通使用规范。

1. 公共数据

“数据二十条”指出，公共数据主要源自各级党政机关、企事业单位在履行其职责或提供公共服务时的产出，但未对公共数据的具体涵盖范围做出明确的界定。

现阶段，政务数据与涉及公共事业的数据，如科研、教育、文化，以及水电、公交等基础设施服务数据，因其背后的公共财政支持或公共服务职能，普遍被视为公共数据。对于这类数据，普遍的观点认为它们应归全民所有，可由政府或其他公共机构代为管理和开放。在确保国家安全、商业秘密及个人隐私的前提下，在坚守“取之于民、用之于民、造福于民”原则的同时，需要不断扩大这些数据的应用场景，使其能更广泛地惠及社会。因此，如何有效增加公共数据的供给、提升其质量和效率，已成为当前广受关注的焦点议题。

不过，对于企业在进行具有公共服务性质的业务活动时收集并生成的数据，尤其是这些数据与公共利益紧密相关时，是否应纳入公共数据的范畴，则颇具争议。鉴于企业运营的复杂性，很难“一刀切”地判断此类数据是否完全基于公共服务而产生。因此，在讨论这类数据的归属时，必须审慎地分析企业所掌握的数据与公共服务及公共利益之间的内在关系。

2. 企业数据

企业数据的来源广泛且生成方式多样，这主要归因于其生产、经营、管理链条的复杂性，以及数据需求的多元化。在数据的加工、整理与分析过程中，企业会形成多种衍生数据，进一步丰富了数据的表现形式。

根据生成方式的不同，企业数据主要可分为 3 类：一是企业通过自行采集并记录各种客观现象所得的数据；二是企业在与用户的交互过程中采集的数据，这些数据记录了用户的行为和反馈，对企业的经营决策具有重要参考价值；三是企业基于已有的数据进行深度加工和分析产生的新数据，这类数据往往具有更高价值。

在企业数据的生成过程中，虽然不同类型的数据所需的资源和劳动投入有所不同，但它们都为企业带来了独特的业务价值。因此，如何有效地评估和认定这些数据的业务贡献，使数据价值得以“显性化”，成为企业面临的关键问题。企业数据资源入表就是数据价值从会计报表上开始“显性化”，这是探索数据要素价值释放从 0 到 1 的关键一步。

3. 个人数据

个人数据主要被公共部门和企业持有，这些数据可以分为 3 类，并面临着不同的风险和挑战。

一是那些能够直接描述或标识特定个人的信息，如姓名和身份证号码。这类信息具有客观性，意味着这些信息不依赖任何特定的业务系统或应用软件来解释。然而，当这些数据被持有者掌握时，就存在隐私泄露和信息滥用的风险。

二是描述个人与数据持有者交互时产生的行为痕迹的数据。这类数据的可读性较弱，通常需要依赖数据持有者所设计或搭建的特定表格、系统和软件来分析理解。当数据持有者汇集了大量此类行为痕迹数据后，通过数据挖掘和分析，可以极大地放大这些数据的价值。但与此同时，也可能出现诸如“大数据杀熟”等伦理风险。

三是个人创作的作品。个人在创作这些作品时往往有其原始目的，但随着数据挖掘技术的深化和人工智能大模型的发展，这些数据被数据持有者收集并在特定场景中被赋予新的价值。在这一过程中，个人的相关权益可能会受到侵犯。

由于个人对不同类型数据的掌控能力有限，保障个人隐私、维护人类道德伦理及确保人的主体性等问题已经引起了广泛关注。因此，在开发利用个人数据时，如何加强相关个人权益的保护仍然是一个关键问题。

公共数据、企业数据、个人数据的复杂关系见图 1-3。

总体来看，数据分类的目的是更好地管理和利用数据资源，促进数字经济发展和提升公共治理水平。在分类过程中，需要关注不同类型数据的特性和关键问题，以确保数据的安全性和价值得到充分发挥。

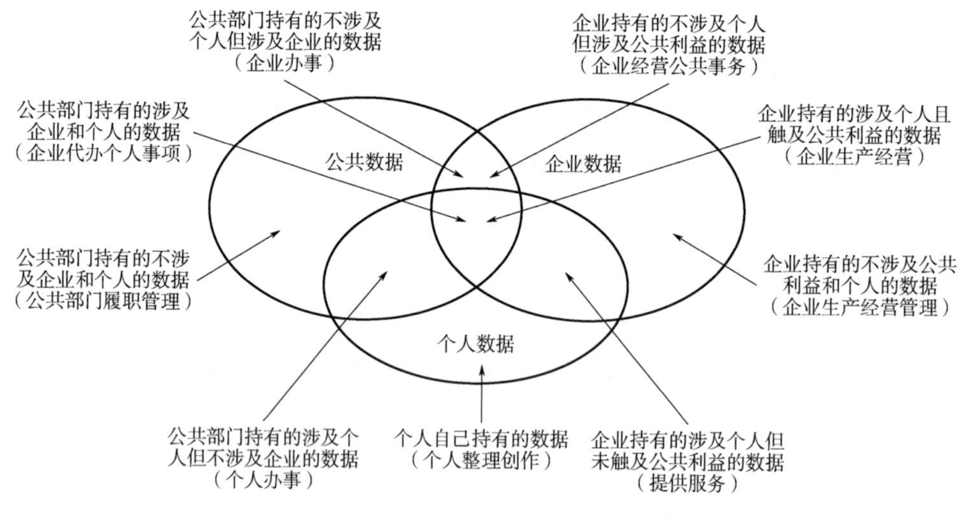

图 1-3　公共数据、企业数据、个人数据的复杂关系

（资料来源：中国信息通信研究院《数据要素白皮书（2023 年）》）

1.1.3　数据价值化

大数据的崛起不仅仅是数量上的迅猛增长，更重要的是其在经济社会发展中所体现的功能和价值，它不仅是企业经营决策的新动力，也是商品服务贸易的新内容，更是社会全面治理的新手段。数据的这些新角色功能赋予了数据在价值上的巨大增值潜力，因此加速数据价值化进程和建设数据要素市场成为发展数字经济的核心任务。

数据价值化是一个经济过程，它始于数据资源化，经历资产化，最终实现资本化。数据经过这 3 个阶段的演变，其价值逐步得到实现和放大。

首先，数据资源化是起点。它是将原始、无序的数据转化为有序、有使用价值的数据资源的过程，包括数据采集、整理、聚合和分析等步骤（见图 1-4），旨在形成高质量、标准化、互通和可信的数据资源。可以认为数据资源化是激发数据价值的基础，它关注提升数据质量和使用价值。

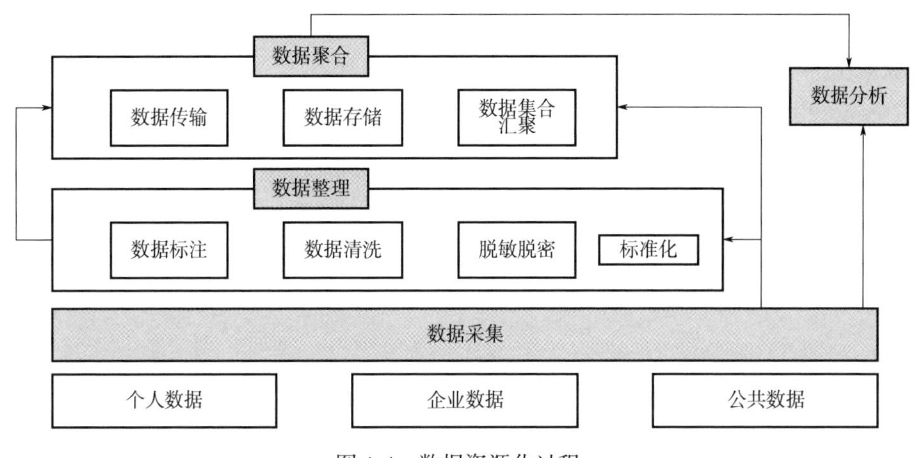

图 1-4　数据资源化过程

其次是数据资产化。在这一阶段，经过资源化处理的数据被赋予了经济价值，成为一种可交易的资产。为成功实现数据资产化，必须明确数据的所有权和使用权，即进行数据确权；同时，合理的数据定价机制也是确保数据价值得以体现的关键。当数据被视为一种资产时，企业便能更好地管理、利用它，甚至通过投资、交易和融资等活动实现其商业价值。

最后是数据资本化，它是数据价值化的高级阶段。在这一阶段，数据资产被进一步转化为金融资本，不仅进一步拓展了数据要素价值得以释放并创造出新价值的途径，还可实现数据要素社会化配置为数据所有者提供了更多的融资渠道和投资机会，如数据证券化、数据质押融资等。数据资本化的实践把数据要素与金融市场紧密结合，为数据产业的发展和创新注入了新的动力。

数据资源化、资产化和资本化，构成了数据实现其价值的完整路径。从无序到有序，从原始到标准化，数据在这一过程中逐步展现出其巨大的潜力和价值。目前，我国在数据价值化方面已取得了显著进展。政府和企业高度重视数据的采集、存储和处理，积极推动数据资源化和资产化进程。越来越多的企业开始将数据作为一种重要的资产进行管理和利用，通过数据驱动的业务模式创新，实现了数据商业价值的最大化。

2023 年 8 月 21 日，财政部发布《企业数据资源相关会计处理暂行规定》，赋予了数据资源明确的财务属性，为数据资产的交易流通奠定了基础，推开了数据资本化的大门。

实践过程中，数据价值化的发展仍面临一些挑战。数据安全和隐私保护问题日益突出，需要建立更加完善的数据治理体系。同时，也看到数据定价机制尚未成熟，数据交易市场的规范化和标准化还有待提升。因此，我国政府和企业需要继续加强合作，共同推动数据价值化的健康发展有序、平稳落地。

1.2 我国数据领域主要法律法规、政策及规定

当前，数据要素市场面临的问题可以分为制度、技术、市场 3 个维度。

在制度方面，如何平衡数据安全、隐私保护与数据使用成为一个难题；数据确权问题同样棘手；建立数据市场交易制度和相应监管制度亦面临挑战；数据要素收益分配问题亟待解决；构建国际数据要素市场制度的难度亦不容忽视。我国已出台的数据领域主要法律法规、政策及规定等见表 1-1。

表 1-1 我国数据领域主要法律法规、政策及规定等

领域	名称	发布时间	实施时间
数据保护与隐私	《中华人民共和国个人信息保护法》	2021 年 8 月 20 日	2021 年 11 月 1 日
数据安全与网络安全	《中华人民共和国国家安全法》	2015 年 7 月 1 日	2015 年 7 月 1 日
	《中华人民共和国网络安全法》	2016 年 11 月 7 日	2017 年 6 月 1 日
	《中华人民共和国电子商务法》	2018 年 8 月 31 日	2019 年 1 月 1 日
	《中华人民共和国密码法》	2019 年 10 月 26 日	2020 年 1 月 1 日
	《中华人民共和国数据安全法》	2021 年 6 月 10 日	2021 年 9 月 1 日
数据跨境流动与监管	《中华人民共和国网络安全法》	2016 年 11 月 7 日	2017 年 6 月 1 日
	《中华人民共和国数据安全法》	2021 年 6 月 10 日	2021 年 9 月 1 日
	《个人信息出境安全评估办法》	2019 年 7 月 7 日	2022 年 9 月 1 日
	《个人金融信息保护技术规范》	2020 年 2 月 13 日	2020 年 2 月 13 日
	《中国人民银行金融消费者权益保护实施办法》	2020 年 9 月 15 日	2020 年 11 月 1 日
	《数据出境安全评估办法》	2022 年 7 月 7 日	2022 年 9 月 1 日

（续）

领域	名称	发布时间	实施时间
数据资产权属与交易	《中共中央 国务院关于构建更加完善的要素市场化配置体制机制的意见》	2020 年 4 月 9 日	
	《中共中央 国务院关于构建数据基础制度更好发挥数据要素作用的意见》	2022 年 12 月 19 日	
	《企业数据资源相关会计处理暂行规定》	2023 年 8 月 1 日	2024 年 1 月 1 日
	《北京市数据知识产权登记管理办法（试行）》	2023 年 5 月 30 日	2023 年 6 月 19 日
行业特定数据与数据资产	《金融数据安全 数据安全分级指南》	2020 年 9 月 23 日	2020 年 9 月 23 日
	《中国人民银行业务领域数据安全管理办法（征求意见稿）》	2023 年 7 月 24 日	
	《中华人民共和国人类遗传资源管理条例》	2019 年 5 月 28 日	2019 年 7 月 1 日
	《国家车联网产业标准体系建设指南（智能网联汽车）（2023 版）》	2023 年 7 月 18 日	
	《汽车整车信息安全技术要求》	2024 年 8 月 23 日	2026 年 1 月 1 日
	《智能网联汽车 自动驾驶数据记录系统》	2024 年 8 月 23 日	2026 年 1 月 1 日

1.2.1 数据保护与隐私

个人信息数据作为大数据时代的核心组成部分，不仅关乎每一位公民的人身和财产安全，更承载其人格尊严和各种合法权益。为了保护这一重要资产，我国在立法上采取了多项有力措施，例如，《中华人民共和国刑法》第二百八十五条详尽规定了非法侵入计算机信息系统、非法获取及控制此类数据的行为，并将提供用于此类非法行为的程序或工具也列为犯罪；同时，第二百八十六条则聚焦对破坏计算机信息系统行为的惩罚。2020 年 5 月 28 日，《中华人民共和国民法典》通过并发布，2021 年 1 月 1 日起施行，在“第四编 人格权”中特别强调了隐私权和个人信息的重要性，为信息处理者与个人用户之间的权利义务关系划定了清晰框架。

另外，2021 年 11 月 1 日起施行的《中华人民共和国个人信息保护法》，它是个人数据保护领域的核心法律，确立了个人信息处理的基本原则和规则，明确了个人信息处理者的义务及个人信息主体的权利。

1.2.2 数据安全与网络安全

回顾历史，我国在20世纪90年代末便开始了数据安全方面的制度建设探索，并陆续实施了一系列相关政策。“十三五”时期，在“实施网络强国战略，加快建设数字中国”的大背景下，数据安全政策的出台频率显著上升，整体政策、法规体系也日趋完善。进入“十四五”时期，我国更是以建设数字中国为目标任务，提出了“激活数据要素潜能，推进网络强国建设”的新要求。

2015年7月《中华人民共和国国家安全法》颁布，该法强调了国家建设网络与信息安全保障体系的重要性，旨在提升网络与信息安全保护能力，加强网络和信息技术的创新研究与开发应用，确保网络和信息核心技术、关键基础设施及重要领域信息系统和数据安全可控。

2017年6月1日《中华人民共和国网络安全法》正式实施，该法进一步明确了保障网络安全、维护网络空间主权和国家安全、社会公共利益的目标，同时保护公民、法人和其他组织的合法权益，促进经济社会信息化健康发展。该法鼓励开发网络数据安全保护和利用技术，推动公共数据资源开放，以技术创新助推经济社会发展。

在电子商务领域，2019年1月1日起施行的《中华人民共和国电子商务法》明确要求相关主管部门采取必要措施，保护电子商务经营者提供的数据信息安全，对个人信息、隐私和商业秘密实行严格保密，严禁泄露、出售或非法向他人提供。

密码应用和管理方面，2020年1月1日颁布实施的《中华人民共和国密码法》，旨在规范密码应用和管理，促进密码事业发展，以强有力的法律保障网络与信息安全，进而维护国家安全和社会公共利益，保护公民、法人和其他组织的合法权益。该法还规定，公民、法人和其他组织可依法使用商用密码，以加强网络与信息安全保护。

在个人信息保护领域，我国立法也取得了显著进展。2020年5月28日发布的《中华人民共和国民法典》明确规定“自然人的个人信息受法律保护。任何组织或者个人需要获取他人个人信息的，必须依法取得并确保信息安全，不得非法收集、使用、加工、传输他人个人信息，不得非法买卖、提供或者公开他人个人信息”，同时，“信息处理者应当采取技术措施和其他必要措施，保障其收集、存储的个人信息安全，防止信息泄露、篡改、丢失”。

2021 年 9 月 1 日正式实施的《中华人民共和国数据安全法》作为我国数据安全领域的基础性法律，该法从总则、数据安全与发展、数据安全制度、数据安全保护义务、政务数据安全与开放及法律责任等方面进行了全面规范，旨在保障数据安全，促进数据开发利用，保护个人和组织的合法权益，同时维护国家主权、安全和发展利益。

2021 年 11 月 1 日正式实施的《中华人民共和国个人信息保护法》进一步细化了个人信息处理规则、跨境提供规则，以及个人在信息处理活动中的权利和处理者的义务等方面内容。该法的实施不仅标志着我国个人信息保护立法体系迈入新的阶段，也为个人信息权益提供了更为全面和坚实的法律保障。

1.2.3　数据跨境流动与监管

关于数据跨境流动，我国已经实施了一系列严格且有条理的管理规定，主要包括数据出境安全评估制度和限制/禁止出境的数据类型规定，对数据全球化利用产生了一定影响，要求企业在跨境数据传输中加强合规意识，确保数据的安全与合法使用。

2017 年 6 月 1 日正式实施的《中华人民共和国网络安全法》明确要求关键信息基础设施运营者应在境内存储收集和产生的个人信息和重要数据。若因业务需要确需数据出境，须履行安全评估等法律义务。这一法律为数据的本地化储存和出境安全评估奠定了基石。

2019 年 5 月 28 日，国家互联网信息办公室发布的《数据安全管理办法（征求意见稿）》中规定，网络运营者在向境外提供重要数据前，除自评估，还需经主管监管部门或网信部门审核。同年 6 月 13 日发布的《个人信息出境安全评估办法（征求意见稿）》也强调了个人信息出境的安全评估要求，并提出了个人信息不得出境的严格条件。

金融行业也在这一领域制定了相关措施。例如，2020 年 2 月 13 日中国人民银行发布的《个人金融信息保护技术规范》详细规定了境外机构的职责和义务，对其数据安全保护能力提出了更高要求。2020 年 9 月 15 日发布的《中国人民银行金融消费者权益保护实施办法》则明确要求对金融信息严格保密，不得非法向他人提供，这同样适用于向境外的数据传输。

2021 年 11 月 1 日起施行的《中华人民共和国个人信息保护法》为个人信息跨境流动提供了更为明确的安全评估、专业认证方式和标准合同等。随后，一系列相关法律法规和标准出台，如《数据出境安全评估办法》《关于实施个人信息保护认证的公告》《网络安全标准实践指南——个人信息跨境处理活动安全认证规范 V2.0》等，完成了安全评估与专业认证条款的落地，进一步完善了数据跨境流动的法治监管框架。

1.2.4 数据资产权属与交易

在数据资产权属与交易政策方面，我国正逐步明确相关政策导向，以促进数据资产的合法交易和流通，进而推动数据要素市场的培育和发展。这些政策不仅要求明确数据的来源和权属，还为数据资产的交易提供了指导和规范，确保了交易的公平性、公正性和合法性。

《中共中央 国务院关于构建数据基础制度更好发挥数据要素作用的意见》为我国数据要素治理规划了顶层设计思路。该意见创造性地提出了“三权分置”的概念，即根据数据处理活动中的角色和参与程度划分数据资源持有权、数据加工使用权和数据产品经营权。这为数据确权提供了依据，有效地避免了所有权问题的阻碍，为数据交易和流通铺平了道路。同时，数据知识产权登记试点也在全国各地有序展开，进一步推进了数据确权的实践工作。

在数据交易方面，我国各地数据交易所相继推进开展业务，并取得了显著成果。这些成果得益于我国政府出台的一系列政策文件，如《中共中央 国务院关于构建更加完善的要素市场化配置体制机制的意见》《中共中央关于制定国民经济和社会发展第十四个五年规划和二〇三五年远景目标的建议》等，强调了数据要素市场建设的重要性并作出战略性部署。

财政部 2023 年 8 月 1 日发布的《企业数据资源相关会计处理暂行规定》，该规定将数据从资源转变为资产，并在企业资产负债表中确认其可划分的资产类别。这一举措不仅使数据的价值和业务贡献得以反映，而且为数据交易提供了更坚实的相关会计处理基础。

为了提高数据交易的效率、合规性和流动性，全国各省级政府先后出台了专门针对数据商的地方性法规，上海数据交易所等机构也发布了相关指引和文件，以帮助企业进行风险识别和合规评估工作。此外，各地方政府如北京、上海、天津等数据要素市场化进程较为深入的直辖市，还积极探索数据权益和价值的落地指导性政策，以促进数据要素的高效流通和潜能释放。例如，北京市知识产权局出台了《北京市数据知识产权登记管理办法（试行）》，以探讨数据知识产权的登记和监管等问题。与此同时，广东、浙江、贵州、山东、江苏和山西等省份纷纷在这一领域发力。这些举措有助于建立更加完善的数据交易市场和推动数字经济的发展。

1.2.5　行业特定数据与数据资产

针对不同行业在数据管理和资产化方面的特定需求，我国制定并实施了一系列精细化的监管政策和标准。

在金融行业，数据的收集、存储、处理和使用等环节都受到严格的监管，以确保金融数据的合规性和安全性。例如，中国人民银行于 2020 年 9 月 23 日发布的《金融数据安全 数据安全分级指南》为金融行业的数据安全提供了明确的指导，于 2023 年 7 月 24 日发布的《中国人民银行业务领域数据安全管理办法（征求意见稿）》进一步细化了数据分类、安全和处理的规范，为金融数据在整个生命周期内的管理设定了清晰的框架。

在医疗行业，数据的隐私保护和安全管理同样受到高度重视。2023 年 3 月

10日新修订的《中华人民共和国人类遗传资源管理条例》对人类遗传资源的管理进行了全面规范，并引入了登记和报告制度。同时，国家卫生健康委员会也发布了相关医疗卫生数据元素标准，以改进健康数据的处理方式，提升数据质量。

值得一提的是，在汽车行业，针对智能网联汽车的快速发展过程中日益凸显的数据安全和产业标准化问题，我国加大了对智能网联汽车数据合规的监管力度，并发布了一系列相关标准和规范。例如，2023年7月18日工业和信息化部发布的《国家车联网产业标准体系建设指南（智能网联汽车）（2023版）》强调了智能网联汽车要建立严格的数据安全标准。2024年8月23日，两项重要的强制性国家标准——《汽车整车信息安全技术要求》（GB 44495—2024）和《智能网联汽车 自动驾驶数据记录系统》（GB 44497—2024）发布为智能网联汽车的数据管理提供了更为具体的规范性指导。这些措施共同构建了一个安全、标准化的数据管理框架，涵盖了从车辆信息安全管理到自动驾驶数据记录协议等各个方面。

1.3 数据要素市场及产业链

1.3.1 数据要素

从农业经济时代的劳动力和土地，到工业经济时代的资本和技术，新的生产要素总是引领着时代的进步。在数字经济时代，数据无疑扮演了这一关键角色，成为新兴生产要素。

1. 数据要素及其分类

数据要素的概念在2019年党的十九届四中全会上被首次提出。当数据具备使用价值并能够参与社会生产经营活动时，它就成为数据资源。而那些已经参与社会生产经营活动、为使用者或所有者带来经济效益、以电子方式记录的数据资源则是数据要素。投入生产的原始数据集、标准化数据集、各类数据产品及以数据为基础产生的系统、信息和知识均可纳入数据要素范畴。

根据数据在流通和交易过程中的价值深度和处理程度，建立的数据要素四层分类法（见图 1-5），可以帮助人们更好地理解数据的不同层次和形态，以及它们在数据要素市场中的角色和价值。

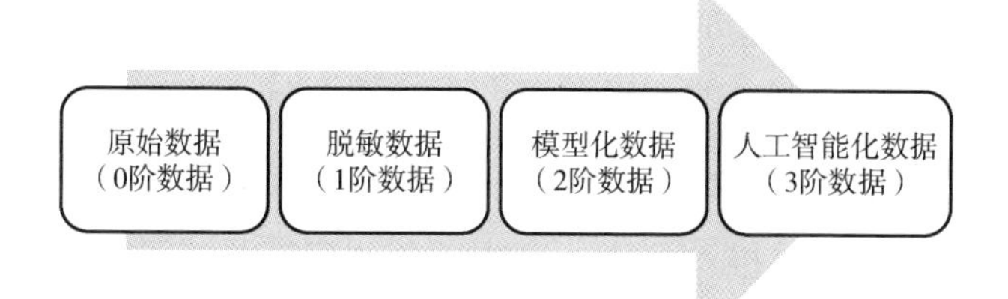

图 1-5　数据要素四层分类法

一是原始数据，也被称为“0 阶数据”，是数据的原始形态。它们直接来自各种传感器、设备、日志文件等，未经任何处理或仅经过初步的整理。原始数据具有基础的信息价值，但往往包含大量的数据噪声和冗余信息，需要得到进一步加工和处理才能被有效利用。在数据流通和交易中，原始数据的价值相对较低，但它们是数据价值链的起点，为后续的数据处理和应用提供了基础。例如，一个电商平台收集了用户的浏览记录、购买记录等信息，这些未经任何处理、直接从用户行为中捕获的数据就是原始数据。它们可能包含用户的个人信息、浏览的商品详情、购买时间等。

二是脱敏数据，也被称为“1 阶数据”，是在原始数据的基础上进行脱敏处理后的数据。脱敏处理指通过一定的技术手段，去除或替换数据中的敏感信息，以保护个人隐私和企业机密。脱敏数据在保留原始数据大部分信息价值的同时，提高了数据的安全性和隐私保护水平。在数据流通和交易中，脱敏数据的价值相对较高，因为它们可以在满足在一定安全性和隐私保护要求的前提下被更广泛地共享和使用。例如，基于上述原始数据，电商平台对数据进行脱敏处理，如将用户的真实姓名替换为匿名标识符，将详细地址替换为区域代码等，这样处理后的数据就是脱敏数据。

三是模型化数据，也被称为“2 阶数据”。这一层的数据是在原始数据、脱敏数据的基础上，通过运用数学模型和算法进行深度加工和处理得到的数据。模型化数据通常具有更高的信息密度和实用性，可以直接用于支持业务决策、预测未来趋势等。在数据流通和交易中，模型化数据的价值非常高，因为它们已经融入了人类的智慧和经验，形成了可以直接应用于实际业务场景的数据产品或服务。例如，利用脱敏数据，电商平台可以构建用户行为模型，如推荐算法模型等，这些模型通过分析用户的购买历史、浏览习惯等，预测用户可能感兴趣的商品，并生成个性化的商品推荐列表，这些推荐列表就是模型化数据的一种表现形式。

四是人工智能化数据，也被称为“3 阶数据”。这一层数据是在模型化数据的基础上，通过运用人工智能和机器学习等先进技术，进一步挖掘和创新应用得到的数据，并同时实现数据的自我学习和持续优化。人工智能化数据具有极高的信息含量和价值深度，可以用于发现新的商业机会、优化业务流程、提高决策准确性等。在数据流通和交易中，人工智能化数据的价值最高，因为它们代表数据的最高级形态和创新应用方向，是提升数据要素价值的重要途径。例如，在模型化数据的基础上，电商平台可以进一步运用人工智能技术，如机器学习、深度学习等，对推荐算法进行持续优化和改进。通过不断学习和适应用户行为的变化，推荐系统可以生成更加精准和更个性化的推荐结果。这些经过人工智能优化后的推荐结果就是人工智能化数据的具体体现。

原始数据和脱敏数据两种要素形态都是数据本身，主要以数据集或数据接口等方式传递，具有来源直接、处理程度较低的特点。模型化数据和人工智能化数据则是衍生数据，是在原生数据的基础上进行了深度加工和创新应用所衍生的各种数据属性、产品和服务，具有更高的信息含量和价值深度。

2. 数据要素的特性

数据要素与土地、劳动力、资本等传统生产要素相比，有其鲜明的特性，见图 1-6。

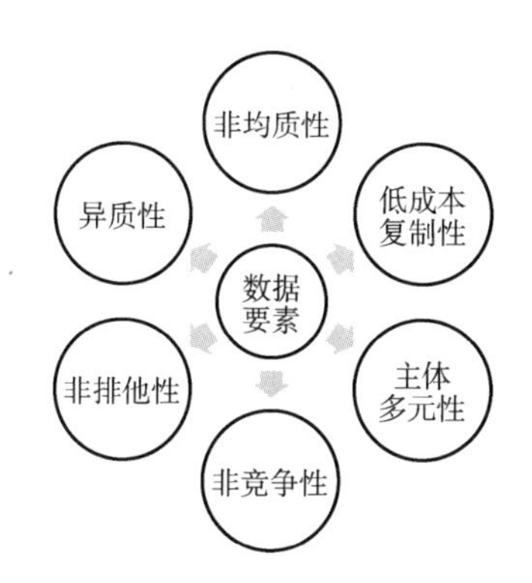

图 1-6　数据要素的特性

从技术角度看，数据具有非均质性，即每一条数据都有其独特的信息内容和价值，即使是相同类型的数据，由于其包含的具体信息不同，具体价值也会有所不同，这就要求在处理和分析时要更加细致和精确。另外，数据还具有低成本复制特性，能够在数字空间以相对较低的成本无限复制，而不会像物质资源那样在复制过程中产生损耗。再者，主体多元性也是数据的一个显著特点，数字空间的每条数据可能记录了不同用户的信息，数据集的采集和汇聚规则由数据收集者设定，这使得用户、收集者等主体间存在复杂的关系。同时，使用主体可能对所用的数据资源进行一定程度的加工，每一次增、删、改的操作都是对数据集的改变，因而这些加工者也是数据构建的参与主体。

从经济层面来看，数据的非竞争性使其能够同时被多个主体使用，而不会减少其他使用者的效用，使数据产生量或质的损耗。这种非竞争性为数据带来了更普遍的使用效益和巨大的潜在经济价值。此外，尽管数据在实践中可能表现出一定的排他性，但数据持有者一旦放弃控制或控制手段被攻破，数据将完全具有非排他性。这意味着数据在特定条件下可以成为公共资源，被广大用户共享和使用。

值得注意的是，数据还具有异质性，即相同数据对不同使用者和不同应用场景的价值可能截然不同，在一个领域具有高价值的数据对另一个领域的企业来说可能一文不值。这一特点使得数据的应用场景更加多样化，也为数据的价值挖掘打开了更广阔的空间。

数据的特性使其难以直接沿用传统生产要素的管理方式和使用规则。这种特性恰恰赋予了数据巨大的潜力和空间，在推动经济和社会发展方面发挥着越来越重要的作用。

3. 数据要素的流通方式

数据要素的流通方式主要包括开放、共享和交易 3 种，每一种方式都有其特点和应用领域，见图 1-7。

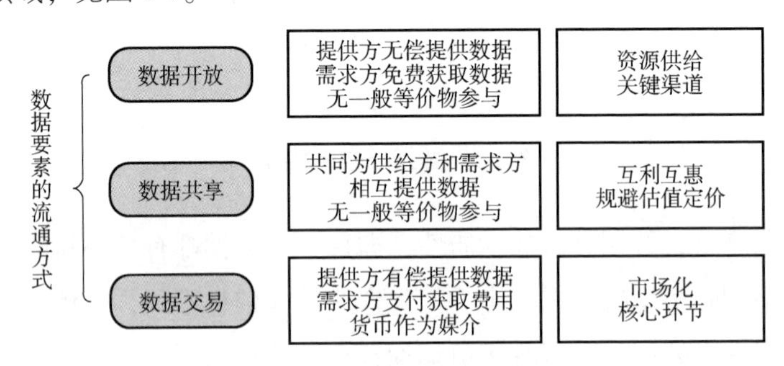

图 1-7　数据要素的流通方式

（资料来源：中国信息通信研究院《数据要素白皮书（2023）》）

数据开放作为数据无偿提供的流通方式，主要指政府或公共机构将所持有的数据资源免费开放给公众和企业使用，且无货币媒介参与的数据单向流通形式。它是政府基于公平的原则面向公众及企事业单位进行公共性数据信息共享的主要方式，旨在促进社会数据的利用与创新，进而在社会治理、公共服务及数字经济等多个领域发挥作用，提高政府透明度，增强公众参与，并推动经济社会的创新发展。

相对于数据开放，数据共享则是一种双向的数据流通方式，供需双方可以相互提供和获取数据，同样无须货币交易。根据共享的主体不同，它可以进一步细分为政府间、政企间及企业间的数据共享。这种流通方式的核心在于实现数据的互通与共同利用，有效地消除“数据孤岛”，并显著提升数据的整体使用价值。因此，无论是在促进政策与市场的对接方面，还是在提升政府服务效率、推动产业链的协同发展方面，数据共享都展现出巨大的潜力。

数据交易是指数据提供方将数据作为商品有偿提供给需求方，而需求方通过支付货币来获取所需数据的商业行为。在这一流通过程中，明确的供需关系和市场交易规则是关键。随着大数据产业的崛起和数据价值的凸显，数据交易正成为实现数据价值化和推动数据要素市场发展的重要环节。目前，我国正逐步形成政府主导下的新型数据交易模式。

1.3.2　数据要素市场

在数据尚未被视作生产要素的时代，其价值化的主要路径集中在数据资源化的过程，涵盖数据的采集、存储、加工及开发利用等核心环节。随着数据逐渐被认定为一种重要的生产要素，其价值化的流程也相应得到了拓展和深化，不仅包含传统的资源化过程，还进一步延伸至流通交易、数据融资与证券化等更为广泛的领域。在这一转变过程中，数据的流通交易显得尤为关键，它不仅是数据成为生产要素的基础前提，更是其内在要求。换句话说，数据只有能够在自主有序的基础上实现规模化的流通，才能真正地作为一种生产要素发挥应有的作用。在数据流通中，数据要素市场是数据要素的交易渠道，也是推动数据资源有序利用、数据产品价值最大化的平台和路径。

1. 数据要素市场的内涵

数据要素市场，顾名思义，是数据要素在交换或流通过程中形成的市场。市场的概念在这里有两层含义：一是作为交易场所的物理或虚拟空间；二是交易行为的总和。因此，数据要素市场不仅涵盖数据价值化过程中的交易关系和买卖关系，还包括这些交易发生的场所和领域，见图 1-8。

在数据要素市场中，数据产品和服务是主要的流通对象，数据的供方和需方是市场的主体。通过流通，市场参与方能够实现各自的诉求，而这一过程依赖由一系列制度和技术支撑的复杂系统。

数据要素市场主要分为场内交易和场外交易两种类型。场内交易是通过数据交易所或数据交易中心进行的；场外交易则是企业或个人间自主产生的，也被称为自主交易市场。目前，大部分数据交易活动在场外进行。据国家发展和改革委员会价格监测中心对国内 16 家主要数据交易场所的统计，2023 年我国数据市场场内交易总额不到 150 亿元，占整个数据市场的份额尚不足 10%。这一现象反映出国内数据合规交易方式仍需完善，合规交易通道亟待普及。同时，场外交易的

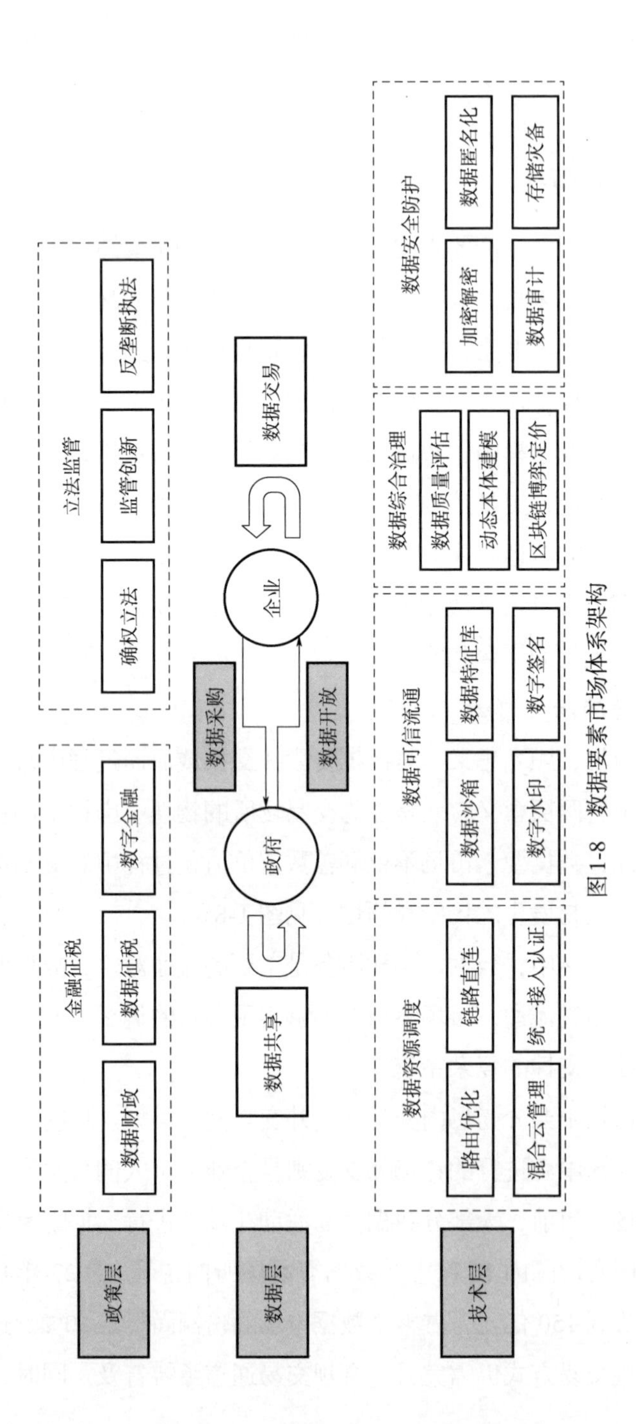

图1-8 数据要素市场体系架构

快速发展也为非法数据交易提供了机会。

鉴于以上情况，发展场内交易的必要性日益凸显。各大数据交易所正在通过数据登记和技术加强数据权益使用等方式，努力解决数据确权困境，以确保数据交易的合法合规。随着国家数据安全监管要求的深入和数据交易流通技术的成熟，场内交易的市场份额有望进一步提高，从而更好地实现数据要素的安全流通，见图 1-9。

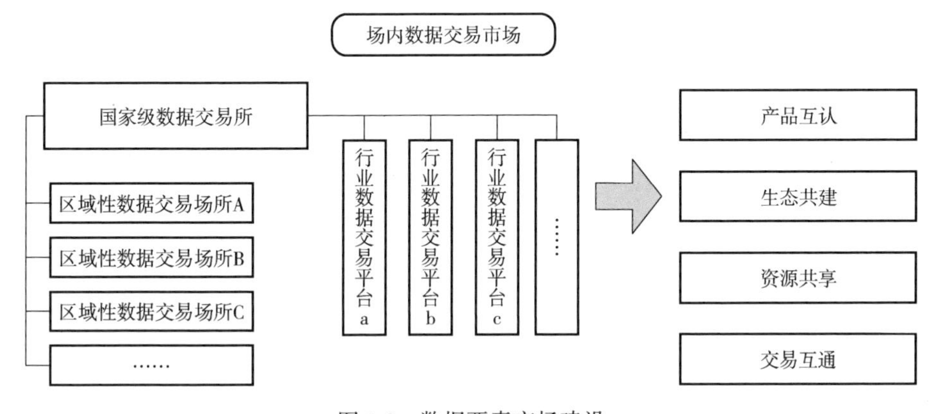

图 1-9 数据要素市场建设

数据要素市场涉及环节众多，包括数据的采集、分析、加工、确权、质量评估、定价、交付、治理、安全等，这些环节为交易流程提供了基础和支撑，交易流程可以看作数据要素市场环节中的一个子集或特定路径。在交易流程中，数据商和数据需求方通过注册、挂牌、选择、订购、评估、签订合约、交付、验证、结算和评价等一系列步骤完成数据交易。这些步骤涉及数据要素市场中的多个环节。

2. 我国数据要素市场的发展现状

随着“数据二十条”等一系列政策措施的相继出台，数据要素市场的培育进展显著加速。在人工智能和大数据快速发展的背景下，数据要素的战略地位日益凸显，通过畅通数据流通使不同来源的优质数据在新的业务需求和场景中汇聚融合，为各类主体带来了双赢、多赢的数据价值转化利用机会。在此基础上，不同的数据流通形态串联起各类主体，推动场内外数据要素市场活跃探索，引导数据要素在供需关系与价格机制的作用下实现优化配置，创造更大的经济效益。从数据的全流程状况可以看出我国数据要素市场目前发展呈现的态势，见图 1-10。

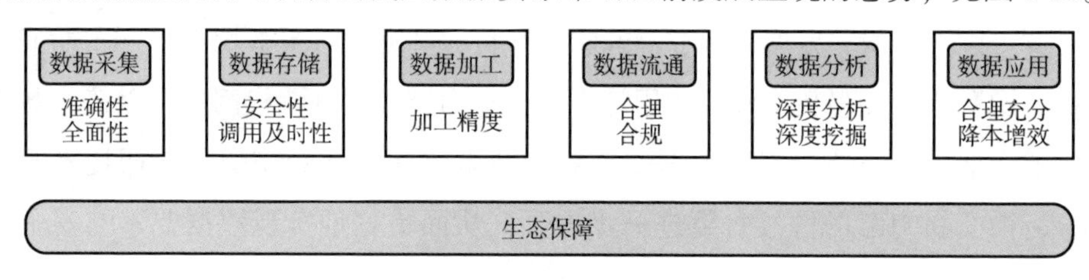

图 1-10 数据全流程

结合图 1-10，综合来看，当前我国数据要素市场现状可总结为：

一是场外交易在数据交易中占据主导地位，多种行业如综合查询服务、金融、征信、广告、人工智能等都活跃在场外数据交易中。例如，查询服务行业，天眼查、企查查等企业通过非人工方式从全国企业信用信息公示系统、中国裁判文书网等公共数据开放平台，以及国家知识产权局等部门的官方网站收集、聚合公开数据，运用独有技术与算法，提供独具价值的企业信息查询服务，以会员制的方式实现数据价值的转移。

二是部分行业对外部数据采购需求强烈，如金融机构、互联网平台、广告公司等，其外部数据采购规模呈稳定增长趋势。这些企业通过内外部数据的融合，提升市场分析、用户画像等能力，解决业务开展过程中的核心问题。以金融机构为例，通过对招投标等公开信息的整理，众多银行每年都会以招标形式采购大量外部数据，涉及反洗钱名单数据、资信数据、司法数据、供应链数据、行业经济数据等种类，用以全面提升本行的风控与营销能力。

三是场内数据交易也在多元化探索中不断取得突破。新成立的数据交易机构数量不断增加，上架数据产品种类丰富。一些领先的数据交易所在数据专区运营、动态合规体系建设、跨境数据服务等方面进行了有益探索。例如，2023 年 7 月，北京市数据要素市场建设领域十二大创新成果重磅落地，其中 9 项由北京国际大数据交易中心主导完成，包括跨境征信报告核验项目、数据登记业务互认互通、数据资产抵押授信等，为数据跨境、数据服务业务互通、数据要素金融服务等方面的探索提供了宝贵经验。

四是在“所”“商”分离背景下，数商生态不断完善。数商作为数据供需双方之间的桥梁，提供各类数据服务和市场服务，推动数据要素市场的健康发展。在数商生态方面，基于“数据二十条”等政策的鼓励和支持，数商和第三方专业服务机构不断完善自身服务能力，数据要素市场的生态系统也在逐步构建。例如，上海数据交易所围绕完善交易制度、扩大产品供给、完善基础设施建设、提升交易活跃度 4 个方面，通过上线“数商生态”服务平台等措施，初步构建数商生态体系。数据经纪人作为数商生态中的重要角色，承担数据价值洞察、撮合、代理、评估等职责。

1.3.3　数据要素产业链

1. 数据要素产业链的结构

数据要素产业链涵盖数据采集、数据存储、数据处理加工、数据流通、数据分析、数据应用、生态保障七大核心模块。这一链条不仅展现了数据要素从诞生到发挥效能的全过程，更是数据价值得以体现的重要途径。值得注意的是，数据要素产业链与传统实体商品体系存在显著差异。数据的独特性，如可复制性、非消耗性及边际成本趋于 0 等特点，使得数据在生产、确权、加工、定价及销售等环节面临独特挑战和待解问题。

数据要素产业链见图 1-11。具体而言，可以将数据要素产业链划分为供给、流通和应用三大产业环节。这三大产业环节共同推动着数据从原始的、无序的状态转化为有价值的、可应用的生产要素，并通过有效的流通和应用使数据在经济社会发展中发挥更大价值。

（1）产业链上游：数据供给方。供给环节是数据要素产业链的起点，主要涉及原始数据的采集、整理、聚合和分析，这些原始数据可能来源于个人信息、商业活动、公共服务等多个渠道。具体而言，采集数据后进行清洗、脱敏、标准化等处理，以消除错误、重复和无关的信息，确保数据的质量和一致性；然后，这些数据被聚合和存储，以便后续的分析和应用。

存储和管理数据需要强大的硬件和软件支持，包括高性能的数据库、大数据

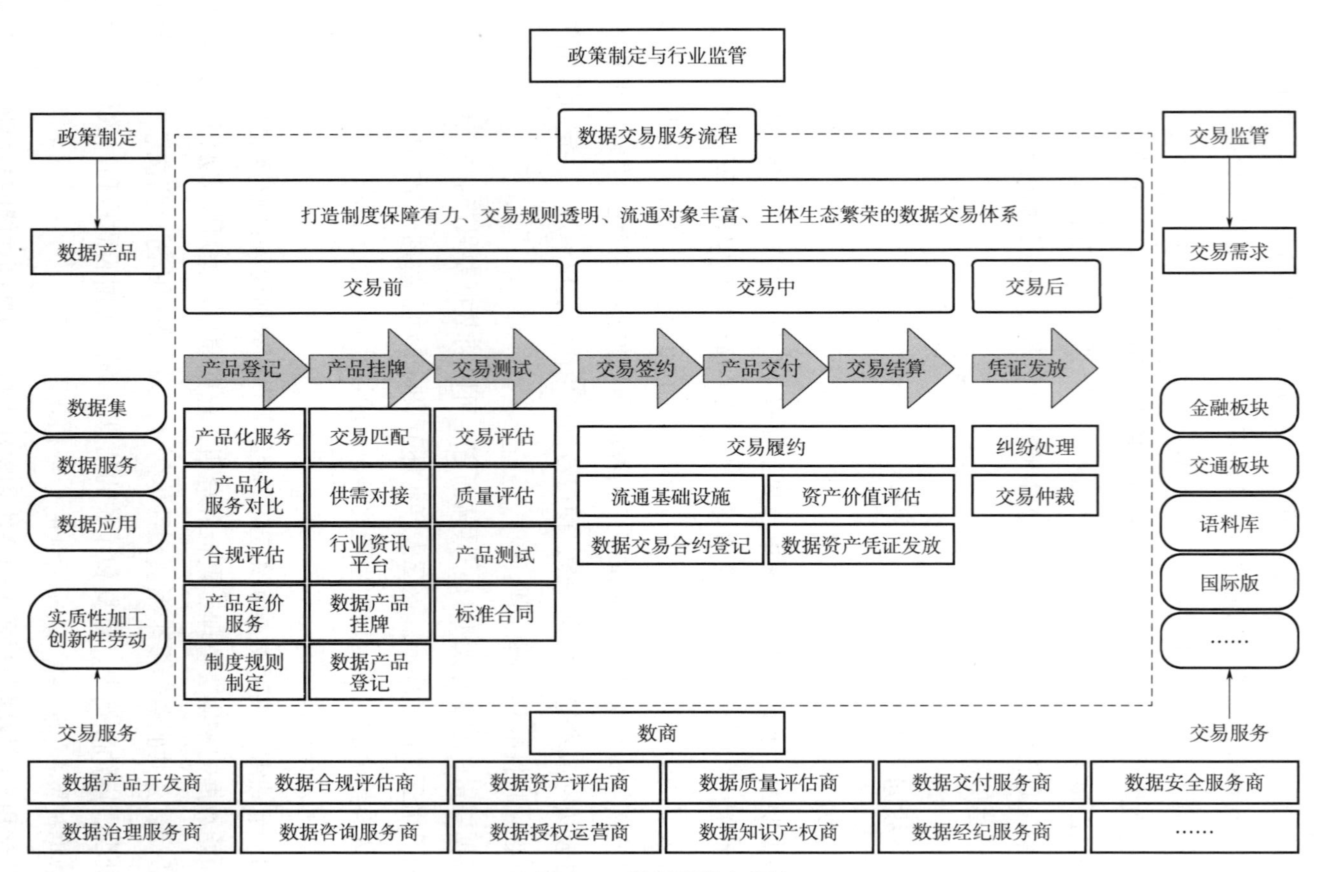

图1-11 数据要素产业链

处理平台和云存储设施等。这一过程需要依托先进的技术手段和标准化的管理体系，确保数据的准确性、完整性和一致性。

供给环节的参与者主要包括原始数据拥有者，如各级人民政府、电信运营商、大中型企业和互联网公司等，他们拥有大量高质量、独特的原始数据，通过与数据服务商合作，将这些数据转化为有价值的数据资产。

（2）产业链中游：数商和数据交易所。流通环节是数据要素实现价值的关键所在。在这一环节，数据经过确权登记、定价和交易等步骤进入市场流通，从一个主体流转到另一个主体。其中，确权是数据流通的前提，它涉及数据的所有权、使用权和经营权等权益的界定和保护，确保了数据的权属清晰和合法合规；定价交易则通过市场机制为数据确定了合理的价格，而交付清算保证了数据交易的顺利完成和权益的转移。此外，流通环节还涉及一系列与交易相关的配套服务，如咨询评估、经纪和交付等，这些服务为数据交易提供了必要的支持和保障。

数据交易所作为流通环节的核心平台，扮演着至关重要的角色。它们不仅提供了数据交易的场所和规则，还通过技术手段保障数据交易的安全和效率。此外，数据交易所还承担着监管职责，负责监督和管理数据交易活动，防止数据滥用和侵权行为的发生。

（3）产业链下游：数据需求方。应用环节是数据价值得以体现的最终环节。在这一环节中，数据被广泛应用于各个行业和领域，如金融、教育、医疗、交通等。利用大数据和人工智能技术，深入挖掘数据价值，企业可以深入了解市场需求、提高决策效率、优化业务流程、改进产品服务等，从而实现业务增长和创新发展。

通过与具体场景的深度融合，数据能够发挥巨大的潜力，推动行业的数字化转型发展。同时，随着技术的不断进步和应用场景的不断拓展，数据的应用方式也在不断丰富创新，为数据要素产业链的发展提供了源源不断的新动力。

2. 数商赋能数据要素产业链

数据要素产业链较长，涉及数据采集、存储、标注、运营、处理分析、交易等多个环节，数商在其中处于核心位置，起到连接数据供应方和需求方的桥梁渠道作用。数商拥有专业的数据技术和行业经验，他们通过提供数据处理、分析、整合、治理等专业服务，能够为企业提供全方位的数据解决方案，帮助企业更好地管理和利用数据资源，实现数据驱动的业务增长和创新。数商主要包括以下 4 类：

（1）数据资源型服务商。数据资源型服务商拥有大量原始数据或经过初步处理的数据产品。这些数据可能源于如政府公开数据、企业运营数据、互联网公开数据等各种渠道。数据资源型服务商会对这些数据进行初步的整理、分类和存储，以便自用或提供给其他有需求的企业或个人。这类数商通常具备强大的数据存储和管理能力，能够确保数据的安全性、完整性和可用性。例如，三大电信运营商就是典型的数据资源型服务商，他们掌握着大量用户数据，可以为其他需要数据的企业提供数据服务。此外，一些传统企业也可能成为数据资源型服务商，如公交企业可以将公共交通信息提炼成数据产品，提供给商业市场或政府相关部门使用。

（2）数据技术驱动型服务商。数据技术驱动型服务商是数据要素产业链中的技术核心，他们利用先进的数据技术和分析能力，为数据的采集、存储、分析和应用提供全方位的服务。此类服务商可以进一步细分为以下 3 类：一是数据采集与整理服务商，他们专注原始数据的采集、清洗、标注、脱敏脱密和标准化等工作，利用专业的数据采集技术和工具从各种数据源中高效地获取数据，并进行必要的预处理和转换，以确保数据的质量和可用性。这类数商通常具备强大的数据处理能力和丰富的行业经验，能够处理各种类型和规模的数据，满足客户的特定需求。二是数据存储与管理服务商，主要提供数据的存储、备份、恢复和安全管理等服务。它们利用先进的数据存储技术和管理工具，确保数据的安全性、可靠性和可访问性。这类数商通常具备强大的数据存储能力和严格的安全管理措施，能够为客户提供高效、稳定的数据存储和访问服务，确保数据在任何情况下都能够得到及时、准确的恢复和使用。三是数据分析与挖掘服务商，主要利用先进的数据分析技术和算法，对数据进行深度挖掘和分析。他们拥有专业的数据分析师和数据科学家团队，具备深厚的统计学、机器学习等领域的专业知识和技能，通过运用各种分析方法和算法模型，能够帮助客户发现数据中的潜在模式、趋势和关联，提供有价值的洞察和预测。这类数商在推动数据驱动的业务决策和创新方面发挥着重要作用。

(3) 数据交易与经纪服务商。数据交易与经纪服务商是数据交易市场的重要组成部分，他们提供数据交易的撮合、定价、结算及经纪等服务。这类数商通常建立在线数据交易平台或充当数据经纪人的角色，为数据买卖双方提供一个安全、可靠、高效的交易环境。他们制定交易规则和标准，确保交易的公平、公正和合法、合规，能够提供必要的法律和技术支持。

(4) 数据咨询与治理服务商。数据咨询与治理服务商专注为企业提供数据战略规划、数据治理咨询和数据质量管理等服务，能够帮助企业建立完善的数据管理体系和治理机制，从而提高数据的质量、安全性和可利用性。这类数商通常拥有丰富的数据管理经验和专业化咨询团队，能够为企业提供量身定制的解决方案和专业的具体指导，推动企业提升数据治理能力、实现数字化转型。

1.4 数据要素应用场景

2023 年 12 月 31 日，国家数据局等 17 部门联合印发《“数据要素×”三年行动计划（2024—2026 年）》(国数政策〔2023〕11 号)，旨在充分发挥数据要素乘数效应，赋能经济社会发展。该计划选取了工业制造、现代农业、商贸流通、交通运输、金融服务、科技创新、文化旅游、医疗健康、应急管理、气象服务、城市治理、绿色低碳共 12 个行业和领域作为发挥数据要素价值的典型场景，主要目标是到 2026 年底，打造 300 个以上示范性强、显示度高、带动性广的典型应用场景，实现数据产业年均增速超过 20%，数据交易规模倍增。

1.4.1 数据应用具体场景

1. 商业领域

在商业竞争中，每一个决策都可能关乎企业的生死存亡。而数据要素的应用，为这些决策提供了准确可靠的依据。企业通过对海量的用户数据进行挖掘和分析，能够深入了解用户的消费习惯、需求偏好以及市场的动态变化。这些宝贵的信息使得企业能够更加精准地推出符合市场需求的产品和服务，从而抢占市场需求先机。

在市场营销方面，数据要素的作用更是不可忽视。通过对用户数据的精准分析，企业能够实现精准营销，将广告推送给最可能感兴趣的潜在目标用户群体，从而提高营销效果，降低营销成本。

例如，阿里巴巴利用大数据技术进行精准营销和个性化推荐，通过对用户购物行为、搜索记录等数据的分析，为用户推荐相关产品，提高购物转化率。同时，这些数据也能帮助商家更好地了解市场需求，优化产品、改进营销策略。

2. 民生领域

在民生领域，数据要素的应用同样广泛而深入。政府通过收集和分析各类民生数据，能够更加精准地了解民众需求的痛点，进而优化公共服务供给。

在交通领域，通过对交通流量、路况等数据的实时监测和分析，政府可以更加科学地规划交通布局，缓解交通拥堵问题。滴滴出行利用大数据和人工智能技术分析城市交通流量、用户出行需求等数据，能够更加合理地调度车辆，减少空驶率，提高交通效率。同时，这些数据也为城市规划者提供了宝贵的交通状况信息。

在教育领域，通过对学生的学习情况、兴趣爱好等数据进行深入分析，学校可以提供更加个性化的教学方案，让每一名学生都能得到更好发展。

在医疗领域，医生通过对患者的病历、生理指标等数据进行全面分析，可以更加准确地诊断病情、制定治疗方案。同时，这些数据还可以用于医学研究和药物开发，为人类健康事业的发展做出重要贡献。

3. 工业领域

在工业领域，数据要素的应用正在推动着智能制造的快速发展。企业通过对生产过程中的各类数据进行实时采集和分析，能够实现生产线的自动化控制、智能化生产。这不仅大大提高了生产效率和产品质量，还降低了生产成本和设备能耗。

在供应链管理方面，数据要素的作用也日益凸显。通过对原材料采购、生产计划、物流配送等各个环节的数据进行全面监控和分析，企业可以更加精准地预测市场需求变化、调整生产计划、优化库存管理，从而实现供应链的协同优化和高效运转。

例如，海尔智家就是利用大数据和物联网技术打造的智能家居生态系统。该系统通过对用户家电使用数据的分析，能够为用户提供更加个性化的智能家居解决方案。同时，这些数据也帮助海尔优化产品设计，提高产品质量。

4. 政务领域

在政务领域，数据要素的应用正在助力政府部门提升治理能力现代化水平。通过对各类公共数据的全面收集和深入分析，政府部门可以更加准确地了解社会经济发展状况、民生需求变化情况等信息，从而为政策制定提供更加科学的依据。

在城市规划方面，通过对人口分布、交通流量等数据的全面分析，相关政府部门可以更加合理地规划城市基础设施布局、优化公共交通线路设计，为市民提供更加便捷舒适的城市生活环境。在社会治理方面，通过对社会舆情、治安状况等数据的实时监测和分析，相关政府部门可以更加及时地发现社会矛盾和问题，采取有效措施进行干预和解决，从而维护社会稳定和谐大局。

例如，国家税务总局利用大数据技术进行税务监管和风险管理。“金税四期”作为税务系统的重要组成部分，实现了对税务数据的全面监控和分析，提高了税务管理的智能化水平。通过对企业税务数据的全面分析，税务部门能够更准确地识别税务风险，打击偷税漏税行为。同时，这些数据也为政策制定者提供了宝贵的经济运行信息。

1.4.2 数据应用的前景与挑战

随着技术的不断发展，数据的收集、处理和分析能力得到极大提升，使得数据在各个领域的应用价值愈发凸显。同时，政府对数据产业的重视和支持为数据应用的发展提供了良好的政策环境。未来，公共数据授权运营有望大规模落地，高价值公共数据的高质量供给将成为数据要素市场的重要方面。各大企业也将结合自身优势，形成数据要素生态体系，带动市场各参与主体有序运转。

同时也应看到，在数据应用的发展过程中也面临诸多挑战。一是数据安全和隐私保护问题不容忽视。随着数据泄露事件的频发，人们对数据安全的担忧日益加剧。如何在保障数据安全的前提下充分利用数据价值，是摆在所有人面前的一大难题。二是合规性也是数据应用中亟待解决的问题。随着数据法律法规的不断完善，数据合规性的要求越来越高。企业需要在遵守法律法规的前提下开展数据应用活动，否则将面临较高的法律风险。

值得注意的是，生成式人工智能为数据流通带来了新的模式可能。以内容生成代替数据本身、以模型部署代替数据流动的模式，可能对现有的数据流通模式产生颠覆性影响。这需要持续关注应用场景和研究新技术发展的动态，以适应不断变化的市场需求和技术趋势。同时，推广数据文化和倡导数据利他主义的理念，对于促进数据管理、应用和流通也具有重要意义，这不仅有助于提升全社会的数据使用素养和数据应用能力，还能推动数据的经济、社会和文化价值的全面释放。

第2章　企业数据治理

数据治理，是帮助组织在数字化时代更有效利用和保护数据的重要方式。没有数据治理，企业的数字化转型就不可能实现超越竞争对手的实施目标，也不会基于数据分析完成高回报收益的业务，甚至都不可能做好基本业务。但是，为了达到这些目的，数据必须是高质量的并且与业务相关的。而良好的数据治理能够确保数据具有这些属性，为组织创造价值。

随着不同组织（如企业、政府、医院、金融机构等）生成、获取、存储、转换、处理和分析数据的能力不断增强，要进一步识别和解决有关数据治理的问题，首先就需要对数据治理及其运行机制的含义和本质进行概念化解释。本章主要基于战略信息系统、数字化转型实践及企业价值理论3个领域的研究成果，阐释有关企业数据治理的关键理论。

2.1　企业数据价值关键影响因素

采用数字技术本身并不直接产生价值。企业只有在特定条件下或特定环境中使用数字技术，才能够发现创造价值的新方法和新手段，进而实现组织变革。接下来，以战略信息系统理论和数字化转型实践两个领域的理论为基础，对数据驱动价值创造的机制进行概述，基于TOE模型提出与数据价值创造相关的关键影响要素，并以此为基础构建数据价值驱动企业价值的机制。

2.1.1　数字化转型：基本概念

近年来，企业的数字化转型（Digital Transformation，DT）已成为学界和实务界关注的一个重要议题。广义来看，数字化转型包含不同组织通过使用数字技术在社会和行业中引发的变革。从企业层面，企业必须通过制定并实施一定的战略来应对数字化转型带来的影响，从而提升组织绩效。有关信息系统的文献研究显示，数字化转型的起点是数字技术与信息、计算、沟通、连接技术的组合应用，以大数据、物联网、云计算、人工智能、区块链等为代表。而转型涉及的内容涵盖产品和服务、业务流程、组织结构、商业模式、合作模式等，并最终形成价值创造的新途径。吴江等学者通过系统分析现有文献，明确了数字化转型的内涵包含转型主体、转型范围、转型过程及预期结果，进一步将企业数字化转型定义为：通过采用数字技术，企业重构产品和服务、业务流程、组织结构、商业模式和合作模式，旨在更有效地设计企业商业活动的过程，从而帮助企业创造和获取更多价值。综上所述，采纳数字技术本身只是企业在数字经济背景下保持竞争力所必须解决的复杂难题的一部分，企业策略、组织结构、生产流程和企业文化等要素都需要发生改变，为企业创造价值的新渠道提供所需资源和能力。

数据的价值在于帮助企业做出更好的决策，以应对数字经济时代快速变化、充满不确定性的环境。数据在宏观经济增长和企业生产经营中的作用愈加重要。数据要素为实体经济发展提供新技术、新方案、新动能，与其他传统生产要素结合形成“乘数效应”，提升资源配置效率，迈向数字经济新形态。《中华人民共和国国民经济和社会发展第十四个五年规划和2035年远景目标纲要》提出，要“加快数字化发展，建设数字中国”“以数字化转型整体驱动生产方式、生活方式和治理方式变革”。在企业生产经营方面，数据既是数字经济的关键生产要素，又是数字经济与实体经济深度融合的桥梁。数字技术实现万物互联、万物智联，为企业生产经营提供了海量数据，包括公共部门数据、企业运营数据、交易数据、支付数据、用户行为数据、人机交互数据等。大数据技术的发展推动数据要素快速融入生产、流通、消费、分配等各环节并成为新型生产要素，尽可能体现真实世界的本质（即“数字孪生”），帮助企业做出优化资源配置、变革流通渠道、促进供需匹配、预测新兴需求等关键决策，因此与提升企业的创新能力和组织效率密不可分。

2.1.2　影响企业数据价值的关键因素

数字技术赋能企业价值创造在很大程度上取决于一系列与技术及组织内外部环境相关的要素。只有条件匹配，企业才能克服各种挑战、提升绩效，并有效防范潜在的风险。数字技术产生价值不仅受技术创新特点的影响（如技术的复杂性、兼容性及相对优势），还会受来自组织层面的组织结构、知识管理，以及与外部环境相关的市场竞争、政府政策与法规等的影响。基于文献和专家意见，总结出影响企业数据价值的关键因素主要包括技术、组织、环境、障碍 4 个方面。

1. 技术因素

向用户提供特定功能和价值的数字配件、应用程序和媒体内容等（如电子芯片、手机 App、智能手表）所具备的技术属性及其优势，有助于应用者获取相应的数据价值。如果这些数字组件是可编程、可感知、可通信、可记忆、可追踪和可关联的，则能够使得企业产品的新功能具有一定的兼容性和使用上的性价比，有助于被快速地添加到各种数字应用和服务中，实现企业的互联互通和数智化转型。企业采纳的云计算、大数据分析、社交媒体、区块链等数字基础设施的数字化能力，则为推动企业整体流程再造和动态能力重构提供支持，加强了企业与客户、合作伙伴之间的互动，促进共同价值的创造。例如，使用在线社区和社交媒体的有助于企业拉近与供应商和客户的距离，形成更加广泛的价值网络并推动共同价值的创造。另外，在数字化转型的情境下，企业的资源整合能力同样至关重要，因为企业赖以创造和获取价值的关系网络变得越来越庞大和复杂。而数字平台与生态系统为企业参与价值网络提供了可靠、可重复的沟通和协调机制，使得企业能够更好地管理信息和整合资源。一项针对阿里巴巴数字平台的研究中，对平台上 7 家中小型企业开展的跨境电子商务数字化转型进行了分析，解释了中小企业如何在数字平台服务提供商的支持下，通过管理认知更新、管理并发展社会资本、建设业务团队和提升组织能力来推动数字化转型，以及平台如何指导和制定相关规则来促进中小企业跨境电子商务能力的建设。

企业案例：海尔 HOPE 创新生态平台

海尔 HOPE 创新生态平台成立于 2009 年，从最初的引入资源服务海尔产业线，发展为服务汇聚创新生态中的各类参与者与创新要素，是海尔数字创新生态系统中核心的基础设施平台。多年来，海尔集团率先在全球创立物联网生态品牌，构建起基于 HOPE、COSMOPlat、海尔 U+等数字平台为基础的数字创新生态系统。其中，通过自建全球技术舆情监控系统、大数据爬虫系统等，实时监控全球技术最新动态；利用系统化的全球科技“蛙眼监控系统”、HOPE 创新合伙人社群、INNOWITH 资源对接平台等，提供科技创新资源的扫描、识别和利用；开展 HOPETECHLINK 全球创新资源路演、联结海创汇创业加速器平台等进一步孵化创新成果。由此可见，HOPE 创新生态平台覆盖了数字创新生态中从创意产生、创意实现到创意落地的创新活动全过程。以 HOPE 创新生态平台为核心的数字创新生态，陆续在全球创新技术高地构建了 5 个定位区域资源整合的创新中心，并通过海尔智家在全球布局的 10 个研发中心，构建起 30 余个全球核心资源网络，涵盖全球各地的政府、企业、个人、高校、科研机构、行业协会等，覆盖全球可触达技术资源超过 100 万个。

平台催生数字创新生态国际化演进的因素主要包括两个方面：一是全球竞争与合作背景下追逐关系租金和理查德租金的外生动因；二是寻求更丰富的异质性创新资源、形成李嘉图租金的内生动因。除此之外，海尔 HOPE 创新生态平台并非完全独立，它由海尔集团创立并发展，因此 HOPE 创新生态平台的国际化过程根植于海尔集团的国际化战略，即焦点主体的战略投射对于数字创新生态的国际化演进具有重要影响。海尔集团作为行业龙头企业，构建以 HOPE 创新生态平台为中心的数字创新生态系统并实施国际化的经验具有很好的启示性。

2. 组织因素

数字技术发挥潜在作用与组织内部一些重要的组织资源及变化有关。组织资源包括在应用新技术方面具有知识、经验和技能的专业人员或部门，以及公司有专业人员或部门解决处理，在数字化项目运行中遇到的问题，并且大部分员工对 IT 项目的接受程度较高。有效的跨部门协作是推动数字技术创造价值的重要因素。虽然促进跨部门协作和打破部门孤岛效应并不是新事物，但在数字化转型背景下，把组织变革与信息系统战略相融合、促成多部门业务协作，将使得组织性能提升到一个新层次。实现这一目标的方法，是创建一个相对独立的部门来引导数字化转型的计划与部署。例如，建立新的数据部门，构建 IT 和业务之间的协作新模式。同时，数字技术引发的颠覆式创新也会要求企业的组织文化相应发生变化。为应对数字时代的冲击，企业需要培养愿意冒险的企业文化。在有些场景下，使用数字技术（如区块链技术）是为了增加信息的透明度和成员之间的信任度，因此企业文化如果鼓励信息共享与透明、降低交易成本则易于采用这种新技术并推进数据价值的创造。首席数字官（CDO）这一职位的设立标志着数字技术对整个企业战略方向的调整。高层的支持是确保企业能够正确采纳、利用数字技术并与企业的战略目标保持一致的重要推动力。通过计划和部署数字商业战略，能够更好地促进业务部门和 IT 职能部门之间的跨部门协作，从而为企业创造数据价值。

同时，在数字化转型的背景下，随着数字技术推动新的自动化形式嵌入和基于算法的决策过程，现有员工的技能需要满足新的业务对人员能力的需求，未来数字劳动力需要具备哪些技能的探讨也变得越来越重要。总之，数字化转型非但没有降低企业对人力资源的依赖，反而要求企业更加依赖人力资源具备的解决日益复杂的业务问题所需的数据分析技能。

3. 环境因素

数字经济相关政策的实施可促进企业数字化转型升级，为企业通过数字化转型创造价值提供了外部驱动力。《中共中央 国务院关于构建数据基础制度更好发挥数据要素作用的意见》将数据分为公共数据、企业数据和个人信息数据，并以此为基础建构数据利用的权利义务体系，有效推进了数据要素市场的规范化发展，为发挥数据要素潜力创造价值奠定了基础。2024 年的国务院政府工作报告进一步指出，要“深入推进数字经济创新发展”“促进数字技术和实体经济深度融合”“健全数据基础制度，大力推动数据开发开放和流通使用。适度超前建设数字基础设施”，并最终“赋能经济发展、丰富人民生活、提升社会治理现代化水平”。

同时，法律法规和基础设施条件对企业开发、利用数据要素起到监管和干预作用。而一些企业因受到严格监管（如金融机构被要求加强客户审查、提升服务质量并有效防范风险）等压力而必须进行数字化转型，寻找价值创造的新路径。另外，合作伙伴、竞争对手的数字化进展也可能让公司认识到，如果不采用新兴技术进行业务改造，公司的业绩或市场地位就会受到影响。数字技术的发展颠覆了竞争市场格局，降低了企业进入市场的壁垒，使行业竞争方式发生巨大变化。因此，行业竞争与激励也是推动企业实施数字化转型并提升数据价值创造的重要外部环境因素。

4. 障碍因素

尽管有上述变化推动数据创造价值，惯性和阻力等因素仍会阻碍企业开展数字化转型。

（1）惯性。数字化转型创造价值的一个主要障碍是惯性。现有组织资源和能力的惯性可能阻碍破坏式创新，而对数字技术创新的制约则与路径依赖相关。例如，一家企业与现有客户和供应商的关系较为紧密，虽然拥有完善的高度优化的生产流程，但这种组织往往是僵化的，并且对于无法轻易重新配置的资源具有依赖性。这说明一个组织的核心能力如果过于僵化就会阻止数字技术所带来的根本性变革。组织文化、身份认同和合规性形成了阻碍智能服务发展的制度障碍，但问题并不是出在高层管理人员不考虑数字技术对企业具有潜在的好处，相反，组织的结构性组成部分，无论是有形的（如生产资料）还是无形的（如组织文化），都深深根植于日常实践，日复一日，扼杀了数字技术的创新和颠覆性力量。

（2）阻力。数字化转型创造价值的另一个主要障碍是，当在组织中引入颠覆性技术时，员工可能会表现出抵制情绪。CDO 职位的一个职责就是确保数字技术的使用方式与员工习惯及他们所接受的组织文化保持一致。阻力是根植于日常工作的惯性的产物，不能通过简单地改变员工行为来解决。相反，它要求改变企业的决策与运营过程，以便能够灵活地面对外部变化。阻力也可以解释为对数字技术的潜在好处缺乏可预见性，而让受数字技术影响的企业参与者多参加研讨会减少这种阻力，从而改善跨部门跨职能甚至跨岗位协作的成效。

2.1.3 数字化转型的效果

1. 组织绩效

数字技术对社会产生了广泛的影响。现有大多数研究主要是在企业层面对这些影响进行评估，证实企业采纳和利用数字技术改进业务流程及成本节约等路径，改善了组织运营效率。企业通过充分利用大数据、人工智能、云计算等数字技术，对多维度、多源头的数据进行采集、分析和运用，以数据为基础进行业态和模式创新，实现优化决策、创新模式和提升效率的目标。数据驱动的组织绩效体现在以下4个方面：

第一，更加深入地了解市场和用户需求。通过收集、分析市场和用户行为大数据，企业可以更全面地了解市场动态、消费趋势和用户需求，有望加快决策过程，更迅速地响应市场。

第二，提升产品设计与研发效率。通过对大数据的分析，企业可以获取更多的市场反馈和用户意见。同时，智能产品和服务通过嵌入利用大数据的人工智能，可以实现自动化算法决策，从而缩短研发周期，降低研发风险。

第三，优化生产和供应链管理。云计算为企业提供按需、富有弹性的资源分配计划，且无须企业IT人员的参与、管理和维护。通过数据驱动的供应链管理，企业可以实时监测和预测库存管理，及时优化实现降本增效。

第四，实现定制化营销和服务。企业可以使用在线社区来增强用户的归属感，并根据用户的特征和需求进行数据分析，精准地进行推荐和定制化营销，从而提高用户满意度和忠诚度。同时，可以实时监测用户反馈，及时调整产品和服务策略。

2. 行业与社会影响

数字技术在更深层次的影响为改善人的生活质量开发了巨大潜力。例如，是医疗保健服务行业，由于使用了各种类型的技术，如电子健康记录、大数据分析及增强物理产品等，采用传统技术的低效局面被颠覆。数字技术还降低了受贫困和地理限制造成的资源差距所带来的影响。例如，远程眼科数字技术在印度农村的使用，使医疗保健机构能够提供更多的护理机会。同时，通过最大限度地减少眼科护理操作所需物理空间，患者无须长途跋涉到达诊所，服务项目的相关成本也得到降低，为各方参与者带来了收益。

3. 不良结果

尽管取得了一系列积极成果，但与数字技术使用相关的潜在问题依然存在，主要是安全和隐私领域。基于算法的决策尽管具有诸多好处，但也给个人和社会带来了潜在风险，安全和隐私仍然是研究人员、政府机构和从业人员应重点考虑的领域。例如汽车行业，汽车智能化应用程度越高，车辆数据和隐私安全保护就越会受到组织、社会和用户的关注。

2.2 公司治理与数据资产管理

近年来，依据大数据、人工智能、移动5G、云计算、物联网、区块链等技术的发展与突破，企业以数据为基础资源开拓了新的业务模式、盈利模式乃至商业模式。然而，如果现有会计核算体系无法将数据资源作为一项“资产”反映在资产负债表中，那么数据所创造的价值将被非数据活动所掩盖，数据的作用与价值也将被严重忽视和弱化。最终的结果则是数字经济环境下企业的资产负债表虚化和利润表失实，会计信息的相关性日益降低，会计的信息和监督功能的有效性大打折扣。因此，探索数据资产管理问题，在资产负债表中对数据创造的企业价值进行确认计量，通过公司治理提高企业会计信息透明度和信息质量，对于优化数据资源市场化配置、提升资本市场有效性都具有重要意义。

2.2.1 数据资产的概念界定

数据要素在宏观经济增长和企业生产经营中的作用愈加重要。数据要素为实体经济发展提供新技术、新方案、新动能，与其他传统生产要素结合形成“乘数效应”，提升资源配置效率，迈向数字经济新形态。在数字经济时代，数据是企业的一种竞争性资源，不仅具有需求预测、产品设计、定价与库存管理、供应链管理的赋能作用，还具有需求创造、业务设计、价值共创、供应链重构、生态圈构建的作用，助力企业提升动态能力，获得竞争优势，发现、创造并实现价值。

当前阶段，采用“采购—生产—库存—营销—消费”供需模式、以流水线为基础大量重复生产的传统制造企业，正在奋力进行数字化转型。数据资源管理的重点在于挖掘数据资源潜力并赋能组织价值创造，形成数据资产。传统型企业数据资源转化为数据资产的实现机制见图 2-1。

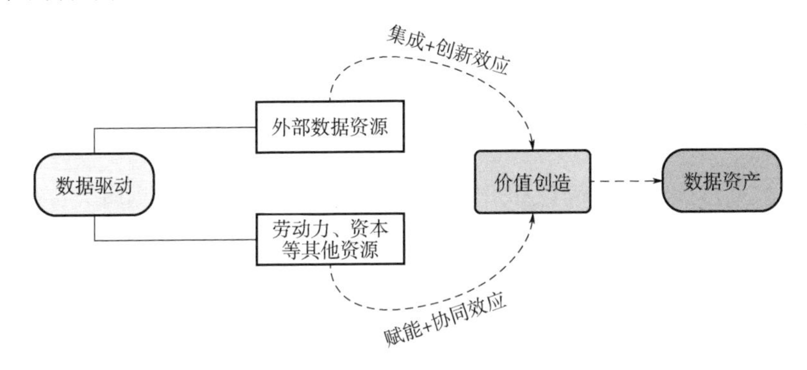

图 2-1　传统型企业数据资源转化为数据资产的实现机制

数据资产化的本质是数据发挥对土地、劳动力和资本等要素的赋能效应。数据通过改善劳动力、资本和技术等要素的价值转化效率，会在企业产生微观层面的乘数效应，引发企业价值发现、价值创造和价值实现的连锁反应，完成传统企业数据资源的资产化，使数据资源演变为传统企业的数据资产。在国内，数据资产这一新兴资产形态则是实践先行于概念界定。2015 年 4 月 14 日，贵阳大数据交易所（GBDEX）正式挂牌运营。该交易所是首个面向全国提供服务的数据交易场所，向社会提供完整的数据交易、结算、交付、安全保障、数据资产管理和融资等综合配套服务，已经表现出数据作为资产拥有的市场化属性。2015 年 5 月 27 日，北京市成立“中关村数海数据资产评估中心”，这是我国首家数据资产登记确权赋值机构。2016 年，我国第一笔数据贷款出现，贵州东方世纪用数据资产进行抵押得到了贵阳银行的“数据贷”放款。学者朱扬勇和叶雅珍对信息资产、数字资源和数据资产的概念进行了梳理，并提出数据资产兼具有形资产和无形资产的特征，是一种新的资产类别。结合数据的属性，将数据资产定义为：拥有数据权属（勘探权、使用权、所有权）、有价值、可计量、可读取的网络空间中的数据集。中国信息通信研究院云计算与大数据研究所和 CCSA TC601 大数据技术标准推进委员会在 2018 年发布的《数据资产管理实践白皮书（3.0 版）》中首次明确了数据资产的概念，认为数据资产是由企业拥有或控制的、能够为企业带来未来经济利益的、以物理或电子方式记录的数据资源，如文件资料、电子数据等。在企业中，并非所有数据都构成数据资产，数据资产是能够为企业产生价值的数据资源。

2.2.2 数据资产的会计核算及存在的问题

关于数据资产的会计确认和价值估计，由于标准不一和数据匮乏，暂无实操案例，多停留在方法讨论层面。研究公司高德纳（Gartner）曾预测，到 2022 年公司将在其信息投资组合中获得价值。考虑到公司的账面价值与市值之间可能会出现巨大差异，当前美国的通用会计准则（Generally Accepted Accounting Principles，GAAP）不允许在资产负债表中将数据资产（无形资产）资本化，但数据估值的问题已有一些框架研究。一些研究建议通过组合几种确定价值的方法来得到企业数据资产的价值，分别是数据作为资产或存货的价值、数据的活动价值、数据的预期或未来价值和数据作为审慎投资的价值。公司金融研究所（Corporate Finance Institute，CFI）则认为数据资产的回报率至关重要，可通过评估数据资产的利润衡量组织从其数据资产中获得收入的能力，从而降低成本或关闭业绩不佳的部门。公司可通过分类记录确定可归因于数据资产的利润，同时通过数据资产的回报可靠计量数据资产的价值。

目前，数据资产的会计核算存在的问题主要包括以下几个方面。

首先，关于数据资产的定义及核算边界尚未形成统一、清晰的认识。作为数字经济下移动应用等新技术运行的产物，数据资产是一个抽象的概念，无论是否将其资本化，数据都会以某种可观测或不可观测的形态存在。因此，需要首先确定我国数据资产的概念、界定原则和统计范围，再进行数据资产的估价和价值核算。

其次，数据资产的分类方式不统一。经济合作与发展组织（OECD）等国际组织和国内学界都尝试对数字经济时代下的新型数据做出分类，但方式繁多，标准不一。联合国欧洲经济委员会（UNECE）按照数据生成方式和来源的不同将数据划分为社交网络数据、传统业务系统数据和物联网数据；欧盟统计局按照数据的用途将数据划分为金融市场数据、电子支付数据、移动设备数据、物联网数据、卫星遥感图像数据、网络搜索数据和社交媒体数据等数类。在我国，2017年10月，国家统计局和国家发展改革委联合印发的《非传统数据统计应用指导意见》把政府非传统统计调查数据分为5类，分别是政府部门的行政记录数据、商业记录数据、互联网数据、电子设备感应数据和其他非传统数据。其中，只有行政记录数据和商业记录数据已在政府统计中广为应用，而其他类型数据由于尚未纳入分类方式，数据资产估价也无从实现。

最后，数据资产核算方法尚不完善。由于数据资产的概念较为宽泛，在统计口径上也不统一。美国依照新的核算标准对 GDP 核算方法进行了修订，澳大利亚、加拿大、欧盟、日本紧随其后。这些国家和地区的经验为数据资产核算提供了一定理论基础。

此外，国内外很多学者通过对知识产权产品核算问题进行研究，从而为知识产权资产核算提供基础。学者李晶设计了我国知识产权产品的分类体系框架，通过修正和完善已有的物质资本测算方法对我国知识产权产品（Intellectual Property Product，IPP）资本测算方法进行了探讨，并建立了与国民经济账户的联系。学者徐丽笑编制了中国知识产权产品核算的数据清单，初步估计了我国的知识产权产品及其组成规模。但是，不同于商誉、知识产权等无形资产，数据资产更具共享性和移动性，并且数据资产可以快速在组织之间甚至国别之间以极低成本进行传输、复制、移动、处理和使用，因此对数据资产的核算方法的探讨应充分参考但区别于普通无形资产。

2.2.3 公司治理在数据资产管理中的作用

公司治理是一套规则、过程和法律框架，这些规则和框架决定了公司内部各利益相关者之间的关系，包括董事会、管理层、股东和其他利益相关者。其目的是确保公司的行为能够为所有利益相关者带来最大的利益，同时遵守相关法律法规，保护公司资产，确保透明度和责任。会计治理则是特指会计在维护公司运行规则、提高公司治理效率、提升公司价值进而促进经济发展方面发挥特有的功能。理解公司治理与会计治理的内在关系至关重要。离开了公司治理的具体场景，会计的本质（如历史成本的使用、可靠性标准、稳健性原则等原则与特点）将失去意义；而没有公司治理问题，会计的功能作用就被降低为仅为投资者提供有关投资风险和报酬的信息，以帮助投资者进行投资决策优化。

所有业务单元既是信息的提供者，也是信息的获取和使用者，解决现存会计在信息提供上的缺陷，能够促进业财数的有效融合，进一步优化改善会计反映市场主体业务活动信息的功能，从而形成良性循环。数字技术的运用会一改现存会计在信息提供上所产生的缺陷，实现会计信息与业务信息的有效融合，从而使得会计反映行政企事业单位业务活动信息系统这一本质得以真正达成。数字化时代必然会不断促进业财融合，也就是业务信息与会计信息更加一体化，这种一体化使业务可以追溯自身的业务创造了哪些价值，也使会计可以追溯什么价值是由哪些业务创造的，即所谓业财数的融合。数字技术的采用会使得企业主体的信息体系实现高度整合，而这一信息体系不再像过去的会计信息系统那样，所有业务结果的信息都归集到会计这一中心，去中心化成为必然，所有的信息都可以进入信息库或者云平台，甚至在区块链技术下可以分布式存储。

数据资产管理（Data Asset Management，DAM）则专注于公司数据资源的有效管理。数据资产不仅包括结构化数据，如数据库中的数据，还包括非结构化数据，如文档、图像、视频等。数据资产管理的目标是确保数据的质量、安全性、合规性，并最大化数据的价值，以支持公司的决策制定和运营效率。公司治理和数据资产管理之间的关系可以从以下 7 个方面来理解：

（1）决策支持。良好的数据资产管理可以为公司治理提供准确的数据支持，帮助董事会和管理层做出更明智的决策。

（2）风险管理。数据资产管理包括识别、评估和管理与数据相关的风险，这对于公司治理中的风险管理至关重要。

（3）合规性。数据资产管理有助于确保公司遵守数据保护法律法规和行业标准，这是公司治理的一个重要方面。

（4）透明度和责任。数据资产管理的实践可以提高公司运营的透明度，确保数据的可追溯性和责任归属，这与公司治理中强调的透明度和问责制相一致。

（5）价值创造。通过有效的数据资产管理，公司可以更好地利用其数据资源来创造商业价值，这直接影响公司的绩效和股东价值。

（6）战略规划。数据资产管理可以帮助公司识别和发挥数据资产的战略潜力，支持公司的长期规划和战略发展。

（7）利益相关者沟通。数据资产管理确保数据的准确性和可靠性，这对于与股东、投资者和其他利益相关者的沟通至关重要。

综上所述，数据资产管理是公司治理的重要组成部分，它通过确保数据的有效管理和利用，支持公司治理的各个方面，从而帮助公司实现目标和战略。如果公司治理未能获得数据资产管理的支持，将产生不良影响。具体的影响包括：一是企业资产负债表上净资产的账面价值严重偏离其市场价值，企业会计信息不能准确反映企业的基本财务状况；二是企业利益相关方通过企业提供的会计报表无法获知企业真实的资源使用情况，无法解释企业管理层的行为，无法充分评估企业的价值，进而无法做出正确的投资决策。

2.3　公司治理与数据治理

数据治理能够帮助组织更有效地利用和保护数据，并最终实现组织价值的创造。随着不同组织生成、获取、存储、转换、处理和分析数据的能力不断增强，进一步识别和解决有关数据治理主体的问题至关重要，而这首先需要对数据治理机制的本质和含义进行概念化解释。

2.3.1　数据治理的概念界定

对数据的治理，涉及结构、程序和关系机制的组合，而这些机制共同推动了数据保护和数据驱动的价值创造。数据治理模式不一定由某个组织内的管理者来定义，而是通常涉及组织边界以外的行为者的决策，包括管理数据收集、共享和使用的机构（如银行、卫生部门等）。受数据交换的规模和范围，以及数据密集型技术滥用的影响，现有的法律法规和政策不足以充分保护一些领域的个人数据。法律法规和政策应当积极塑造数据治理的有效方法，从而使得个人生成的金融、医疗等数据受到组织、技术和监管领域相互作用的有效治理。总之，数据的特质（如超越组织边界的可移动性）、实践参与者和利益的多元性，以及监管环境的复杂性均表明，仅围绕信息技术（Information Technology，IT）决策框架来实施数据治理是不够的。治理数据与治理 IT 不同，除决策的角色和职责，数据治理还需要考虑数据管理、数据所有权、数据质量、数据隐私和数据安全性等其他事项。

数据治理对 IT 治理框架的依赖存在以下两个方面的问题：

第一，IT 治理框架以组织（如企业）为中心，而数据通常是跨组织和部门边界流动的。因此，管理组织之间、业务生态系统内部或跨越公私边界共享的数据与管理组织内部的数据有着截然不同的模式。例如，在实践中，组织之间的关系和治理机制存在不同，因此组织间数据治理涉及跨组织的数据协作原则、利益相关者的利益协调及决策集体行动等问题。

第二，在组织间数据共享的背景下，更好地理解数据治理对于寻求重大公共问题的解决，以及促进公共和私人参与者的合作至关重要，其中，数据不仅为单个组织创造价值，还可以通过共享数据资源创造社会价值。组织之间的数据治理工作还包括主数据管理及其引发的自上而下的逻辑与各组织的本地逻辑之间冲突的治理。一些公共部门的数据治理采取了集体行动视角，导致任务分配的多中心化、IT 基础设施的分散化、专业领域和组织目标的多元化，给参与者带来了挑战。例如，具有不同（甚至相反）利益和能力的不同参与者如何管理公共数据资源。一种可行的管理方案是实施多中心的治理方法，即不同规模的多个组织可以行使一定的独立性，在特定领域内制定标准和规范，实行嵌套和分层的治理结构而不是作为一个整体来治理。

2.3.2　公司治理在数据治理中的作用

数据治理的首要目标就是最大限度地挖掘数据要素的潜力，基于数字技术和数据要素的应用推动数据驱动企业价值创造，打通生产、分配、流通、消费各环节的堵点和断点，打造以市场为主体的业财数融合系统，实现数据要素在数字经济和实体经济之间流动。具体实现路径包括：第一，以搭建数字技术和数字平台等手段，为数据要素转化为现实生产力提供场景，同时反哺数字技术的迭代升级和数字平台的生态构建；第二，通过数据要素市场和相关法律法规的完善，推进数据要素市场交易，加强各行业、各企业之间的数据共享和整合，实现跨部门、跨行业、跨企业的数据融通；第三，发展数字产业作为数据要素发展的主要载体，推动数据要素在数字经济与实体经济系统间循环，促进融合式发展，形成新的产业生态。总之，推动数据驱动的企业创新、促进数字经济和实体经济融合，是未来数据治理的主要方向。

然而，随着价值网络变得更加复杂并涉及更多不同的参与者，公司长期维持组织绩效的能力、实施全面控制更具挑战性。在这种背景下，数据治理的目标还包括指导企业正确地使用数字技术及数据要素，解决实现数据价值过程中的伦理问题，以确保短期目标的实现不会损害公司维持长期业绩的能力。例如，公司能够根据潜在偏好来增加客户接近度并定制服务产品，而分析这些潜在偏好所需的数据主要源于从社交媒体、硬件设备收集的个人数据，但不合规的数据收集会带来不良后果，因为可能是非法的。通过数字创新实现数据价值最大化被认为是一项理想的、有风险的努力，这在很大程度上基于与这种做法相关的法律和道德因素。与此同时，数据带来的风险程度（发生概率或影响范围）意味着数据治理提供保护的职能和程序机制有可能限制数据要素的潜力。

综上所述，数据治理的一系列措施可能阻碍数字创新，因为它限制了寻找数据创新用途的能力。在这一场景下，将数据治理纳入公司治理过程，其中包括对数据治理机制的持续调整以保持与公司战略和运营政策的一致性。选择更加规范化还是关系化的数据治理模式，取决于不同的企业文化或法律环境，以及其他影响治理数据在实践中有效执行的组织因素。了解数据治理是否及如何影响企业实践，可以帮助人们集中关注重要问题并设计相应的干预措施以减轻其不良后果。例如，如果新的数据访问政策的实施遇到阻力，可能会迫使企业寻找新的替换方案，尽管代价是承担一定的法律责任。数据治理的实施通常基于一套程序方法，具有明确的开始和结束节点，并且需要在日常工作实践中根深蒂固，甚至成为工作执行方式不可或缺的一部分，如将数据治理机制的设计和实施作为企业战略转型计划的一个重要组成部分。

2.4 数据治理岗位设置

2.4.1 组织架构

随着数据潜在商业价值被日益关注，数据越来越被视为一项“资产”，也需要进行治理，以帮助企业实现战略目标。IT 治理最早的概念源自与 IT 相关的决策领域及分配决策权和责任，目标是管理企业传统的 IT 资产（如计算机硬件和软件）。有学者主张将数据或信息治理作为一个新的决策领域纳入标准的 IT 治理框架。数据治理则涉及一组相互依赖的功能，每个功能都有自己的目标、活动和职责。数据管理专业人员需要考虑从抽象的企业资产中获取价值所固有的挑战、平衡战略和运营目标、特定业务和技术要求、风险和合规性需求，并理解数据所包含的内容及数据是否高质量。前面提到的数据价值创造过程中的很多东西都需要跟踪管理，这就是为什么需要一个框架来全面了解数据治理，并查看其组件之间的关系。因为这些组件功能相互依赖、需要协调一致，所以在所有组织中，各方面数据管理人员都需要紧密协作才能从数据中获得价值。

国际数据管理协会开发的数据管理框架 DAMA-DMBOK（DAMA-Data Management Body of Knowledge，DAMA 数据管理知识体系）针对不同抽象级别提供了一系列关于如何管理数据的路径。这些视角提供了可用于阐明战略、制定路线图、组织团队和协调职能的洞察力。组织所采用的数据管理方法取决于某些关键要素，如其所处行业、所应用的数据范围、企业文化、成熟度、战略、愿景及待解决的问题和挑战。

DAMA-DMBOK 围绕 11 个知识领域构建（也称“DAMA 车轮图”，见图 2-2），通过这些视角审视数据管理并应用 DMBOK 中提出的概念。DAMA 车轮图将数据治理放在数据管理活动的中心，因为治理是实现功能内部一致性和功能之间平衡所必需的。其他知识领域（数据体系结构、数据建模等）围绕车轮平衡。它们都是成熟数据管理功能的必要组成部分，但根据各组织的需求，它们可能在不同的时间实现。

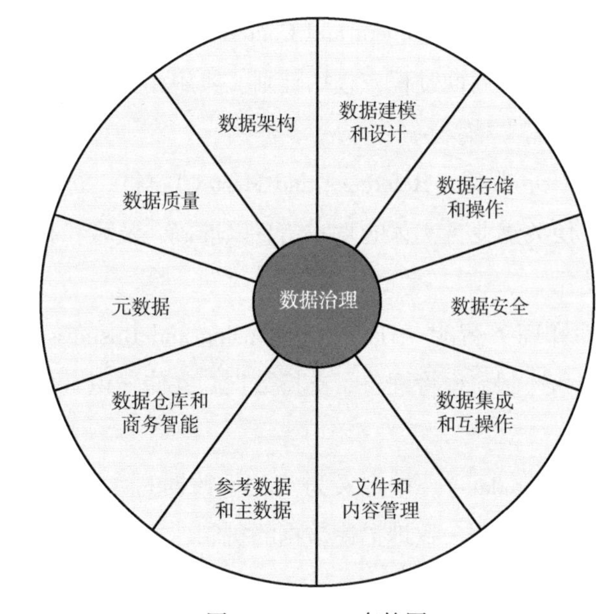

图 2-2　DAMA 车轮图

11 个知识领域具体阐述如下：

（1）数据治理（Data Governance）。通过建立一个能够满足企业需求的数据决策体系，对数据管理进行指导和监督。

（2）数据架构（Data Architecture）。定义了与组织战略相协调的数据资产管理蓝图，以建立战略性数据需求及满足需求的总体设计。

（3）数据建模和设计（Data Modelingand Design）。以数据模型（Data Model）

的精确形式，发现、分析、展示和沟通数据需求。

（4）数据存储和操作（Data Storage and Operations）。以数据价值最大化为目标，包括存储数据的设计、实现和支持活动，以及在整个数据生命周期中从计划到销毁的各种操作活动。

（5）数据安全（Data Security）。确保数据隐私和机密性得到维护、数据不被破坏、数据被适当访问。

（6）数据集成和互操作（Data Integration and Interoperability）。包括与数据存储、应用程序和组织之间的数据移动和整合相关的过程。

（7）文件和内容管理（Document and Content Management）。用于管理非结构化媒体数据和信息的生命周期过程，包括计划、实施和控制活动，尤其是支持法律法规遵从性要求所需文档。

（8）参考数据和主数据（Reference and Master Data）。包括核心共享数据的持续协调和维护，使关键业务实体的真实信息以准确、及时和相关联的方式在各系统间得到一致使用。

（9）数据仓库和商务智能（Data Warehousing and Business Intelligence）。包括通过计划、实施和控制流程管理决策支持数据，并使知识工作者通过分析报告从数据中获得价值。

（10）元数据（Metadata）。被定义为“关于数据的数据”，它描述了数据是关于什么的，并提供了简明一致地描述数据的机制，从而帮助解释数据的含义或语义。

（11）数据质量（Data Quality）。包括规划和实施质量管理技术，以测量、评估和提高数据在组织内的适用性。

2.4.2 具体参与部门及其职责

根据 DAMA 车轮图对数据治理基本框架的描述，本节明确了与角色和职责相关的数据治理业务范畴，以及相应的参与部门及其职责，见表 2-1。

表 2-1 数据治理的决策范畴

决策域	内容说明	治理决策	对应职务或责任节点
数据原则	1. 数据架构 2. 数据建模和设计	1. 数据在业务中的用途是什么 2. 有哪些机制可以持续地与业务使用的数据进行互通 3. 将数据作为资产使用的预期场景是什么 4. 如何识别数据共享和重复使用的机会 5. 监管环境如何影响数据的应用	1. 数据所有者/受托人 2. 数据管理员 3. 数据保管员 4. 数据生产者/供应商 5. 数据消费者 6. 企业数据委员会/理事会
数据质量	1. 建立预期使用数据的要求 2. 规划和实施质量管理技术	1. 在准确性、时效性、完整性和可信性方面的数据质量标准是什么 2. 建立和沟通数据质量的程序是什么 3. 如何评估数据质量及相关项目	1. 数据所有者 2. 数据专家 3. 数据质量经理 4. 数据质量分析师
元数据	1. 建立数据的语义或内容，以便用户可以解释数据 2. 访问高质量的集成元数据	1. 记录数据语义的程序是什么 2. 如何一致地定义和建模数据，使其具有可解释性 3. 有什么计划使不同类型的元数据保持最新 4. 定义、模型、数据流和其他至关重要的信息	1. 企业数据架构师 2. 企业数据建模师 3. 数据建模工程师 4. 数据架构师 5. 企业数据架构委员会
数据安全	1. 指定访问权限和数据要求 2. 参考数据和主数据	1. 如何进行持续的风险评估 2. 什么是数据访问标准和程序 3. 定期监控和审核合规性的程序是什么 4. 如何开展数据安全教育 5. 数据备份和恢复的程序是什么 6. 评估结果如何与整体合规监控工作相结合	1. 数据所有者 2. 数据受益人 3. 首席信息安全官 4. 数据安全官 5. 数据技术安全分析师 6. 企业数据架构委员会

（续）

决策域	内容说明	治理决策	对应职务或责任节点
数据价值开发	数据仓库与商务智能	1. 数据的业务价值是什么 2. 如何通过计划、实施和控制流程来管理决策支持数据 3. 如何使用户通过分析报告从数据中获得价值	1. 数据分析师 2. 数据专家
文件和内容管理	1. 确定数据的定义、生产、保留和报废（数据生命周期） 2. 数据存储和操作 3. 数据集成和互操作	1. 如何存储数据 2. 定义数据的程序是什么 3. 生产、保留和报废不同类型的数据 4. 合规问题与法律如何影响数据保存和存档	1. 企业数据架构师 2. 信息链经理

数据治理指的是谁拥有决策权，并对组织有关其数据资产的决策负责。数据治理相关部门职能主要包括：数据原则、数据质量、元数据、数据安全、数据价值开发，以及文件和内容管理。数据原则位于顶层，为所有其他决策确立方向。一个组织的数据原则为数据的预期使用设置了边界要求，规定了该组织的数据质量标准，同时为用户如何解释数据（元数据）和访问数据建立基础。数据生命周期（数据的生产、保留和报废）决策则是将数据原则应用到IT基础设施中的关键性实践。表2-1显示了每个决策域及其说明。其中，有效的数据原则建立了数据与业务的联结。标准化业务流程的决策意味着应该有一个明确的数据资产的业务所有者。

（1）数据原则。通过描述数据的业务用途，确定数据在多大程度上是企业范围内的资产，以及什么样的具体策略、标准和指导方针是合适的。将数据作为一项资产，数据原则建立并促进了共享和重复使用数据的机会。每个原则都有一个基本原理和一组含义。

（2）数据质量。指数据满足使用要求的能力，包括4个维度：①准确性，指数据的正确性，即记录的值是否与实际值相符；②及时性，指记录的值是当前的最新值；③完整性，指记录了必要的值且没有缺失，同时具有足够的深度和宽度；④可信性，表示数据来源及其内容的可信性。数据质量决策领域（涉及数据质量分析师、数据质量培训师和数据专家等职位）提供了有关数据质量各个维度的基本标准，定义了持续交流数据业务所使用的工作机制，并描述了评估数据质量的过程，还需要为解释元数据和评估数据提供路线图。因此，数据质量决策在数据资产的有效治理中至关重要。

（3）元数据。被定义为“关于数据的数据”，它描述了数据是关于什么的，并提供了简明一致地描述数据的机制，从而帮助解释数据的含义或语义。不同类型的元数据（如物理元数据、领域无关元数据、领域特定元数据和用户元数据）在数据的发现、检索、整理和分析中发挥着相应作用。元数据决策涉及企业数据架构师和数据建模工程师等职位，以开发一种记录数据语义的程序化方法，支持数据的检索和分析。为确保数据是可解释的，元数据的标准化提供了有效使用和跟踪信息的能力。随着业务环境的变化，组织开展业务的方式及相关数据也会发生变化。因此，也需要管理元数据的变化。

（4）数据安全。包括数据安全人员进行风险分析，可以识别业务的数据需求，并提供保障措施，以确保数据的机密性、完整性和可用性。数据访问标准和相关的服务协议则基于对数据使用的定义制定（如可审核性、隐私性和可用性）。

（5）数据价值开发。包括结合业务特征，对数据仓库规划、数据仓库建设、数仓管理等进行部署；还包括数据处理技术研究及新技术引进，参与超大规模实时/离线数据计算框架，存储、查询、可视化解决方案的设计与研发，建设公司业务数据仓库模型及打通全业务数据域；推进商业智能报表（Business Intelligence Reports，BI 报表）和可视化项目落地，与客户深度沟通，理解客户的业务需求，支持各业务单元日常数据需求和任务。

（6）文件和内容管理。根据业务需要将数据放置在合适的存储介质后，数据可以更有效地跨多种资源进行分布，从而提高存储利用率并降低存储获取成本。除成本管理，相关的合规性问题也决定了组织如何处理数据的保留、归档与备份，以及数据的临时性保护措施。

2.4.3 人才培养及团队建设

数字经济推动商业模式不断更新，会计这一职业被赋予了新的内涵。未来会计的发展将从核算信息场景向业务信息场景拓展，会计人员必须具备业务数据的挖掘能力、清洗能力、架构能力和传输能力；会计的职业能力必须重塑，会计学科和专业的教学内容必须调整和扩展，新技术的运用也应嵌入其中。高校作为会计人力资源供给的摇篮，必须大力推动信息技术深度嵌入会计专业教育，通过在教学大纲中适当增加会计信息化课程内容比重，明确会计信息化和会计数字化能力要求，从师资、课程、教材、教学内容、教学方式和实践基地等方面进行以战略思维、业财融合、数字智能为导向的教改研究和探索，推动产学研一体化发展，大力培养既精通专业又熟悉信息技术、既具备战略思维又富有创新能力的复合型会计人才。社会层面，要在会计人员继续教育、能力评价、技术资格考试和职称评审中增加会计与科技融合、业务与财务融合、核算与管理融合的内容和能力要求，加快会计人员的知识结构和业务能力转型，使其成为“精会计”“懂业务”“通技术”“会管理”的数字经济时代会计，为企业数据资源资产化提供强大的人才支撑。

第3章　数据资源入表主要政策解读

3.1　《企业数据资源相关会计处理暂行规定》解读

2022年12月9日，财政部发布《企业数据资源相关会计处理暂行规定（征求意见稿）》，首次提出企业数据资源入表相关处理办法。2023年8月1日，财政部正式发布《企业数据资源相关会计处理暂行规定》（财会〔2023〕11号，以下简称《暂行规定》），自2024年1月1日起施行。《暂行规定》提出了对数据资源入表的适用范围、适用原则及披露的详细规定。本节从《暂行规定》的发布背景、适用范围、遵循准则、核心内容等方面进行解读。

3.1.1　发布背景

党的二十大报告提出，加快建设数字中国，加快发展数字经济。《暂行规定》是贯彻党中央、国务院关于发展数字经济决策部署的具体举措，旨在为数字经济的健康发展提供有力的支持。同时，数字经济的兴起和快速发展对会计领域提出了全新的挑战和需求，《暂行规定》的发布能够加强企业会计准则的实施，更好地服务于企业和相关会计实务需求，推动企业会计准则实施的标准化和规范化，推进会计领域的创新研究，以更好地服务数字经济的健康发展和治理体系建设。

3.1.2　适用范围

《暂行规定》对适用范围的表述是："本规定适用于企业按照企业会计准则相关规定确认为无形资产或存货等资产类别的数据资源，以及企业合法拥有或控制的、预期会给企业带来经济利益的、但由于不满足企业会计准则相关资产确认条件而未确认为资产的数据资源的相关会计处理。”也就是针对企业按照企业会计准则相关规定可以确认为无形资产或存货等资产的数据资源资产化。因此，这里首先就要搞清楚资产的概念。会计学对资产的定义是：资产指企业过去的交易或者事项形成的、由企业拥有或者控制的、预期会给企业带来经济利益的资源。

根据资产的定义，资产具有以下几个方面的特征：

（1）资产应为企业拥有或者控制的资源。资源被企业所拥有或者控制，“拥有”即具有所有权，“控制”即可以使用和经营。

（2）资产预期会给企业带来经济利益。预期指带来经济效益的概率大于 50%。

（3）资产是由企业过去的交易或者事项形成的。

对于数据资产，中国资产评估协会发布的《资产评估专家指引第 9 号——数据资产评估》将其定义为“由特定主体合法拥有或者控制，能持续发挥作用并且能带来直接或者间接经济利益的数据资源”。

3.1.3 遵循原则

《暂行规定》明确企业数据资源适用于现行企业会计准则，不改变现行准则的会计确认计量要求。在现行会计准则的计量要求下，针对数据资源统一制定了专门规定并明确了计量基准。加强创新，积极稳妥对披露要求进行细化的同时，采用“强制披露+自愿披露”的方式，积极引导企业进行相关披露，为各方了解企业价值、提升决策效率提供有用信息。《暂行规定》自 2024 年 1 月 1 日起施行，采用未来适用法执行该规定，施行前已经费用化计入损益的数据资源相关支出不再调整。

3.1.4 核心内容

《暂行规定》的核心内容主要包括数据资源的分类、会计确认、计量与披露。企业应根据数据资源的持有目的、形成方式、业务模式，以及与数据资源有关的经济利益的预期消耗方式等，对数据资源相关交易和事项进行会计确认、计量和披露。

数据种类繁多、结构复杂，按来源可分为个人数据、企业数据和公共数据，按加工处理方式可分为原生数据和衍生数据，不同类别的数据其所有权、使用权差别较大。更为关键的是，数据可被多方采集和使用，使得数据权利具有非排他性，不同主体可能对同一数据拥有对应权利。此外，个人数据和公共数据的所有权更为复杂，在此情形下，如果以拥有或者控制数据作为数据资源入表的前提，可能导致众多数据资产游离在财务报表之外。《中共中央 国务院关于构建数据基础制度更好发挥数据要素作用的意见》（业内称“数据二十条”）已经在推动建立结构性分置的数据产权制度，将数据资源持有权、数据加工使用权、数据产品经营权分置运行。

现阶段数据资源分为企业使用的数据资源（以下称“数据资源无形资产”）和企业日常活动中持有、最终目的用于出售的数据资源（以下称“数据资源存货”）两类，明确了两类数据资源的初始确认与计量、后续确认与计量，以及披露的核心内容，见表 3-1。

表 3-1　数据资源的分类、计量及披露

数据资源分类	初始确认与计量	后续确认与计量	披露的核心内容
数据资源无形资产	符合无形资产定义及确认条件，应确认为数据资源无形资产。参照无形资产会计准则及其指南相关规定，初始计量数据资源无形资产	按无形资产会计准则及其指南，对确认的数据资源无形资产进行后续计量、处置和报废等相关会计处理	在无形资产、开发支出等科目明细中增设“数据资源”项目披露；按外购、自行开发及其他方式取得等在会计报表附注中披露数据资源无形资产；单独披露对企业财务报表具有重要影响的单项数据资源无形资产的内容、账面价值和剩余摊销期限等；自愿披露数据资源无形资产形成、投入、原始数据类型的信息

（续）

数据资源分类	初始确认与计量	后续确认与计量	披露的核心内容
数据资源存货	符合存货定义及确认条件，应确认为数据资源存货。参照存货会计准则及指南，初始计量“数据资源存货”	按存货会计准则及其指南，对确认的数据资源存货进行后续确认与计量等相关会计处理	在存货等科目明细中增设“数据资源”项目披露；按外购、自行加工及其他方式取得等在会计报表附注中披露数据资源存货。还应单独披露对企业财务报表具有重要影响的单项数据资源存货的内容、账面价值和可变现净值。自愿披露数据资源存货形成、投入、原始数据类型的信息

资料来源：根据《暂行规定》整理所得。

《暂行规定》并未改变现行会计准则的会计确认和计量要求，企业仍须依据《企业会计准则——基本准则》（财政部令第 33 号）第二十条“资产是指企业过去的交易或者事项形成的、由企业拥有或者控制的、预期会给企业带来经济利益的资源”来判断数据资源是否能够被确认为资产。

按照“数据二十条”，企业拥有的数据权利主要分为 3 种，分别是持有权、加工使用权、产品经营权。企业并不一定同时拥有这 3 种权利，但只要企业能够明确拥有其中的一种或一种以上，并通过权利行使来创造经济利益，就可以将该类数据资源纳入数据资产范畴。值得注意的是，数据可以复制，且可以被多个主体采集，所以数据权利一般不具排他性，不同企业可能对类似数据同时享有权利。在这种情况下，只要企业享有的权利合法合规，且该数据有潜力创造经济利益，就可以认定为数据资产。

所以，数据资产的权属确定是入表的前提。第一，企业需要根据自身商业模式、经营状况和数据资源应用特征等要素，确定合适的资产类别，以准确进行会计确认、计量和报告。符合无形资产确认的计入无形资产，符合存货的计入存货。第二，《暂行规定》要求企业履行更严格、更精细的信息、列示和披露要求，以提高信息披露透明度、保护投资者，推动企业治理优化、加强监管和监督，进一步完善数据要素市场机制和经济秩序。

3.1.5 与《国际财务报告准则》的差异

国际会计准则理事会（IASB）发布的《国际财务报告准则》没有专门针对数据资产的准则和解释公告。事实上，《暂行规定》与《国际财务报告准则》对数据资产的处理准则是趋同的，没有实质性差异。《暂行规定》只是解决实务中对数据资源能否作为会计上的资产进行确认、作为哪类资产入表，并未改变现行准则的会计确认和计量要求。例如，国际会计准则理事会几年前曾经讨论过比特币等加密货币的会计处理，最终也是与数据资产类似，根据不同的业务模式将其确认为无形资产或存货。唯一不同的是《国际财务报告准则》允许企业对具有活跃市场的无形资产采用重估价模型进行后续计量。在中国的会计准则下，《暂行规定》只允许对数据资产采用成本模式进行后续计量。这个不同会导致在国外上市的中国企业报告中存在准则差异调整项，需要评估此差异对净资产和净利润的影响。需要注意的是，重估价模型并非公允价值模型，二者有所区别。重估价模型只是要求企业按照一定的频率（如3年1次）对无形资产按照活跃市场价格进行重估，重估的差额视情况计入其他综合收益或当期损益，并基于重估后的新账面价值在剩余使用寿命内进行摊销。累计计入其他综合收益的部分，则采用一定的方式，在资产剩余使用寿命内直接转入留存收益。

国际上有些企业，如标准普尔、邓白氏、路透社等公司，一般将数据库资源作为无形资产进行确认和计量。

3.1.6 实践意义

自2022年底《企业数据资源相关会计处理暂行规定（征求意见稿）》发布后，多地积极开展数据资源入表的探索与实践。2023年，北京、上海、深圳等地在政策中陆续提出数据资源入表落地的方案和措施，面向央国企、上市公司、科创企业和典型数商积极开展数据资源入表企业试点，为数据资源入表的进一步实施和推动提供依据与先行经验。同时，各地政策不仅规定了相关责任机构，还提出了各类规范和激励办法。北京、上海、深圳、重庆等地制定了数据资源入表落地的方案和措施。对数据资产的细化规定、强化披露，将推动企业进一步强化数据资源管理、推动数据价值实现，并为相关方了解企业价值、提升决策效率提供有用信息。这一动作会为企业带来诸多改变，也需要企业全面审视和提高自身数据管理与治理水平。

数据资源入表的实践意义可以从政府侧和企业侧两个方面分析。

（1）政府侧。其实践意义包括3个方面：

第一，国家积极开展政府数据授权运营试点，鼓励第三方深化对公共数据的增值开发利用。

第二，以前的城投公司销售的是各种性质不同的土地，如工业用地、住宅用地，而现在的大数据集团“卖”的是公共数据，只不过现在的二级开发商从过去的房地产开发商变成了医疗、教育、金融等领域科技企业。过去是一次性卖地变现，而现在需要合伙运营数据。

第三，自《暂行规定》发布以来，包括城投公司在内的地方国有企业对于数据资产化需求很大，多数企业希望通过改善资产负债表向银行获得更多贷款或更高信用评级后对外发债，以期弥补地方财政缺口。

（2）企业侧。实践意义包括5个方面：

第一，企业可预搭建数据资产管理体系，开展数据资源入表工作，前提是对拥有或者控制的数据资源进行合规审查，建立合规体系，帮助企业构建全新的数据资产战略、提升企业内部控制和数据治理水平，在此过程中提高企业自身对数据资产的管理水平和管理能力，对企业数据治理起到良好推动作用。

第二，无形的数据资产能够通过入表实现“有形化”，提升公司的总体财务实力，提高会计信息的质量，充分反映信息和数据型企业的财务状况和经营情况。

第三，资源的融资通道便利化是趋势，数据资源入表能直接带给企业更多灵活融资方式。

第四，企业通过数据资源入表，将数据资源作为资产体现，使数据这一生产要素在企业经营转型中得以全面体现，将进一步促进企业继续深度挖掘和开发数据资源，形成良性循环。

第五，有助于加快完善监管机制，将为监管部门和相关机构完善数据要素市场体系建设、数字经济治理体系等提供会计信息支持；有利于提升监管效能、推动数据要素市场的规范运作和健康发展，也为后续制定更多相关政策措施提供决策依据。

3.1.7 现存主要问题

《暂行规定》还有待理论界和实务界进一步进行完善和改进。对数据资源会计处理有关问题还需要从以下 3 个方面逐步完善。

（1）数据资源确认为无形资产存在争议。主要表现在 4 个方面：

一是数据资源与无形资产受法律保护程度不同。

二是无形资产的价值易证明，具有普遍适用性，而数据资源的定制化、个性化特征鲜明，不具有普适性。

三是无形资产往往具有排他性，而数据资源具有易复制性、反复迭代性，不具有排他性。

四是若按照《企业会计准则第 6 号——无形资产》（以下简称“无形资产准则”）处理，对于企业内部产生的数据资源，其资产化条件过于严格。论证内部研究开发形成的数据资源未来能为企业带来多少经济利益流入的难度较大，因此企业在论证内部开发数据资源的相关支出是否能满足资产化条件时将面临较大挑战。

因此，本书认为，不能简单地将数据资源归入无形资产，其本身具有独特的、不同于其他资产的属性，应在满足资产化条件下，单独确认为数据资产，而不应确认为数据资源无形资产。但目前国际会计准则并没有关于这方面的明确、具体的规定可供参考，所以《暂行规定》先将其归入我国会计准则体系现有会计核算科目：符合无形资产确认条件的纳入无形资产进行核算；可以出售、属于存货的归入存货进行核算。这一规定下，海外上市的中国公司的报表中可能会将数据资源作为准则差异进行相应的会计调整及披露。

（2）数据资源采取二分法分类值得商榷。对企业使用的数据资源参照无形资产进行处理，对外交易的数据资源参照存货进行处理，即分为"数据资源无形资产"与"数据资源存货"。这样分类存在以下3个问题：

一是刚开始进行数据资源处理时，对于尚未明确用途的数据资源应如何处理，《暂行规定》没有明确规定。

二是企业持有数据资源，可能在对内使用的同时也以最终出售为目的，《暂行规定》也未具体指出同时拥有两种用途的数据资源应如何进行会计处理。

三是《暂行规定》并未给出数据资源分类判断标准，使得企业管理层存在利用自由裁量权在两种不同资产分类之间频繁切换而进行"盈余管理"的可能性，导致降低数据资源会计信息的可靠性与相关性。

因此，《暂行规定》应增加两类数据资源分类判断标准，明确数据资源不同用途的会计处理。

（3）数据资源确认与计量过于简单。数据资源存货与常规存货具有较大区别，《暂行规定》仅简单提出数据资源存货后续确认参照存货进行会计处理，显然未考虑数据资源的特性。主要体现在两个方面：

一是数据资源存货可重复出售的终止确认问题。部分数据资源存货具有无限复制性和持续的价值释放特点，较长时间段内可重复出售，因此，出售过一次的数据资源如再次出售应如何终止确认、成本如何结转，参照存货进行会计处理显然无法操作。

二是数据资源存货后续确认与计量存在较大困难。一方面，随着技术的进步，数据资源的获取成本逐渐降低，因此，在计量过程中，数据资源的可变现净值往往会高于成本，企业采用较低的成本进行计量，使其账面价值与实际价值差异越拉越大，弱化了会计信息相关性；另一方面，数据资源无形资产计量采取历史成本法，这样的操作简单易行，但忽略了数据资源能够创造的价值可能远远高于其实际成本，会造成其价值被大大低估。

总之，数据资源的识别和盘活是入表的第一步，企业可以利用数据治理提升自身专业能力，对现有自然数据全面进行梳理，采用数据与应用场景相结合等方法，构建数据资源库，找出具有潜在价值的数据。只要数据能够解决某一个或某一类场景的应用问题，给社会经济活动带来益处，帮助降本增效等，都属于有价值的数据。在数据入表第二步，需要对数据资源进行合规化审查，解决数据来源合规、内容合规、处理合规等问题。这一阶段主要依靠律师事务所排查风险等方式进行，采用非正规手段获取的数据不予入表，帮助企业提前规避不合规的风险。当企业完成前两项工作后，需要解决数据确权问题。本书认为现有对数据进行确权的主流方式是数据知识产权登记和数据产品登记。目前，浙江、北京、江苏等地均推出了数据知识产权登记平台，为数据知识产权登记提供了途径。多地设立了数据交易所，作为数据产品挂牌交易的平台，探索数据产品交易模式，便于数据产品正规化运营。

3.2　《数据资产评估指导意见》解读

《数据资产评估指导意见》（以下简称《评估指导意见》）于 2023 年 9 月 8 日在财政部的指导下由中国资产评估协会发布，自 2023 年 10 月 1 日起施行。本节从《评估指导意见》的发布背景、适用范围、所评估资产的特征等 9 个方面进行解读。

3.2.1　发布背景

2022 年 12 月 2 日，《中共中央 国务院关于构建数据基础制度更好发挥数据要素作用的意见》这份专门针对数据要素的基础性文件发布后，相关政策规定陆续出台，数据要素发展接连提速。2023 年 8 月 1 日，财政部印发《暂行规定》，规范了企业数据资源相关会计处理，强化了相关会计信息披露。2023 年 9 月 8 日，财政部指导中国资产评估协会发布了《评估指导意见》，为数据资产的评估实务提供了指引，有助于进一步推动建立数据资产价值评估机制，为数字资产入表、交易、流通和相关运作提供切实可行的基础设计，对数字时代企业投融资和经济发展有重要意义。

3.2.2 适用范围

《评估指导意见》对数据资产进行了定义："数据资产，是指特定主体合法拥有或者控制的，能进行货币计量的，且能带来直接或者间接经济利益的数据资源。"其范围大于《暂行规定》可以确认为资产的数据资源的范围，但没有包括《暂行规定》中认为可以进行表外披露但难以用货币计量的数据资源。需要注意的是，《暂行规定》是企业进行会计处理的强制性规定，而《评估指导意见》是用于资产评估的指导性意见，不具有强制执行力。

开展数据资产业务，不仅应了解和关注数据资产的信息属性（主要包括数据名称、数据结构、数据字典、数据规模、数据周期、产生频率及存储方式等）、法律属性（主要包括授权主体信息、产权持有人信息，以及权利路径、权利类型、权利范围、权利期限、权利限制等权利信息）和价值属性（主要包括数据覆盖地域、数据所属行业、数据成本信息、数据应用场景、数据质量、数据稀缺性及可替代性等），还应根据数据来源和数据生成特征，关注数据资源持有权、数据加工使用权、数据产品经营权等产权分类，并根据评估目的、权利证明材料等确定评估对象的权利类型。

3.2.3 所评估资产的特征

《评估指导意见》要求资产评估专业人员进行数据资产评估业务时，应当知晓数据资产具有非实体性、依托性、可共享性、可加工性、价值易变性等特征，关注数据资产特征对评估对象的影响。数据资产的这些特征说明了数据资产的存储、使用和流通都需要介质才能完成，数据可以无限制地循环使用和复制，不会因为使用而磨损、消耗。数据资产不仅表现形式多种多样，还可以通过更新、分析、挖掘等处理方式，改变其状态及形态，数据资产的利用过程中还可以采用不同的模型、算法和应用场景。另外，数据资产的价值也随应用场景、用户数量、使用频率等的变化而变化，采用不同的模型、算法和应用场景会导致加工后的数据资产价值也产生较大差异。

3.2.4 基本要求及遵循原则

（1）评估主体具备资质和专业人员。

（2）评估专业人员具备专业知识、实践经验，可胜任评估工作。

（3）执行数据资产评估业务时，遵守法律法规和评估准则，坚持独立、客观、公正原则。独立进行分析和估算，拒绝干预，不以预先设定的价值作为评估结论，合理使用评估假设和限制条件。

（4）根据评估业务具体情况和数据资产特性，进行针对性现场调查，收集基本信息、权利信息、财务会计信息和其他资料，并进行核查验证、分析整理和记录。

（5）在了解数据资产对企业价值的贡献程度后，合理评估其价值，同时要关注数据资产的安全性和合法性，遵守保密原则。

3.2.5 操作要求

与传统资产评估不同的是，执行数据资产评估业务，还需要关注影响数据资产价值的成本因素、场景因素、市场因素和质量因素。成本因素包括形成数据资产所涉及的前期费用、直接成本、间接成本、机会成本和相关税费等；场景因素包括数据资产相应的使用范围、应用场景、商业模式、市场前景、财务预测和应用风险等；市场因素包括数据资产相关的主要交易市场、市场活跃程度、市场参与者和市场供求关系等；质量因素包括数据的准确性、一致性、完整性、规范性、时效性和可访问性等。

同一数据资产在不同的应用场景下，通常会发挥不同的价值。《评估指导意见》要求资产评估专业人员应当通过委托人、相关当事人等提供或者自主收集等方式，了解相应评估目的下评估对象的具体应用场景，并选择和使用恰当的价值类型。

《评估指导意见》要求资产评估专业人员应当关注数据资产质量，并采取恰当方式执行数据质量评价程序或者获得数据质量的评价结果，必要时可以利用第三方专业机构出具的数据质量评价专业报告或者其他形式的数据质量评价专业意见等。《评估指导意见》的“附 1”中定义了什么是数据质量（数据在指定条件下使用时，其特性能够满足明确的或者隐含的要求的程度），并从准确性（数据资产准确表示其所描述事物和事件的真实程度）、一致性（不同数据资产描述同一个事物和事件的无矛盾程度）、完整性（构成数据资产的数据元素被赋予数值程度）、规范性（数据符合数据标准、业务规则和元数据等要求的规范程度）、时效性（数据真实反映事物和事件的及时程度）和可访问性（数据能被正常访问的程度）6 个维度设计了数据资产质量要素评价指标体系，规范资产评估机构或第三方专业机构对数据质量的评价工作。可以说，数据资产的质量评价是数据资产价值评估的基础。

与传统估值方法不同，数据资产的估值在传统估值的基础上增加了内在基础价值的评估，见图 3-1。

3.2.6 评估方法

确定数据资产价值的评估方法包括收益法、成本法和市场法 3 种基本方法及其衍生方法。对同一数据资产采用多种评估方法时，应当对所获得的各种测算结果进行分析，说明两种以上评估方法结果的差异及其原因和最终确定评估结论的理由。

《评估指导意见》要求在采用收益法估算数据资产带来的预期收益时，根据适用性可以选择采用直接收益预测、分成收益预测、超额收益预测和增量收益预测等方式，并根据数据资产应用过程中的管理风险、流通风险、数据安全风险、监管风险等因素估算折现率。在“附 1”的评估方法相关模型示例部分，对于不同的收益预测方式，分别列出了技术思路、参考公式和适用场景，并进行了较为详细的说明。

在运用成本法进行数据资产评估时，要根据形成数据资产所需的全部投入，分析数据资产价值与成本的相关程度，考虑成本法的适用性，合理确定数据资产的重置成本（包括前期费用、直接成本、间接成本、机会成本和相关税费等）。

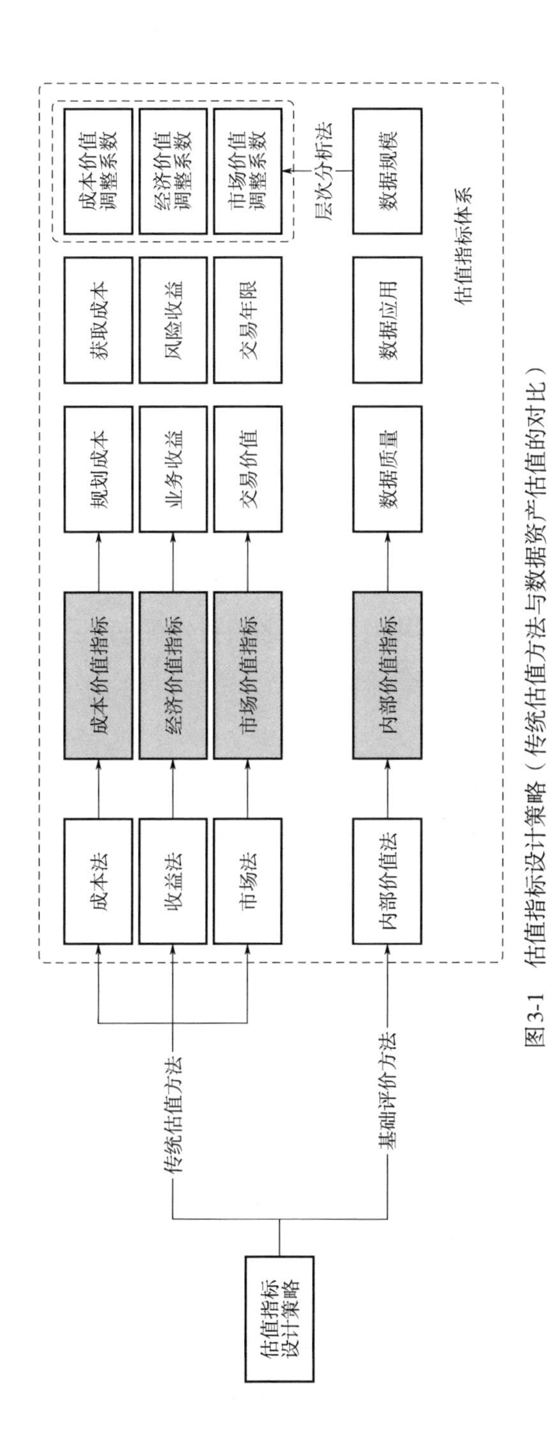

图3-1 估值指标设计策略（传统估值方法与数据资产估值的对比）

与运用成本法进行资产评估时通常所考虑的 3 类贬值因素或使用成新率有所不同,《评估指导意见》基于数据资产的特征，要求在运用成本法进行数据资产评估时合理确定数据资产价值调整系数。价值调整系数是对数据资产全部投入对应的期望状况与评估基准日数据资产实际状况之间所存在的差异进行调整的系数，需要进行专业和合理的分析。

在运用市场法进行数据资产评估时，应根据数据资产或者类似数据资产是否存在合法合规的、活跃的公开交易市场，是否存在适当数量的可比较案例，考虑市场法的适用性；基于数据权利类型、数据交易市场及交易方式、数据规模、应用领域、应用区域及剩余年限等相同或近似因素，选择可比的数据资产案例；通过质量差异调整、供求差异调整、期日差异调整、容量差异调整，以及其他差异调整等确定调整系数，并将调整后的结果进行汇总分析得出被评估数据资产的价值。《评估指导意见》“附 1”中对相关调整系数分别进行了说明。

3.2.7 披露要求

无论是单独出具数据资产的资产评估报告，还是将数据资产评估作为资产评估报告的组成部分，都应当在资产评估报告中披露必要信息，使资产评估报告使用人能够正确理解评估结论。

《评估指导意见》对数据资产评估执业行为进行了规范，保护资产评估当事人的合法权益和公共利益，有助于解决数据要素市场建设中的数据赋值问题，对构建和完善数据要素市场、促进数字经济发展具有重要意义。

3.2.8 存在的问题

数据资产估值和计量是确定数据资产入账金额的重要依据，但是目前数据资产价值评估标准体系尚未建立，缺乏统一、科学、有效的评估方法对数据资产进行准确计量。其中存在的主要问题包括：一方面，数据要素市场发展不成熟、数据应用场景不丰富、价值实现路径不明晰等，导致数据资产价值具有较大的不确定性，难以使用传统的资产评估标准和方法进行评估；另一方面，从数据交易层面来看，由于可参考的交易案例匮乏，且交易双方在自身资源、能力、业务及市场等方面存在差异，对同一数据资产存在不同的价值预期。在此形势下，对于现阶段的数据资产估值和计量而言，需要建立灵活、动态、既兼顾当下又着眼长远的评估框架，从不同维度，采用不同方法，对不同使用目的下的数据资产进行价值评估，见表 3-2。

表 3-2　数据资产价值评估

价值维度	价值类型	评估依据	价值内涵	评估方法
当前价值	经济价值	业务收益	使用数据资产所创造的直接或间接经济利益	收益法、业务收益贡献比法
	市场价值	市场交易	出售数据资产或数据产品所获得的对价	市场法
未来价值潜力	内在价值	价值潜力	数据资产所具有的潜在价值或未来价值	成本法、数据质量评价法，或两种方法相结合

第一，既要评估数据资产的当前价值，也要评估其未来价值潜力。数据资产的当前价值主要表现为经济价值和市场价值。经济价值主要评估当前利用数据资产所能创造的经济利益；市场价值以交易为基础，评估数据资产在市场出售所能获取的对价。数据资产的未来价值潜力表现为内在价值。内在价值评估主要是综合考虑数据量、数据质量、市场发展潜力、应用场景等因素，对数据资产的潜在价值做出评估。

第二，要区分资产管理、开发利用、投资交易等目的，采用不同的评估维度和方法。在具体应用层面，如果是基于企业数据资产管理目的，则可以使用内在价值进行评估，这样能够防止企业忽视那些当下价值不明显但未来价值潜力较大的数据资产。评估内在价值可以采用成本法，也可以采用数据质量评价法，或者将两种方法相结合。其中，数据质量评价需要结合实际构建的评价指标体系和评价规则，从可信性、可用性、应用能力等方面进行综合评价。如果数据资产已经开始带来经济利益，就可以使用经济价值进行评估，评估方法包括收益法和业务收益贡献比法。收益法即采用折现的思想将当前和未来的收益还原为当前的资产价值。业务收益贡献比法是先将相关业务收益在数据资产和其他资产之间进行分配，然后做必要的调整后计算出数据资产价值。如果数据资产用于交易或对外投资，就应该采用市场价值对其进行评估，评估方法可以采用传统的市场法，选择可参考的交易案例，对案例进行时间、技术、容量、价值密度及其他方面的修正，得出数据资产评估值。未来，随着数据交易市场的发展，市场法的应用将逐渐成熟，并可能成为数据资产评估的主要方法，也将不限于数据资产投资和交易的评估。

3.2.9 政策启示

《评估指导意见》并未对数据资产价值在时间维度上的变化特征进行重点讨论。而数据的时效性正是数据资产有别于其他资产的关键特性，值得作为核心部分进行说明。现有数据政策的讨论分析中，忽略了数据的动态演变特征。实际上，从瞬息万变的经济活动中诞生的数据是实时变化的，捕捉到的大部分是行为变量，如用户的购物行为、对特定视频的喜好等。这些数据能发挥的作用有一定的时效性，对应的数据资产价值对时间的敏感性较高，具有价值半衰期较短的特征。此外，数据对预判用户行为和企业的生产经营活动非常重要，对人工智能算法的训练也起着关键作用。与算法相结合的对未来的预测能力有赖业务场景的反馈和校准，这也对数据的时效性提出了很高要求。数据的价值很有可能会因为“过时不再适用”而衰减，也会因为脱离与数据来源场景的互动而成为“无源之水、无本之木”。深入研究数据要素的时效性特征，兼具学术和政策的双重意义，有助于理解数据的优势和局限，更精准地评估数据资产的价值。

对数据资产的价值评估乃至纳入资产负债表是对数据资产地位的一大提升——以往对“轻资产”和“重资产”企业的划分很可能不再适用，取而代之的是“数据资产”与“实体资产”的分界。这将对公司估值、初创公司融资方式乃至数字时代的国际竞争都产生重要影响。对数据资产价值的肯定也带来了多重方向的政策启示：一是政府是否可以对数据交易和数字资产征税；二是金融机构是否可以接受企业运用数据资产作为抵押物融资。后者虽对科技型、平台型公司是利好消息，但也会衍生资产估值造假虚报、资产价格泡沫和金融风险等典型问题。从资产估值到资产抵押融资的跨越，尤其值得监管者审慎考虑，这也呼唤多层次金融体系的构建和创新。

《评估指导意见》的施行接轨国际数据经济发展前沿，意味着监管层面对数据的关注点在产权归属和隐私保护的基础上，更多侧重数据资源的开发利用，并且希望增强操作性。

3.3 《关于加强数据资产管理的指导意见》解读

为深入贯彻落实党中央决策部署，规范和加强数据资产管理，更好推动数字经济发展，2023年12月31日，财政部印发《关于加强数据资产管理的指导意见》(以下简称《管理指导意见》)，明确了加强数据资产管理的“总体要求、主要任务、实施保障”3个方面18条细化要求，提出要以促进全体人民共享数字经济红利、充分释放数据资产价值为目标，以推动数据资产合规高校流通使用为主线，有序推进数据资产化，加强数据资产全过程管理，更好发挥数据资产价值。本节对《管理指导意见》的发布背景、遵循原则、主要内容和需要关注的事项进行解读。

3.3.1 发布背景

中国是全球数字经济发展较快的国家之一。国家互联网信息办公室发布的《数字中国发展报告（2022年）》显示，2022年我国数字经济规模达50.2万亿元，数字经济占GDP比重达到41.5%，居世界第二位。数据已成为第五大生产要素。数据资产作为经济社会数字化转型进程中的新兴资产类型，正成为推动数字中国建设和加快数字经济发展的重要战略资源。党中央高度重视数字中国建设和数字经济发展，做出一系列重要决策部署。2022年12月19日，中共中央、国务院发布“数据二十条”，对构建数据基础制度做了全面部署，明确提出推进数据资产合规化、标准化、增值化，有序培育数据资产评估等第三方专业服务机构，依法依规维护数据资源资产权益，探索数据资源入表新模式等要求。

2023年2月，中共中央、国务院印发《数字中国建设整体布局规划》，进一步指出要加快建立数据产权制度，开展数据资产计价研究等。党中央、国务院的部署要求，为数据资产管理研究工作的开展指明了方向、提供了遵循。

财政部高度重视数据资产管理，认真贯彻落实党中央、国务院决策部署，积极推进数据资产管理工作，印发了《暂行规定》，指导中国资产评估协会出台了《评估指导意见》。数据资产作为经济社会数字化转型中的新兴资产类型，已在社会上形成广泛共识。但数据资产仍面临高质量供给明显不足、合规化使用路径不清晰、应用赋能增值不充分等难点，亟须进一步完善制度体系，通过出台指导性文件对数据资产管理进行引导和规范。

为促进数据合规高效流通使用，财政部制定《管理指导意见》，明确了数据的资产属性，提出依法合规推动数据资产化，平等保护各类主体数据资产合法权益，鼓励公共服务机构将依法合规持有或控制的、具有资产属性的公共数据资源纳入资产管理范畴，进一步创新数据资产管理方式方法，加强数据资产全流程管理，严防数据资产应用风险等，更好促进数字经济高质量发展。可以说，制定《管理指导意见》既是促进数字经济发展的客观需要，也是加强数据资产管理的现实要求。

3.3.2 遵循原则

一是坚持确保安全与合规利用相结合。统筹发展和安全，正确处理数据资产安全、个人信息保护与数据资产开发利用的关系。以保障数据安全为前提，对需要严格保护的数据，审慎推进数据资产化；对可开发利用的数据，支持合规推进数据资产化，进一步发挥数据资产价值。

二是坚持权利分置与赋能增值相结合。适应数据资产多用途属性，按照“权责匹配、保护严格、流转顺畅、利用充分”原则，明确数据资产管理各方权利义务，推动数据资产权利分置，完善数据资产权利体系，丰富权利类型，有效赋能增值，夯实开发利用基础。

三是坚持分类分级与平等保护相结合。加强数据分类分级管理，建立数据资产分类分级授权使用规范。鼓励按用途增加公共数据资产供给，推动用于公共治理、公益事业的公共数据资产有条件无偿使用，平等保护各类数据资产权利主体合法权益。

四是坚持有效市场与有为政府相结合。充分发挥市场配置资源的决定性作用，探索多样化有偿使用方式。支持用于产业发展、行业发展的公共数据资产有条件有偿使用。加大政府引导调节力度，探索建立公共数据资产开发利用和收益分配机制。强化政府对数据资产全过程监管，加强数据资产全过程管理。

五是坚持创新方式与试点先行相结合。强化部门协同联动，完善数据资产管理体制机制。坚持顶层设计与基层探索相结合，坚持改革于法有据，既要发挥顶层设计指导作用，又要鼓励支持各方因地制宜、大胆探索。

3.3.3　主要内容

《管理指导意见》明确，要以促进全体人民共享数字经济红利、充分释放数据资产价值为目标，以推动数据资产合规高效流通使用为主线，有序推进数据资产化，加强数据资产全过程管理，更好发挥数据资产价值。《管理指导意见》主要包括总体要求、主要任务、实施保障 3 个方面 18 项内容。

一是明确工作原则，即坚持确保安全与合规利用相结合、坚持权利分置与赋能增值相结合、坚持分类分级与平等保护相结合、坚持有效市场与有为政府相结合、坚持创新方式与试点先行相结合。

二是确定主要任务，包括依法合规管理数据资产、明晰数据资产权责关系、完善数据资产相关标准、加强数据资产使用管理、稳妥推动数据资产开发利用、健全数据资产价值评估体系、畅通数据资产收益分配机制、规范数据资产销毁处置、强化数据资产过程监测、加强数据资产应急管理、完善数据资产信息披露和报告、严防数据资产价值应用风险 12 个方面内容。特别对具有国有属性的公共数据资产管理作出针对性规定，更好地对相关主体管好用好公共数据资产提供政策指导。

三是强化实施保障，包括加强组织实施、加大政策支持、积极鼓励试点等。

3.3.4 需要关注的事项

《管理指导意见》的主要内容强调依法合规、强化公共数据的授权使用，以及对个人信息的安全保护。

一是关于《管理指导意见》的范围，是针对数据资产这一大类资产的指导性规定，不区分持有主体。当前，数据要素、数据资源、数据资产、数据产品等概念使用较为混乱，存在不规范、不统一问题。数据资产区别于普通资产，在管理模式上与数据的管理有所差别。要管好用好数据资产，首先要对数据资产进行统一界定并提出总体指导要求。无论持有数据资产的主体是企业还是行政事业单位，都应在《数据安全法》和《个人信息保护法》等基础上，遵循财务会计管理、资产评估管理等共性要求，对其持有的数据资产进行规范管理。考虑到公共数据资产具有国有或公共属性，为避免国有资产流失和公共安全风险，《管理指导意见》在对全口径数据资产做出共性指导的基础上，有侧重地针对公共数据资产管理作出单独规范要求。

二是关于数据资产的权益保护。《中华人民共和国民法典》明确规定数据、网络虚拟财产按规定受到保护；《数据安全法》提出国家保护个人、组织与数据有关的权益。各类主体依法依规采集加工的各类数据形成的数据资产，由于前期投入了大量成本，要保护其在依法收集、生成、存储、管理数据资产过程中的相关权益。涉及个人信息的，要依法保障个人信息安全，保护个人隐私。“数据二十条”提出，建立数据资源持有权、数据加工使用权、数据产品经营权等分置的产权运行机制。为此，《管理指导意见》进一步明确：“保护各类主体在依法收集、生成、存储、管理数据资产过程中的相关权益。……落实数据资源持有权、数据加工使用权和数据产品经营权权利分置要求，加快构建分类科学的数据资产产权体系。”数据如何安全运营、使用？个人信息隐私如何得到保护？公共数据如何保障安全有效？这些问题一直是数据开发市场存在的热点问题。《管理指导意见》指出，要“坚持确保安全与合规利用相结合。统筹发展和安全，正确处理数据资产安全、个人信息保护与数据资产开发利用的关系。以保障数据安全为前提，对需要严格保护的数据，审慎推进数据资产化；对可开发利用的数据，支持合规推进数据资产化，进一步发挥数据资产价值。”

三是关于加强数据资产全流程管理。创新数据资产管理方式方法，既能更好地保护各方权益，也有利于进一步推动数字经济和实体经济融合发展，更好统筹发展和安全。《管理指导意见》基于全链条管理理念和资产管理共性要求，明确了数据资产管理内容，主要包括明晰数据资产权责关系、完善数据资产相关标准、加强数据资产使用管理等。针对数据资产可复制、非排他、边际报酬递增等特性，将数据资产开发利用、更新维护、授权运营、完善定价、过程监测、应急管理等要求，嵌入数据资产管理全流程。

四是关于公共数据资产开发利用。按照党中央有关决策部署，《管理指导意见》提出“支持公共管理和服务机构为提升履职能力和公共服务水平，强化公共数据资产授权运营和使用管理。……严格按照‘原始数据不出域、数据可用不可见’要求和资产管理制度规定，公共管理和服务机构可授权运营主体对其持有或控制的公共数据资产进行运营”，同时“坚持分类分级与平等保护相结合。加强数据分类分级管理，建立数据资产分类分级授权使用规范。鼓励按用途增加公共数据资产供给，推动用于公共治理、公益事业的公共数据资产有条件无偿使用，平等保护各类数据资产权利主体合法权益”。要始终坚持有效市场与有为政府相结合的精神，充分发挥市场配置资源的决定性作用，探索多样化有偿使用方式，支持用于产业发展、行业发展的公共数据资产有条件有偿使用。同时，加大政府引导调节力度，探索建立公共数据资产开发利用和收益分配机制，强化政府对数据资产全过程监管，加强数据资产全过程管理。

五是关于严防数据资产管理潜在风险。统筹发展和安全，安全是发展的基础和前提。《管理指导意见》明确将安全贯穿数据资产管理全过程，“涉及处理国家安全、商业秘密和个人隐私的，应当依照法律、行政法规规定的权限、程序进行，不得超出履行法定职责所必需的范围和限度”，提出数据资产权利主体要在遵循《数据安全法》《个人信息保护法》等基础上，严格按照“原始数据不出域、数据可用不可见”要求和资产管理制度规定，稳妥推进数据资产化及公共数据资产开发利用。在价值应用方面，进一步提出要通过合理程序避免虚增公共数据资产价值，在推进有条件有偿使用过程中，不得影响用于公共治理、公益事业的公共数据有条件无偿使用，相关方要依法依规采取合理措施获取收益，避免向社会公众转嫁不合理成本等要求。

第 4 章　企业数据资源化操作指引

4.1　认识企业数据资源

4.1.1　企业数据资源及资源化

按《数据资产评估指导意见》的术语和定义，数据资源指经过加工后，在现时或者未来具有经济价值的数据。该定义的主体是数据，是经过加工的数据，加工的目的是实现现实或未来的经济价值。

实际上，数据资源也是一种数据，数据经过价值化的加工处理形成数据资源，而企业将有价值的数据转化为数据资源的过程，就是企业数据资源化。

无论企业数据能否完成入表达到资产化目的，对有价值的数据都应进行资源化，企业数据资源化是数据资源入表和资产化的前提。企业数据、企业数据资源化、企业数据资源、企业数据资源入表、企业数据资产的关系见图 4-1。

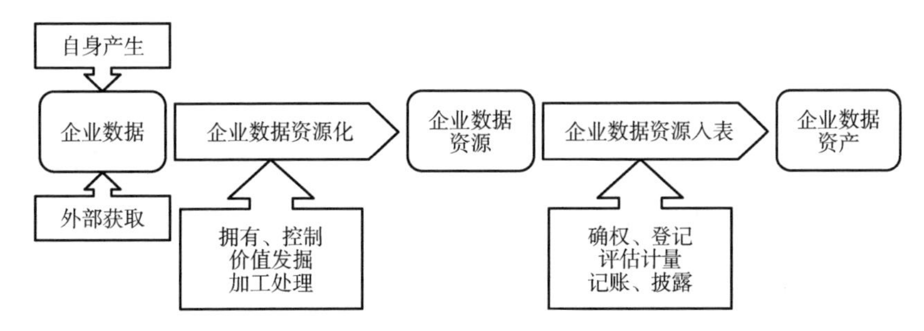

图 4-1　企业数据相关概念之间的关系

现代企业数据无所不在，而数据资源却要经过科学的分析、发掘、分类、整理、加工等系统化的过程，才能被有效发现、获得及确认。既然数据资源就是数据，企业有了数据，为什么要经过这些复杂的过程才算拥有数据资源？下面列举的几类问题读者一定不陌生，绝大多数企业都存在不止一种类型的问题。

（1）很多企业业务系统的设计并不符合业务人员的需求，系统收集和处理的一些数据未被用于任何业务，这些数据往往被埋没，业务部门甚至领导层对其存在一无所知。还有一些数据虽为特定目的收集，但收集后便被长期闲置，其真正价值并未得到充分挖掘。据估计，企业数据中有50%~80%属于这种情况，未被充分认识与利用。

（2）企业信息化建设由于缺乏整体规划，企业内部形成了众多基于单一业务需求而建设的系统，这些系统独立运行，数据互不关联，形成了一个个“数据孤岛”。这些“数据孤岛”阻碍了数据的有效利用，数据的价值难以充分发挥。

（3）企业不同部门、不同员工之间因数据定义不一致、缺乏统一标准而导致沟通障碍，这种缺乏共通对话标准的现象，使得数据的查询、共享、应用变得复杂。

（4）企业数据普遍存在不一致、不完整、不准确等问题，严重阻碍了数据价值的实现。

（5）企业数据没有安全方面的技术及制度保障，大量数据存在篡改、丢失、泄露等风险。

（6）互联网平台企业运营中，大量数据在服务器端数据库中无序杂乱存放，因缺乏大数据处理技术，历史数据检索、查询困难，很难对数据进行有效的分析和应用。

（7）企业大量中间过程数据没有未来应用价值，作为原始数据存储是可以的，但不能成为企业的数据资源。例如一条销售合同信息，对合同具体内容的记录是企业的重要数据资源，而对合同审批流程的记录就没有资源化的必要。

（8）企业采集的公共数据为公开共享数据，未经分析处理就没有竞争性价值。例如，企业通过与客户、供应商交互产生的数据含有对方企业隐私信息，以及企业的数据涉及自身不能公开的商业机密、行业机密甚至国家机密，如果不对这些数据进行一定的加工处理，企业就无法进行有效控制及价值化应用。

企业数据资源化过程中对数据的处理就是为了解决上述问题，通过对数据的发掘、分析、处理，释放数据的潜在动能，从而实现其应有价值。

4.1.2 不同类型企业的不同数据资源

1. 富数据型企业和数据发展型企业

纷繁复杂的现代社会造就了形形色色的现代企业，随着数据经济的发展，更是涌现一批全新数据业态的新型企业。企业分类可以按所有制、领域、行业、规模等各种方式，本书从数据资源的拥有程度视角，将企业分为富数据型企业和数据发展型企业。

（1）富数据型企业，指那些因生产经营特点而掌握大量数据、可能拥有丰富数据资源的企业。这类企业范围很广，如通信运营企业、金融服务企业、交通运营企业、公共服务企业，以及各类互联网平台运营企业等。这些企业日常运营中持续地对各类数据进行收集及处理，积累的数据量一般都是大数据级别，拥有很多有价值的数据资源。

另外，大数据应用的专业性需求催生了一批以数据专业服务为主的新型富数据企业，也可称之为数商，包括数据采集商、数据挖掘商、数据清洗商、数据交易商、数据应用商等。这些企业因技术的优势，可以掌握具竞争价值优势的优质数据资源。

除上述与互联网、大数据密切相关的企业，传统企业也可以是富数据型企业。例如一家大型制造企业，数字化转型很成熟，生产过程的机器运行、工艺流程等数据皆可被系统、完整记录，由此积累了大量有价值的数据，经加工整理可变现为丰富的数据资源。

（2）数据发展型企业，指那些因业务限制、成立时间短、规模小、信息化数字化水平低等，经营过程记录处理或对外采集的数据量有限，正处在数据要素作用发展期的企业。这些企业或数据规模较小，或数据质量较低，或数据应用水平较差，发掘有价值的数据资源比较困难。但随着企业的发展及经营管理水平的提升，数据的产生量、处理量也会逐渐积累、增长，加上对外部数据有目的地采集、加工、利用，这些企业也会发展成掌握大量数据资源的富数据型企业。另外，数据无论数量多少，都可能具有潜在价值，如果企业以现实和未来价值为导向对自身进行深入、细致的数据发掘，微不足道的小企业也能拥有强大的数据资源。

企业数据资源化过程中，富数据型企业因数据占用量大而有着天然的优势，但大数据有一个特征是价值密度低，因此企业若要将大数据转化为有价值的数据资源，其技术难度及开发投入不容小觑。另外，企业能否合法拥有或有效控制这些数据，也是数据资源化过程中必须解决的难题。数据发展型企业数据资源化的重点是数据量的提升，一方面，要积极推进企业业务发展，加快数字化转型步伐，提升企业的数据产生规模；另一方面，要面积极发掘内部数据价值，并积极获取外部有价值的数据资源。

2. 内在价值数据资源和外在价值数据资源

企业的数据资源多种多样，以价值取向视角，可以分为内在价值数据资源和外在价值数据资源。内在价值数据资源的价值取向是企业自身经营管理水平及盈利能力的提高，是将企业自身经营产生的数据或外部获取的数据进行分析挖掘后用于各种经营及决策活动，赋能自身业务，降低成本、创造更多收益。外在价值数据资源的价值取向是企业数据产品的销售获利，是将企业数据资源经专业化技术处理转化为数据产品，通过市场交易实现价值。

内在价值数据资源的形成过程中，首先要注重企业自身经营产生的数据资源。一家企业最能可靠拥有和控制、最具业务参考价值的是自身经营数据，只有首先充分发掘自身数据的价值，才能直接有效地利用数据赋能业务，达到降本增效的目的。同时，通过内部数据资源化还能发现业务数据需求的不足，推进企业数字化转型的进程，产生更多数据资源。

为提高企业自身盈利能力，外部获取的数字资源也不可或缺。获取外部数据资源的途径有两种：一种是通过自身技术力量或专业技术企业进行有目的的采集加工；另一种是直接购买其他企业的数据产品。无论采取哪种方式，都首先要保证采集及购买途径的合法合规可靠，有效实现数据权属的转移，然后要综合考量所获数据的参考价值、质量、安全等诸多因素，使其能真正“为我所有、为我所用”。

外在价值数据资源的形成，重点和难点是数据的权属认定。无论什么形式的数据产品，只有属于企业自己的数据才能合法销售。数据资源不同于其他有形资源，也不同于知识产权、商标等无形资源，其权属关系极其复杂，无论是企业自身经营产生的数据还是从外部获得的数据，将其加工为数据产品前一定要理清数据的来源渠道、血缘关系等权属要素，能够合法拥有的数据才能资源化，进而转化为可销售的商品。另外，要认真分析产品的市场前景、竞争力，确定产品的应用价值，避免劳而无功。产品形成过程中还要注重标准、安全、实用、质量等要求，为客户提供真正有价值的数据产品。

对于内在价值数据资源，也可以通过一定的技术处理加工成可以销售的数据产品，实现其外在价值。而外在价值数据资源，对于以数据经营为主业的企业，如数商，其数据产品的销售获利本身也是其内在价值的体现。

3. 典型的数据价值体现及资源化要点

无论是数商、平台运营商、大型企业等富数据型企业，还是处在数据规模发展阶段的一般企业，都拥有一定量的数据积累，只要充分认识、深入发掘、广泛采集、有效加工处理，都会形成具有内在价值和外在价值的数据资源。

数据资源化初期，大多数企业不知道哪些数据有价值，不知道怎样处理才能使其资源化并达到入表的目的。典型数据价值及资源化要点见表 4-1，供企业识别参考。

表 4-1　典型数据价值及资源化要点

数据类别	主体企业	来源	价值体现	资源化要点
企业采购记录及供应商信息	各类企业	企业经营过程自动产生	降低企业采购成本，提高采购质量；加工成数据产品销售获利	有效地发掘、整理、加工；行业数据市场需求分析
企业销售记录及客户信息	各类企业	企业经营过程自动产生	提高营销水平，获得销售利润；加工成数据产品销售获利	有效地发掘、整理、加工；行业数据市场需求分析

（续）

数据类别	主体企业	来源	价值体现	资源化要点
机器运行监控数据	加工制造类企业	生产活动自动产生	提高生产效率、设备利用率，降低维修成本；加工成数据产品销售获利	大数据处理、加工
气象、地理、动植物、污染等自然资源数据	公共事业服务企业；数商	服务过程采集；购买数据包	加工成数据产品销售获利；为政府保护、治理提供支持	大数据处理；可视化、智能化
公共社会资源数据	公共事业服务企业；数商	服务过程采集；购买数据包	加工成数据产品销售获利；为社会活动提供支持	大数据处理；脱敏、安全；可视化、智能化
金融信贷数据	银行，金融机构；数商	业务过程采集；购买数据包	加工成数据产品销售获利；为金融活动提供支持	大数据处理；脱敏、安全；金融业数据需求分析
互联网平台营销数据	平台运营商	运营过程采集	提高营销水平获得销售利润；加工成数据产品销售获利	大数据处理；脱敏、安全；平台企业数据需求分析
能源、交通、通信、医疗等特殊行业数据	行业运营企业；数商	运营过程采集；购买数据包	提高企业服务营业利润；加工成数据产品销售获利	大数据处理；脱敏、安全；行业数据需求分析
创新型数据	各类企业	按数据产品目标主动采集、购买、整合	创造具有特质的数据产品销售获利	应用场景创新；加工技术创新

4.2 发掘企业自身数据资源

4.2.1 操作内容

发掘自身数据资源是一般企业数据资源化的第一步，是以现实和未来价值实现为导向，发现企业自身经营产生的有价值的数据，通过整理归类、技术加工处理生成独立的数据集，以分析结果、可视化等输出形式赋能企业经营活动，或进一步加工成数据产品，为销售盈利做好准备。

企业自身数据资源的发掘不仅仅是发现资源，还包括整理、加工、处理及产品化等过程，是企业数据资源化的全流程操作，具体包括按需求制定目标、可行性分析、立项、分析数据源、提取主数据、集成加工数据（编制元数据，整理、清洗、脱敏）、输出数据、产品化数据等。发掘过程需要企业从领导层到数据相关的各业务部门，以及外部技术服务企业共同协作完成。

4.2.2　操作步骤

企业不同，数据不同，企业自身数据资源化过程也有所差异，总结一般企业的共性，概括其操作步骤见图 4-2。

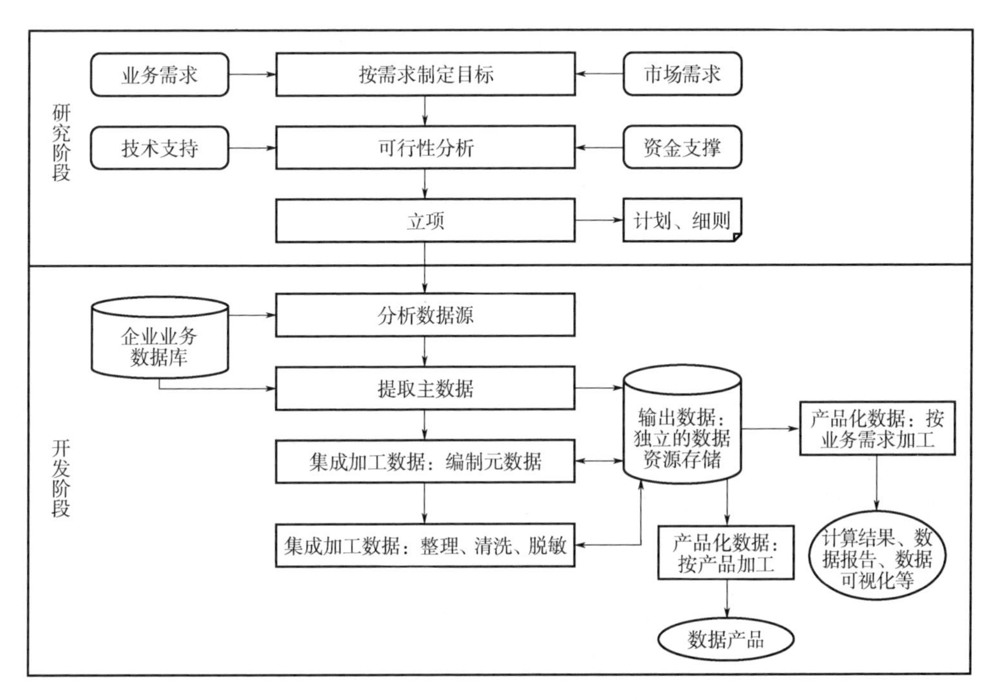

图 4-2　企业自身数据资源化操作步骤

4.2.3 操作要点

（1）按需求制定目标是企业自身数据资源发掘的第一步，也是最重要的一步。要以价值化为导向，或者实现内在价值，或者实现外在价值，也可以二者兼顾。内在价值目标的制定一定要切合企业业务需求，切合企业信息化、数字化现状，要有能实现目标的数据可供挖掘。外在价值目标的制定一定要切合行业、领域数据市场的需求，加工的产品要确实能销售出去。目标还要明晰、具体、可落实，避免好高骛远，避免空泛的目标。

（2）可行性分析中，技术支持的可行性最重要，要么需要自身有专业技术力量，要么能够得到外部技术资源。可行性分析要客观、实际，如果不可行，应及时调整目标或放弃目标。

（3）立项不仅是操作流程的重要节点，也是数据资源入表的重要会计依据。数据资产的成本计量以立项为起始确认点，立项文件一定要完整、正规。立项过程中还应制定详细的项目计划及实施细则。

（4）从分析数据源到输出符合业务需求的计算结果、数据报告或技术产品，是企业数据资源的开发阶段，专业技术要求高，如果企业没有分析处理数据的技术力量，应委托专业机构完成。可分部委托，也可整体打包委托。签订委托协议前，要综合考量受托企业的技术水平、服务水平及价格因素，并注重数据的安全保密。

（5）企业自身数据资源化过程中，应将业务需求或数据产品需求所依据的源数据以一定的方式从原业务系统中筛选、提取出来，以独立的数据库或其他方式存储，并建立数据提取机制保证数据的及时更新。

（6）整个操作过程应重视最终数据资源的质量，为日后数据资产的质量评估打好基础。数据资产的质量评估主要包括准确性、一致性、完整性、规范性、时效性和可访问性，数据资源化过程应从这几个方面保证输出质量。

（7）操作过程中，财务部门应以项目方式做相关费用的归集记账。立项前为研究阶段，费用应归集为损益类费用科目；立项后为开发阶段，费用可归集为资产类开发费用科目，为数据资源入表做好准备。

4.2.4 职能分工

企业数据资源化是一项系统工程，绝不是单个或几个职能部门能够实现的，需要企业内部各部门统筹协调、分工协作，共同完成。各企业组织结构不同，职能部门设置有所差异，按职能类型概括企业自身数据资源化操作的职能分工见表 4-2。

表 4-2 企业自身数据资源化操作的职能分工

职能部门	职能分工
领导决策部门	统一协调部署，确定目标，监督各部门执行
业务经营部门	提出业务需求，参与研究阶段各项操作，监督开发阶段执行情况
市场部门	分析行业数据产品需求，参与研究阶段各项操作，监督开发阶段执行情况
财务部门	提供资金支持，参与研究阶段各项操作，监督开发阶段执行情况，做好相关费用记账
数据技术部门	分析技术市场资源情况，参与可行性分析及立项操作，参与开发阶段各项工作，负责开发人员与企业相关部门的业务及技术沟通

4.2.5 操作示例

RH 公司为一家建筑工程公司，主业为大型建筑工程的幕墙、门窗、屋顶、精装的设计及施工。公司自 2014 年起运营了一套业务管理系统，积累了 2013 年起 10 余年间开展的几百个大型工程项目的业务经营数据。公司管理层近年来认识到数据要素的重要性，决定发掘企业自身数据的价值，将企业的部分数据资源化。

1. 按需求制订目标

公司组织市场部对行业进行了调研分析，认为幕墙工程的主材品种规格复杂、市场供应混乱，行业内企业需要相关材料资源供应渠道及价格的指导信息，而行业公开信息不全且很多价格信息过时、失真，企业很难获取有价值的参考信息。如果以本企业海量数据为基础，开发一套对其他企业有指导价值的数据产品，一定会成功销售，实现企业数据的外在价值。

公司领导组织市场部、业务部、数据技术部、财务部共同制订了数据资源化目标：以企业经营数据为基础，对幕墙工程的14类主材供货渠道、采购价格数据进行挖掘，经加工处理，开发了一套“幕墙工程主材采购指导App”数据产品。

2. 可行性分析

确定目标后，公司组织各相关部门进行项目可行性分析和论证。数据技术部认为原业务系统设计完备，相关各项数据完整；数据处理技术成熟，数商资源丰富，数据挖掘、清洗、加工及App开发都没有问题。财务部根据数据技术部门提供的开发费用测算，认为资金支撑没有问题。市场部及业务部都认为新的数据产品销售没有问题。综合各方分析，决策层认为目标可靠、项目可行。

3. 立项

完成可行性分析后，公司决定立项。由数据技术部起草立项文件，明确项目目标、实施计划、实施细则，其他相关各部门讨论修改，确定后交由总经理签字，由办公室正式下发立项文件给各相关部门。

4. 分析数据源与提取主数据操作

公司委托原业务系统的开发维护企业完成数据源的分析和主数据的提取。双方签署协议，明确分析、提取的数据项、附件文档及目标数据存储方式。供应商根据原系统数据库设计分析数据源，编程将新App产品所需主数据提取出来，以标准的CSV形式半格式化存储，相关附件以原文件格式存储，并开发、交付后续数据的补充提取程序。

5. 开发阶段的其他操作

开发阶段的其他操作由公司委托业内专业软件公司完成。经数据技术部调研筛选，公司与北京的一家颇具技术实力及大数据服务经验的软件公司签署开发协议，明确数据处理要求、App产品的功能要求、开发进度、交付方式、费用标准、保密事项等。软件公司按处理要求对数据进行归类、清洗、脱敏、整理、打包等，按App功能要求开发应用产品。

6. 监督开发进程

开发阶段，数据技术部、各相关部门及公司领导层保持与软件公司的及时沟通，监督开发进程，保证开发质量。

4.3　开发企业外部数据资源

4.3.1　操作内容

企业是社会的组成部分，经营过程中既要与其他企业、机构、团体等密切联系，也受政策、环境等各种外部因素的制约，又要及时获得大量外部信息支持企业的业务活动。因而除充分发掘、利用自身经营活动产生的数据资源，还要以价值为导向积极开发外部数据资源，通过采集、加工、购买、使用外部数据，达到企业降本增效、提升盈利的目的。

企业外部数据资源的开发包括采集外部数据和购买外部数据两种方式。其中，对于购买外部数据，按数据权属又可分为购买拥有权、购买加工使用权和购买经营权 3 种。实际操作中，拥有权很难购买，加工使用权和经营权一般只分别对应购买后加工使用和购买后直接销售两种方式。购买的目的也有两种：一是结合企业自身数据资源赋能企业经营活动；二是加工成新的数据产品通过销售获得利润。

无论哪种方式、哪种目标，购买外部数据进行开发都和发掘企业自身数据资源一样，也是企业数据资源化的全流程操作。具体操作一般包括按需求制定目标、可行性分析、立项、分析数据源、采集外部数据/购买外部数据、集成加工数据、输出数据、产品化数据等。开发过程需要企业从领导层到数据相关的各业务部门，以及外部技术服务企业共同协作完成。

4.3.2　操作步骤

企业外部数据资源化操作步骤见图 4-3。

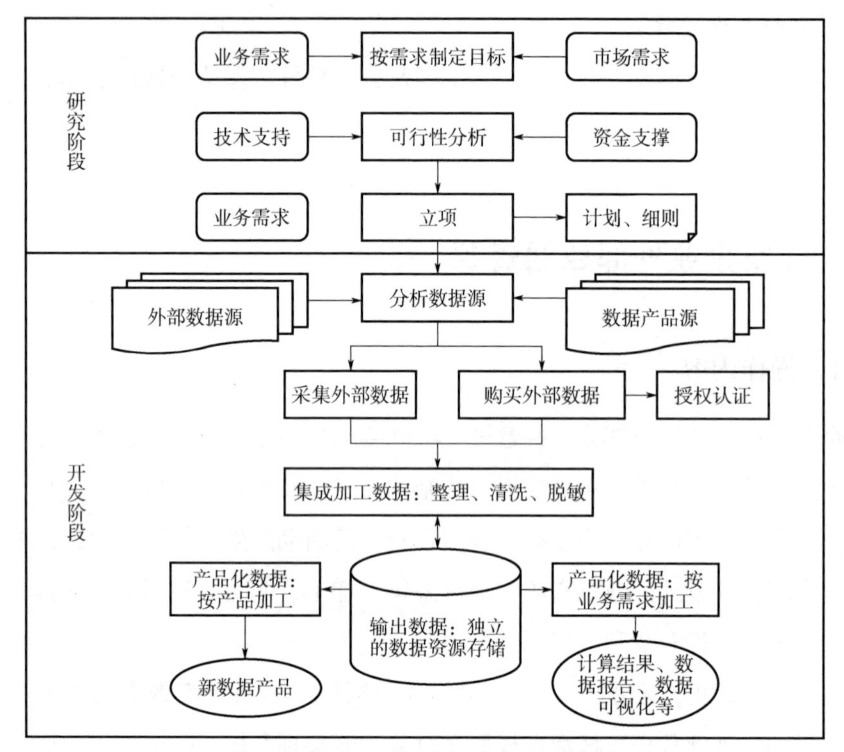

图 4-3　企业外部数据资源化操作步骤

4.3.3　操作要点

（1）按需求制定目标阶段，与内部数据资源发掘一样，要以价值化为导向。采集数据的方式要注重有价值数据资源的品类丰富性和可提取性，购买数据的方式要注重有价值数据产品的货源及适用性。

（2）可行性分析中，应综合考虑技术支持和资金支撑，如果选择购买数据，除了要考虑数据产品本身的成本，还要考虑授权认证的成本。

（3）立项过程中，项目计划及实施细则相比内部数据资源发掘更加细致，要充分考虑外部数据资源的复杂性，制订详细、可靠的数据资源开发方案。

（4）开发阶段的操作，要重视数据来源的真实可靠性、合法合规性、安全性。采集数据的手段应合规，通过下载、正常抓取等方式获取的数据是合规的，避免通过“翻墙”等非正常手段获取加密数据。购买数据一定要确认卖方权属的可靠性，购买后也一定通过正规渠道办理授权认证。开发阶段的技术要求更高，一般企业宜将大部分操作委托专业服务公司完成。

（5）无论是采集外部数据还是购买外部数据，都应建立有效的数据实时更新机制，保证数据资源价值的时效性。

（6）同内部数据资源发掘一样，开发企业外部数据资源的整个操作过程也应从数据的准确性、一致性、完整性、规范性、时效性和可访问性 6 个方面严格监督考核，保证数据资源的质量。

（7）财务核算以立项为基点进行确认记账。立项前的相关研究费用，计入损益类的费用科目；立项后的采集、开发相关费用，计入资产类的开发费用科目；购买数据产品的费用及授权认证费用，如果是直接销售，计入资产类的库存商品科目，如果是自用或进一步加工成数据产品，则计入资产类的开发费用科目。

4.3.4 职能分工

企业外部数据资源化的职能分工与企业自身数据资源化相似，不同的是企业法规部门也应参与，保证数据采集及数据交易的合法合规。企业外部数据资源化操作的职能分工见表 4-3。

表 4-3 企业外部数据资源化操作的职能分工

职能部门	职能分工
领导决策部门	统一协调部署，确定目标，监督各部门执行
业务部门	提出业务需求，参与研究阶段各项操作，监督开发阶段执行情况
市场部门	分析行业数据产品供应及需求，参与研究阶段各项操作，监督开发阶段执行情况
财务部门	提供资金支持，参与研究阶段各项操作，监督开发阶段执行情况，做好相关费用成本记账
数据技术部门	分析数据资源分布、产品市场供求，参与可行性分析及立项操作，参与开发阶段各项工作，负责组织、协调、支持开发人员与企业相关部门的业务及技术沟通
法规部门	参与研究阶段各项操作，监督开发阶段执行情况，从法律法规层面分析项目可行性，分析数据来源及数据产品的合规性，参与购买数据产品的权属认证

4.3.5 操作示例

RH 公司 2021 年成立了精装事业部，承接大型建筑工程的室内精装设计及施工。精装事业部成立后因客户资源缺乏，加上新冠疫情影响，几年来经营一直没有起色。2024 年初，该事业部会同公司领导层商讨对策，认为行业需求信息资源匮乏是制约公司精装业务发展的一大瓶颈，当务之急是及时了解各地新项目信息及预期项目信息，指导企业及时与业主沟通争取精装工程。因经营时间短，公司自有相关数据资源少，应积极开发外部数据资源，通过技术手段采集外部有价值信息，指导精装事业部开拓市场。

1. 按需求制定目标

公司组织精装事业部和数据支持部对行业进行调研分析，认为可以从各地政府、规划局等公开网站和各途径的招标网站等采集相关信息，经筛选、加工、整理，可作为企业经营的有效数据资源。

公司领导组织精装事业部、市场部、数据技术部、财务部共同制定外部数据资源开发目标。综合各类网络资源，对各地大型建筑项目的预期信息进行实时采集，经加工处理，开发一套“精装工程市场开拓实时指导”数据集。

2. 可行性分析

确定目标后，公司组织各相关部门进行项目可行性分析论证。数据技术部认为互联网资源丰富，数据采集技术成熟，数商资源丰富，加工处理也没有问题。财务部根据数据技术部的开发费预计，认为资金支撑没有问题。法规部根据数据技术部的采集技术介绍，认为数据取得方式合法合规。综合各方分析，决策层认为目标可靠、项目可行。

3. 立项

可行性分析完成后，公司决定立项。由数据技术部起草立项文件，明确项目目标、实施计划、实施细则，其他相关各部门讨论修改，确定后交由总经理签字，由办公室正式下发立项文件给各相关部门。

4. 开发

开发阶段的各项操作，公司委托上海某专业数据采集商完成。双方签署采集开发协议，明确数据采集要求、数据加工处理要求、数据集的使用功能要求、开发进度、交付方式、费用标准等。开发公司按处理要求对数据进行归类、清洗、脱敏、整理、打包等，保证数据集的在线及时更新，保证数据使用的方便、高效。

5. 监督开发进程

开发阶段，数据技术部、精装事业部、法规部及公司领导层保持与开发公司的及时沟通，监督开发进程，确保数据采集的合法合规，保障开发质量。

4.4　数据资源价值化

数据资源入表是数据价值化的前提和基础，只有对企业数据资源进行有效记录和管理，才能对其进行深入分析和挖掘，从而实现数据价值。而数据价值化是推动数据资源入表的动力。大数据时代要求企业必须重视数据的管理，优化和完善数据资源入表的路径和方法，以提高数据质量和数据价值。

4.4.1　操作内容

接下来重点从数据的“5I”社会属性、数据价值的体现、数据价值的实现过程 3 个方面剖析如何实现数据价值最大化。

1. 数据的“5I”社会属性

对数据的社会属性，将其总结和提炼为“5I”社会属性，即数据整合（Integration）、数据融通（Interconnection）、数据洞察（Insight）、数据赋能（Improvement）及数据复用（Iteration）。

（1）数据整合，是对数据的重组、抽取、聚合、清洗标准化，将原本独立的信息片段整合为有序的信息条目。其本质是数据“减”的过程，使数据实现从无序到有序、从杂乱到规范、从低价值到高价值的转变。因此通常的数据整合会面临多个数据源中字段的语义差异、结构差异、字段关联关系及数据的冗余、重复等挑战。

（2）数据融通，是释放大数据的规模效应和边际效应递增的重要前提。数据具有使用价值而本身并无价值，随着数据聚合规模的增大，数据的潜在使用价值会呈现明显的规模效应和边际效应递增。但只有打通当前数据融通的壁垒，才能联通各行各业，增强信息的活力，降低信息不对称带来的负面影响，最大化释放信息红利，创造新的社会经济价值。

（3）数据洞察，是大数据时代对数据“石油”开采之后的深度“提炼”，是对数据“化学能”的进一步开发和利用。数据整合和数据融通是数据发生的“物理”层面的变化，即数据的汇聚、过滤、重组，但仅以该数据库系统层面的录入、查询、统计等操作无法发现数据中存在的关系和规则，无法根据现有数据预测未来的发展趋势，更缺乏挖掘数据背后隐藏知识的手段。因此，要更好地挖掘大数据的价值，就需要对数据进行“化学”反应，即利用先进的数据治理及数据挖掘等技术，对数据进行完整且优质的诠释，提取数据内部的深层价值，进而提高“数据洞察”的成效，发现潜在的新规律，进而做出相对准确的战略预测及推断。

（4）数据赋能，是真正发挥数据“核能”的价值激活和价值创造。一方面，运用大数据的赋能作用，为传统行业及新兴行业提供内容传播、数据营销、舆情分析、大数据采集研究分析及解决方案等服务，助力产业数字化智能化发展和国家治理的数字化智慧化转型；另一方面，数据本身作为新的生产要素，数据资产化、资本化和产业化将催生全新的数字经济新业态，是培育未来产业的重要着力点。

（5）数据复用，是“数尽其用”原则的体现。大数据相比于传统的土地、劳动力、资本等生产要素，具有无限复制和重复使用的特性，其边际成本几乎为0，但由此带来的数据规模效益却是巨大的。除此之外，旧的数据在新的使用场景、新的处理方式及重复的迭代中，会不断涌现新的信息成果和价值产物，数据资源的价值开发生生不息。在数字空间内，数据资源的“永恒”将成为现实。

简言之，数据要素社会属性是数字文明下科技与社会不断共演的产物，数据价值化本质上是充分利用数据要素的社会属性，将数字化知识和信息转化为新的生产要素的过程，通过信息技术创新与管理创新、商业模式创新融合，不断催生新产业、新业态、新模式，最终形成数字经济产业链和产业集群，进而助力新发展阶段高质量发展目标的实现。

2. 数据价值的体现

数字经济时代，数据同土地、劳动力、资本、技术一样已经成为独立的生产要素。数据价值可以通过以下两种形式体现：一方面，当经过治理的数据用于交易时，是以数据产品的形式存在——当数据成为商品生产和流通过程中的价值载体时，数据本身就成了商品；另一方面，当数据作为资源赋能其他生产要素时则将数据的价值转移到其他产品中，通过企业生产过程提高其他产品的价值，此时，数据价值通过其他商品的价值增值得以体现。

3. 数据价值的实现过程

数据价值的形成是一个动态演化过程。数据的社会属性使得数据的价值实现方式有别于传统生产要素，但同为生产要素，二者的价值实现过程也有相似之处，比如都需要经历数据要素流通、数据要素投入和数据产品生产3个阶段。

首先是数据要素流通阶段。数据自由流通并成为可投入生产的独立生产要素，是数据价值化的前提条件。由此，逐渐完善的数据要素市场为下一阶段的数据交易奠定了基础。在这个阶段，数据以生产要素的形式在市场中自由流通，使得企业通过市场手段获取数据并加以利用，最终得以实现数据价值。

其次是数据要素投入阶段。在此阶段，数据与劳动力、资本、技术等其他生产要素同时投入生产，成为企业的重要生产资料。在生产过程中，通过持有权、控制权和收益权等权属关系，使数据所有者获得相应收益和报酬。在这个阶段，数据以资产形态参与数据价值实现，企业的核心任务是完成数据确权，为数据赋能企业生产进行合规化、合法化准备。

最后是数据产品生产阶段。数据价值的实现和增值在此阶段得到充分展现。数据产品及数据赋能的其他产品在商品市场被出售，通过交易行为实现价值变现。在这个阶段，数据和其他生产要素通过企业组织生产成为产品，以产品的形态体现出数据价值，并最终通过市场供需关系实现价值。

4.4.2 操作步骤

数据价值化是一个动态实现过程，可将这一过程中的动态机制提炼为低成本汇聚、规范化确权、高效率治理、资产化交易和全场景应用5个步骤。

（1）低成本汇聚。数据的收集汇聚是数据开发利用的前提。数据的海量性和多样性是数据价值密度低的重要原因。要使数据价值达到可用的程度，只有以足够低的成本实现足够多的数据积累，才能分析还原事物的全貌，因此，数据积累的低成本是数据价值增益的基础。大数据时代，伴随5G技术而生的超级链接、物联网、云计算等一系列技术的突飞猛进，使得数据产生的维度、广度和数量都呈现“核爆式”增长。同时，随着大数据技术的快速发展，基于数据驱动的科技发展对数据量的需求也愈加迫切，对数据的汇聚存储提出了绿色、经济、安全、高效的基本要求。只有数据的积累成本低于其潜在价值，数据的收集存储成为“新常态”，才能为数据科学、数据产业、数字经济提供源源不断的数据生产要素。

（2）规范化确权。数据确权是优化数据资源配置的基础，是实现数据价值化和数据融通增值的前提。数据权属界定的规范化是数据合法获取、隐私保障的核心。同时，数据的规范化确权需要保障数据拥有者主体的隐私安全、权属收益和明确数据使用者的权利边界、侵权责任，以更好地促进数据的合法获取、开发共享、开发利用，形成“数据权益保护和数据产业激励”双层维度平衡性制度，促进高质量数据的生成和价值实现。

（3）高效率治理。数据治理是一个组织中关于数据使用相关的管理行为体系。基于数据银行实现的数据高效率治理是以海量数据资源为基础，以云计算、人工智能、大数据、容器服务等技术为支撑，提供统一、便捷的数据获取、存储、管理、治理、分析、可视化等服务，通过对数据的生命周期管理，提高数据质量，促进数据在“内增值，外增效”两个方面的价值变现。

（4）资产化交易。数据经过统一的汇聚、存储，实现资产化、商品化后的交易和融通，并基于此模式吸纳更多、更新的高质量数据，最大限度发挥平台的工具属性，赋能数据资源向数据资产的转变过程。数据交易是数据流动的重要通道，使数据在不同主体之间流通，具体表现为包括持有权、使用权、收益权等在内的数据权利的让渡，主要交付形式有应用程序编程接口（Application Programming Interface，API）、数据集、数据报告、数据应用服务、数据咨询服务等。数据资产化通过数据存储、确权、治理及融通这一系列流程，最终目的是将数据落地于各产业一线，实现数据融通之后的全场景应用，赋能产业行业发展。

（5）全场景应用。全场景应用模块是提升数据价值化效率的落脚点。在合法、合规、安全的前提下，为多种用户角色提供数据权属确认、数据质量评估、数据定价、数据商品发布、数据交易结算等产品或服务，建立全场景数据应用业务闭环，是提升数据资产化效率、探索数据资本化过程的重要实践。

4.4.3　操作要点

1. 数据价值化的参与者

数据生态圈是实现数据要素全周期流转和构建创新生态系统的核心载体，厘清其商业运作逻辑是解析数据价值化过程的基础。数据价值化的参与者可以概括为数据持有方、数据需求者和数据服务商 3 类，并构成以数据流动为主线的数据价值化体系。

（1）数据持有方是经过审核，能够为各类数据运营平台提供合法、合规、安全数据的政府部门、企事业单位或个人，其在数据价值化过程中的主要职能基本对应数据源出层。但在实际操作过程中，数据持有者向数据平台提交的数据并不限于原始数据，也有可能是经过加工、处理后的数据集合、数据资源或数据资产。经数据平台审核来源、内容及其权限之后，数据所有者可以将所拥有的数据存储于平台并进行确权，将数据变为“资产”，再通过发布数据产品等形式参与价值分配。当涉及定制化数据产品时，数据所有者可以通过平台响应数据需求者，或向数据服务商发布对数据的进一步加工、处理等服务需求。

（2）数商是经过数据运营平台鉴定的具备合法、合规、安全服务资质的企事业单位或个人，其在数据价值化过程中的主要职能基本对应数据增值层。数商以通过平台响应数据需求者或数据所有者的形式，提供算法、解决方案等数据融通或赋能服务。

（3）数据需求者是经过数据运营平台审核，可合法获得平台上的数据产品并按照规定使用的用户。数据需求者可直接购买由平台审核后发布的数据产品，也可直接在平台上开展数据的融通业务，即通过平台寻找数据集、数据资源或数据资产，或向数据服务商发布需求。

（4）数据运营平台主要提供数据融通相关业务的信息服务，以第三方的身份参与数据所有者、数据服务商、数据需求者之间的数据产品交易，其在数据价值化过程中的主要职能基本对应数据基础层和流通层。原则上，平台可以开展与数据价值化过程相关的所有存储和交易业务，对参与各方进行资格审查、交易监管、数据存储等，保障各方合法权益，是数据实现资产化、探索资本化的重要合法、合规、安全场所。

（5）政府通过对数据运营平台所有业务流程的监管，可以确保平台上的每项操作均符合相关法律法规规定。通过上述形式，政府可以切实履行其监管职能，做到对数据进行全生命周期的监管，维护数据要素市场体系中各参与方的基本权利，最大限度保障数据价值的实现。

2. 数据要素市场价值化过程与机制

数据要素市场是数据交换或流通过程中形成的市场，是数据通过全生命周期建设实现价值转化的重要场所。数据价值化的过程与机制框架见图 4-4。

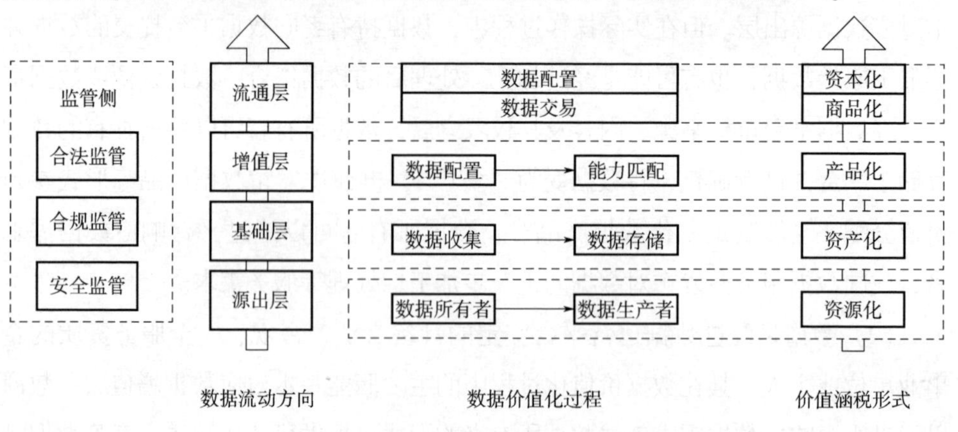

图 4-4 数据价值化的过程与机制框架

从数据要素市场体系的不同职能来看，可将其细化为数据源出层、数据基础层、数据增值层、数据流通层和数据监管侧 5 类构成主体。数据在市场化体系中遵循“源出层—基础层—增值层—流通层”的流动方向，实现从“原始数据”逐步转变为“数据集合”“数据资源”“数据资产”“数据资本”的价值化过程。

（1）数据源出层。数据源出层对应数据的生产过程，是数据在市场体系中流动的起点，主要包含数据生产者和数据所有者。源出层的参与主体包括政府、企业与个人等，通常进行主动或被动的数据创造或生产作业，是原始数据的产出方或拥有方。此时，由于数据处于无序、混乱的状态，通常价值密度较低。

（2）数据基础层。数据基础层由数据收集和数据存储两个模块组成。其中，数据收集对应数据搜寻与获取的过程。由于数据具有易复制、易传播、易篡改等特征，需要对数据搜寻与获取的过程进行单独处理，适配特殊的技术方案。数据存储对应数据汇聚、关联和更新的过程，需要以成熟且足够低成本的技术实现足够量级的数据汇聚，并不断完善高效、安全的关联和更新作业，才能进一步分析、还原数据本应表达的全貌，为数字科学、数字产业、数字经济提供源源不断的支撑。此时，数据由无序、混乱的状态逐步规整为有序的“数据集合”，数据质量得到提升，产生统计价值。

（3）数据增值层。数据增值层对应数据从整理到能力匹配的过程。其主要功能是对接基础层，通过算法开发、资源配置、安全管控等措施，实现对数据的清洗、脱敏、加密、挖掘等，以及对应的算力、资源、网络等能力匹配。此时，数据由基础层流向增值层，经过处理后，其质量得到更大幅度提升，由“数据集合”转变为“数据资源”，开始与企业内部的业务或管理等需求对接，具备在组织层面发挥价值的基础，产生商用价值。

（4）数据流通层。数据流通层由数据交易和数据配置两个模块组成。其中，数据交易是数据资产化的重要表现，对应着数据通过流通给应用者或所有者带来经济利益的过程，通常伴随 API、数据库、数据报告及数据应用服务等各种可交易的数据产品与服务。此时，数据资源基于交易中介在市场体系中所发挥的作用，具备在行业内不同组织间或不同行业间跨领域发挥价值的基础，开始转变为数据资产而产生交换价值。数据配置是数据资本化的重要表现，对应着数据实现要素社会化配置的过程。此时，数据资产通过商业化运营开始逐渐变为数据资本，整个过程主要分为两个步骤：第一步，基于在行业内不同组织间或跨领域的市场交易情况，不断完善数据产品或服务质量，提升数据资产在市场中的交换价值，使其具备对某领域未来发展更大的赋能作用；第二步，对数据产品或服务进行资本化赋能，通过诸如信贷融资、证券化等形式，将数据资产转变为数据资本，产生资本价值。

（5）数据监管侧。当前，数据要素市场监管体系需要明确政府主管部门的“元监管”角色。从组织的视角来看，政府相关部门能够联合数据要素市场体系中的关键参与者，共同履行监管、治理职能。通过上述方式，可以更有效地确保市场中流通数据的完整性、一致性和真实性，更好地保障数据在采集过程中不被泄露，进一步加强对数据生产、治理、交换、应用整个过程的合法、合规、安全监管。从市场的视角来看，政府相关部门具有数据价值化过程全周期监管的基础能力。政府可以通过诸如建立、健全信用制度；督促要素市场体系关键环节的实施者主动做出信用承诺；建立全面的数据使用记录，及时、准确记录数据使用行为，使其做到可查、可核、可控、可溯；建立针对数据流转过程中安全泄露、违规使用等行为的纠正举措等多种方式，对相关问题进行实时监控、追根溯源或适时阻断，保证数据要素市场体系的合法、合规、安全运行。

按照上述关于数据社会属性、数据要素机制形成方式及实现路径的整合，结合中国信通院的研究思路及部分学者的研究成果，可将数据价值化过程明确为数据资源化、数据资产化、数据产品化、数据商品化和数据资本化 5 个递进层次。

3. 数据资产估值的影响因素

对企业数据资产进行价值评估，须从数据的内部影响因素和外部影响因素两个方面综合考虑。内部影响因素主要指企业自身的发展情况及其数据资产的应用情况等。由于数据资产的自主性，其发挥作用的途径不同会导致其估值思路的不同。数据数量、数据质量和数据稀缺程度这 3 个因素是数据本身的特质因素，是数据资产估值的基础。外部影响因素包括企业所处行业、数据所有权、企业未来发展方向及外部环境影响等，其中，所处行业、数据所有权两个因素是主要影响因素。综合来看，影响数据资产价值的主要因素可归纳为以下 5 个方面：

（1）数据发挥作用的途径。按照发挥作用的途径不同，数据可以分为直接作用数据和间接作用数据。这里的直接作用指企业将数据产品化，通过交易实现数据产品的商业价值，为企业带来经济利益。具体实现途径包括直接将数据产品进行交易，以及以数据产品为基础结合数据服务进行销售两种方式。数据要素具有商品属性，有丰富的可挖掘的商业价值。数据产品是数据业务模式的拓展，是实现“价值挖掘—价值创造—价值实现”的价值形态演进。数据产品作为企业的交易性资产，其通过流通交易可为企业带来经济价值，并通过反馈机制推动有能力进行数据开发的企业进行数据资产研发，实现数字化转型。而间接作用指数据要素通过辅助企业经营管理全过程的价值实现途径，包括助力企业优化资源配置、进行商业模式创新、增强组织活力等。大数据作为一种战略性基础资源，其价值主要体现在管理决策的有用性上，可以通过分析，发现客观存在的大规模数据资源，挖掘其中的知识，为实际应用提供仅凭原始数据难以实现的决策支持。与此同时，数据要素不仅可以独立赋能企业的决策，还可以与资本、土地、技术等传统生产要素深度融合，借助算力、算法、模型等技术手段，将现实世界与数字空间连接，使实体与虚体实现有机结合。

（2）数据数量和数据质量。数据数量亦称数据量。数据数量和数据质量可以影响企业数据资产的价值。数据数量包括企业的数据规模、数据的覆盖程度、数据的丰富程度和数据的适用范围。数据质量包括数据的清洁程度、完整性、时效性、相关性和分析能力。在企业将数据要素转化为数据资产的价值增值过程中，数据数量和数据质量的不同会导致投入成本的不同，以及创造价值的不同。

（3）稀缺程度。数据资产的稀缺程度取决于数据供给量的大小。在数据产品市场中，当数据产品供不应求时，数据产品价格会上升。从数据产品的生产过程来看，因为有效的数据产品是经过海量数据收集、整理、清洗、分析而获得的，所以数据资产自身的稀缺程度会直接影响销售数据资产的企业的利润。

（4）所处行业。不同行业、不同商业模式的企业，即使是同类型、同用途的数据资产，其价值衡量方式也不尽相同：互联网平台行业的数据资产具有多样性、创新性和价值易变性；金融业行业的数据资产具有高效性、风险性和共益性；电信行业的数据资产具有关联性和复杂性。

（5）行业集中度也对企业数据资产、数据产品的价值产生影响。在集中度较高的行业，新企业议价能力低，可以产生的边际贡献相对较小，企业自产自用的数据资产或者数据产品对企业的战略决策作用更加明显。而在集中度较低的行业，企业可以创造的边际价值相对较高，自主性更强，其数据资产发挥经济价值的途径更加广泛。因此，针对集中度不同的行业，应对数据资产定价策略做出相应的调整。

4. 不同行业的交易性数据资产估值

估值模型的本质是描述企业资产的价值创造能力，而关注未来价值创造能力是所有投资者的共同偏好。在数字经济背景下，企业数据资产的价值创造方法多种多样，不应该也不可能只有某种单一的方法。如前所述，企业内部的数据资产可以根据发挥作用途径的不同划分为自用数据资产和交易数据资产。对于自用数据资产，企业关注的一是该部分数据资产对其业务开展和经营决策的辅助作用；二是其带来经济利益的能力。在盘点这部分数据资产后，企业应将数据资产产生的历史成本作为数据资产的原始入账价值。对于交易数据资产，企业更关注数据资产带来的经济收益，其入账显然应该更多考虑市场价值而非历史成本。众所周知，影响资产价值的因素众多，其中，行业因素名列前茅。不同行业因商业模式不同，数据资产的种类不同，价值实现方式亦不同，故应采取不同的估值思路。下面以 3 种典型企业为例加以说明。

（1）互联网平台企业。在数字经济社会，互联网平台企业对推动经济和社会发展的作用尤为明显，数据资产在互联网企业中已成为不可或缺的一项重要资源。有研究表明，大数据合作资产强调企业及其用户互动产生的数据资产，构建市场法与收益法相结合的估值模型对数据资产价值评估是较为合理的选择。例如，中国互联网“三巨头”的百度、阿里巴巴和腾讯，分别以大数据算法、电商数据分析和社交数据分析为主基调进行大数据战略布局。百度的大数据产品涉及数据分析、数据风控、数据营销；阿里巴巴通过对用户电商数据的深度分析，形成精准推送，进一步助力电商业务蓬勃发展；腾讯通过挖掘社交数据，精准构建用户个人画像，提供个性化营销。因此，数据资产对于互联网企业而言，对内可实现精准营销以提高用户付费率，对外可建立共享数据平台，为合作企业提供商业性的服务，获得衍生收入。

（2）金融企业。金融数据具有来源复杂、数量巨大、质量参差不齐的特点，给数据的收集、整理、清洗、分析工作增加了难度。对于拥有金融数据资产所有权的企业而言，如万德（Wind）、同花顺、大智慧等，可以通过销售金融数据资产所有权、金融数据库使用权获取收益。对于拥有金融数据分析能力的企业来说，可以购买金融终端的使用权，并在有效期内无限次下载所需数据，使用数据资产进行分析，挖掘其蕴含的经济价值。金融数据资产一般被归为无形资产，故采用成本法、收益法或市场法进行估值都是可行的。

（3）电信企业。对于电信企业来说，其数据资产具有较强的关联性和复杂性。《资产评估专家指引第 9 号—— 数据资产评估》（中评协〔2019〕40 号）指出“电信行业数据不仅包括结构化数据，也包括非结构化数据以及混合结构数据”，这些数据“几乎承载了用户所有的通信行为，并且数据之间存在着天然的关联基因”，电信行业数据资产的强价值波动性使得基本估值方法中的成本法、收益法和市场法不再适用。已有研究文献中，学者邹贵林等认为电网数据资产成本可追溯性较强，并且交易市场尚未成熟，所以建议采用两阶段成本法对电网数据资产进行价值估计。学者 Song Wei 等采用神经网络算法，以电力公司数据之间的引用关系和业务联系为权重，基于网页排名算法分析了不同业务数据的重要性。

4.4.4　职能分工

企业数据价值化的职能分工与企业自身数据资源化一样，需要企业内部各部门统筹协调、分工协作，共同完成。企业数据价值化操作的职能分工见表 4-4。

表 4-4 企业数据价值化操作的职能分工

职能部门	职能分工
领导决策部门	统一协调部署，确定目标
业务部门	提出业务需求，参与研究阶段各项操作
市场部门	分析行业数据产品供应及需求，参与研究阶段各项操作
财务部门	提供资金支持，参与研究阶段各项操作，监督各阶段执行情况，做好相关费用成本记账
数据技术部门	分析数据资源分布、产品市场供求，参与可行性分析及立项操作，参与开发阶段各项工作，负责开发人员与企业相关部门的业务及技术沟通
法规部门	分析数据来源及数据产品的合规性，参与购买数据产品的权属认证

4.5 企业数据资源管理

4.5.1 操作内容

企业数据资源管理范围较广，可以是企业数据管理，可以是企业数据资产管理，也可以是企业数据治理的组成部分。从企业数据资源化视角来看，企业数据资源管理的主要内容包括数据模型管理、数据标准管理、数据开发管理、元数据管理、主数据管理、数据质量管理、数据安全管理 7 个方面，本节从操作层面概述这 7 个方面内容在企业数据资源管理流程中的应用。

企业数据资源管理的具体操作包括管理制度制定、数据模型体系及标准体系建立、数据资源卡片设计，对数据资源从起源、登记、开发，到使用、维护、更新、销售、资产化、销毁等的全生命周期管理，以及对管理过程的监督和安全监控。

4.5.2 操作步骤

企业数据资源管理操作步骤见图 4-5。

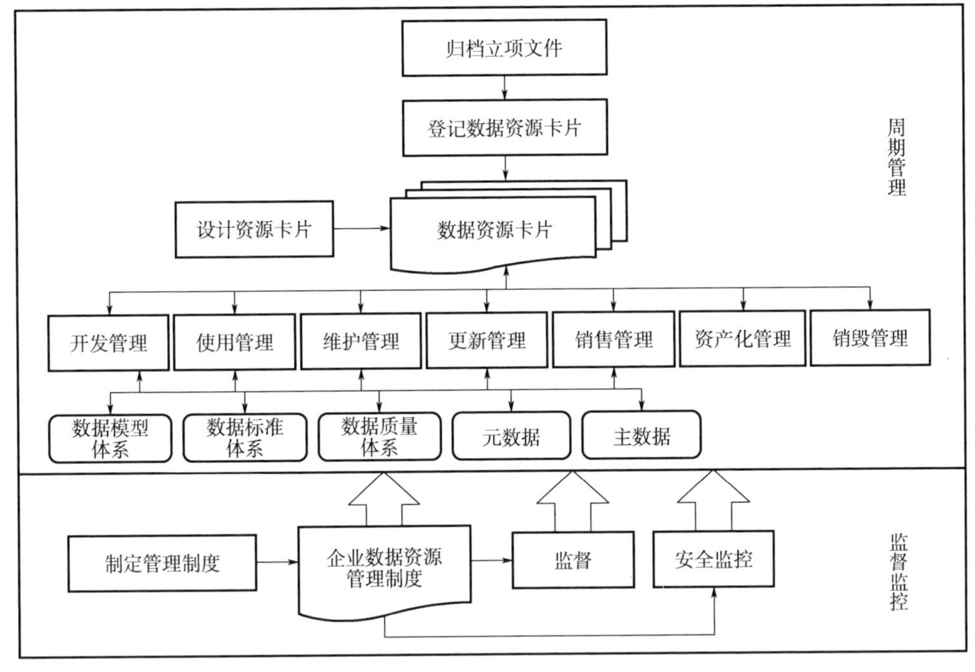

图 4-5　企业数据资源管理操作步骤

4.5.3　操作要点

（1）操作流程包括周期管理和监督监控两大部分。周期管理以数据资源卡片为核心，管理数据资源化的全生命周期；监督监控以企业数据资源管理制度为核心，对生命周期的各环节进行监督及实时的安全监控。

（2）企业数据资源管理制度是整个操作流程的基本依据，包括模型体系、数据标准体系、数据质量体系，立项、开发、使用、维护、更新、销售、资产化、销毁等各环节操作要求，以及有关监督监控的详细规定。

（3）数据资源卡片是企业数据资源的登记存储载体，对数据资源入表至关重要。卡片的设计建议采用“主记录+日记+附件”的立体记录形式，主记录主要是登记数据资源的项目目标、起源、可行性描述、资源分类、价值描述、存储方式、存储位置、访问权限、使用方式、生命周期进程等详细信息；日记按数据资源生命周期的环节分别记录其形成及流转的详细信息；附件则保存相关操作的重要文件，并附加至主记录或日记中。

（4）无论是企业自身数据资源、对外采集的数据资源，还是从外部购买的数据产品，都要有完整的元数据档案，以定义数据资源的每个数据项的代码、名称、含义、来源、数据类型、存储方式、关联、链接等详细信息。元数据文件应作为数据资源卡片的主记录的附件登记保存。

（5）立项过程中的各相关资料也是数据资源入表的重要依据，需求分析、可行性分析、立项文件、实施计划细则等文件都应分门别类有效归档。

（6）资源生命周期各环节的相关重要文件，如购买的权属认证、开发的交付文件、销售的权属转移认证、资产化的确权评估文件等都应作为日记的附件登记保存。

（7）监督及安全监控应保证实时性及有效性，并做好监督监控记录。监控过程应能及时识别风险，正确评估风险，并采取有效措施应对风险。

4.5.4 职能分工

企业数据资源管理不仅是资源开发阶段的管理，也包括资源的使用、维护等各流程的管理，涉及企业各经营部门及管理部门。企业数据资源管理的职能分工见表4-5。

表4-5 企业数据资源管理的职能分工

职能部门	职能分工
领导决策部门	统一协调部署，制定资源管理制度，监督各部门执行
业务部门	做好资源的使用记录，协助监督、监控工作
管理部门	参与资源管理制度的制定，监督制度执行情况，监控资源安全
财务部门	做好资源资产化的相关核算、记账等工作
数据技术部门	参与资源管理制度的制定，设计数据资源卡片，用电子方式有效汇总各流程记录，监控数据资源安全
法规部门	参与资源管理制度的制定，做好购买、销售数据产品的法规背书

4.5.5　操作示例

RH 公司为管理好企业数据资源，决策层组织业务部门、管理部门、法规部门及数据技术部门共同制定了《企业数据资源管理制度》。数据技术部门设计了“企业数据资源卡片”，并委托专业公司开发了卡片管理平台，管理部门监督制度的执行。数据技术部门还设计了企业数据资源的安全保障措施并进行实时安全监控。

（1）《企业数据资源管理制度》包括以下明细制度：

1）立项归档。规定需归档的立项资料、负责人、存档方式、资料保密措施等。

2）项目开发。详细规定数据资源项目的开发过程监督、购买数据产品、开发结果交付、争议调解、资料存档保密等的操作及登记记录原则等。

3）数据质量。按国家标准制定数据的资源开发质量要求及维护、更新、使用、销售中的质量保障要求。

4）资源使用。规定数据资源的内部共享使用及登记记录原则。

5）资源维护。规定数据资源的维护及登记记录原则。

6）数据更新。规定数据资源的更新及登记记录原则。

7）数据产品销售。规定数据资源的销售原则、权属认证、质量保障、售后服务、财务核算、登记记录等。

8）隐私及保密。规定敏感数据、商业机密数据的脱敏、加密原则及措施等。

9）数据资源资产化。规定数据资源的确权登记、入表前整理加工、资产评估、核算记账等操作的原则及登记记录。

10）销毁。对过时、失效的数据资源和因销售权属彻底转移的数据资源，规定销毁原则及操作流程。

11）监督。规定数据资源的监督内容、监督方式、监督部门。

12）安全监控。规定安全保障措施、监控方式、应急措施等规范。

（2）“企业数据资源卡片”的主记录项包括资源名称、资源代码、资源分类、价值目标、立项日期、数据来源、开发方式、开发方、购买日期、销售方、权属形式、数据加工处理方式、开发交付日期、数据产品方式、数据使用权限、资源使用方式、最近更新时间、数据存储方式。日记项包括开发记录日记、使用记录日记、平台维护日记、数据更新日记、销售记录日记、资产化记录日记、监控风险记录日记、转移及销毁记录日记，每类日记按操作环节记录操作时间及操作内容。主记录附件项包括需求分析文件、可行性分析文件、立项文件、元数据文件，日记附件包括委托开发合同、系统功能说明、系统使用说明、权属登记认证等。

第 5 章　企业数据资源入表操作指引

5.1　了解数据资源入表

2023 年 8 月财政部会计司发布的《暂行规定》为企业数据资源入表提供了操作指引，标志着我国数据资源入表完成了从 0 到 1 的关键一步，已从原先“箭在弦上”转为“势在必行”。2023 年 9 月中国资产评估协会印发的《评估指导意见》旨在规范数据资产评估执业行为。“入表”是会计核算的通俗称法，指通过确认、计量、记录和报告等环节，对满足资产确认条件的数据资源进行记录，以提供内外部决策者所需会计信息。而“资产评估”在规范准则、服务场景、价值形态等方面都与会计核算有所区别。数据资产会计核算遵循财政部发布的《暂行规定》，在初始计量时记录资产的成本作为账面价值；而数据资产评估主要依据中国资产评估协会发布的《资产评估准则》，结合《评估指导意见》，服务于企业融资、出资入股、并购重组、破产清算等多种商业场景中的多种经济活动，所选取的价值类型视评估目的而定。

随着企业数据资源资产化理论与实践的推进，基于全国统一的数据要素交易与流通大市场，数据资产应用场景越来越丰富，无论是银行征信、质押等非标准化服务，还是数据信托、数据保险等标准化产品，都需要依赖数据资产评估结果。一言以蔽之，数据资产评估技术和方法的研究，以及准则的制定，既是数字经济发展的必然要求，也是数据资产评估相关工作的重要参考。明确数据要素、数据资产的概念和定义边界，识别数据资产的权利和权属特征，确定数据资产的价值和评估路径，不仅是探索数据资产评估的重要步骤，也是学术界和企业界未来需要持续研究和探讨的课题。

企业案例：江西省首笔企业数据资产质押融资正式落地

2024年3月，江西省首笔企业数据资产质押融资正式落地。这笔500万元额度的质押融资由上饶银行股份有限公司向企业数据资产权利人江西盈石信息工程有限公司授信，实现了江西省数据资产资本化“零突破”，成功打通数据要素从资产到资本转变的可靠路径。这是一项全链路合规公证模式数据资源登记确权、合规审查、入表评估、质押融资的成功范例，标志着数据要素市场建设“江西样板”全面启航，有力推进了江西省数据资产资本化乃至全国数据要素市场的发展。江西省数据资源登记平台于2023年8月上线，为全国首创。2024年2月，江西盈石信息工程有限公司在该平台完成了全国首例依托全链路合规公证模式的数据资源入表。在该平台基础之上，又实现并落地了江西省首单企业数据资产质押融资案例，进一步释放了数据资产金融属性，激活数据要素潜能，赋能实体经济高质量发展。数据资产作为新时代的“石油”，为新质生产力提供了丰富的应用场景和发展空间，成为企业竞争和国家发展的重要战略资源。下一步，该平台将继续对数据资产的登记、确权、入表、流通等方面进行积极探索、实践和示范。

5.1.1 数据资源入表的基本步骤

1. 确认数据资产类型及其归类、分级

第一，需要确认数据资产的类型是无形资产还是存货。现行会计准则针对无形资产的确认步骤相对简单。在数据资源入表过程中，需要考虑入表成本是多少；在对数据资产进行计量时，需要考虑会计部门或后续与会计部门配合的会计服务、审计机构投入的人工成本是多少，这些都是直接影响入表成本的因素。还有一个需要考虑的问题是存货在数据交易方面由于政策层面供给不足，确权仍然存在问题。如果没做好存货确权，一旦进行数据交易就容易产生问题，造成一定社会风险，甚至被全员追溯问责。

第二，还需要确认数据资产的归类和分级。不论是对数据资产进行编目、标准化，还是数据的确权、管理，抑或提供数据资产服务，进行有效的数据资产归类都是必要任务。对于数据资产，更多从业务角度或数据管理的方向进行归类，包括行业维度、业务领域维度、数据来源维度、共享维度、数据开放维度等。而数据资产分级则一般按数据资产的影响程度进行安全等级的区分，确保数据资产得到与其安全等级相对应级别的保护。影响程度一般可从3类影响对象来考虑，分别是国家安全和社会公共利益、企业利益（包括业务、财务、声誉影响等）、用户利益（包括用户财产、声誉、生活状态、生理和心理影响等）。建议企业选取影响程度最高的作为该数据对象的重要性和敏感程度。同时，可根据数据的变化对数据资产的安全等级进行升级或降级。例如，数据内容发生变化、数据汇聚融合、国家或行业主管部门要求发生变化等情况，都可能引起数据资产安全等级升级或降级。数据资产分级本质上就是数据敏感维度的数据分类。

2. 数据合规确权

合规性涉及数据的权属问题，即数据是以什么形式获得的；涉及的数据产生方有没有给予相应的数据授权。这些会直接影响未来在使用这些数据时是否需要做进一步处理。为了将数据资源纳入财务报表，企业需要证明自己拥有或控制这些数据，并预期能在未来一定时期内从中获得经济利益。这需要通过合同、授权等方式证明企业对数据的控制权和使用权。企业应遵循《中华人民共和国数据安全法》《中华人民共和国个人信息保护法》《中华人民共和国网络安全法》《关于构建数据基础制度更好发挥数据要素作用的意见》，以及各省市行业数据安全管理办法等现行法律、行政法规和规范性文件，从数据来源、数据内容、数据处理、数据管理及数据经营5个维度对入表的数据资源进行梳理，查缺补漏，建立企业数据合规管理机制，确保数据资源的合法、合规。具体包括：

（1）数据来源合规。企业获取数据行为不违反任何法律法规、国家政策和社会公共道德，不侵犯任何第三方合法权利。常见的不合规行为包括自行采集非企业主营业务范畴的相关数据、数据采买时未检查供应商是否拥有数据的合法授权等。

（2）数据内容合规。企业存储数据的内容须真实、合法、合规，不得存储法律法规不允许采集或存储的违法数据。常见的不合规行为包括企业私自存储未依法获取授权的国家机密数据、敏感数据、重要数据、商业秘密、个人信息等。

（3）数据处理合规。企业处理数据行为不违反国家法律法规及相关规定，符合合法、正当、必要原则。常见的不合规行为包括企业超出个人授权同意的范围处理个人信息。

（4）数据管理合规。企业需按照法律、法规、规章和国家标准等要求，建立数据合规相关管理制度，开展包括合规管理体系搭建、风险识别、风险评估与处置等管理活动，在数据分类分级管理、数据跨境、个人信息保护等领域建立相应的全链条监督管理机制。

（5）数据经营合规。企业须依法开展数据经营业务，获得相应的资质、行政许可及充分授权，建立完善的内控体系，保障数据经营业务不危害国家安全和公共利益，不侵犯个人及其他组织合法权益。

（6）数据权属合规。数据权属是数据资源入表绕不开的重点，完善的数据资源授权链条是企业进行数据资源入表的前提。在入表前，企业应基于数据资源来源，梳理其完整授权链条。例如，企业自行采集个人数据时，应获得数据主体的恰当授权；企业采买个人数据时，应获得数据供应商及数据主体的恰当授权。同时，企业应建立数据权属监督管理机制，日常维护数据资源的权属变更情况，如企业获取数据授权存在期限，应在资产使用寿命估计中予以合理反映和披露。企业应当建立健全符合其自身特点的数据合规及产权管理制度，确保数据来源合规、隐私保护到位、流通和交易规范、分级授权合理，理顺数据资源产权关系，为实现数据资源入表扫清前置法律障碍。

3. 有效治理与管理

企业会计准则有关资产确认的两个条件包括：第一，相关经济利益很可能流入企业，一般认为经济利益流入的概率应大于50%；第二，相关成本能够可靠计量。上述两个条件看似简单，实则需要企业建立相对完善的数据治理和管理流程才有机会实现。普华永道建议企业应尽快建立相应的数据资产管理体系，统筹相关数据基础工作，盘清数据资源家底，为后续持续可靠的会计计量和披露提供基础保障。

（1）数据资产管理体系。建立顶层的数据资产管理体系，明确各方职责；建立数据资产相关标准和机制，以有效承接与推动数据资源入表工作；数据资产管理与企业自身的数据管理体系充分结合。

（2）数据资源目录。建立企业级数据资源目录，盘点具有经济利益的数据资源。通过目录、标签化、元数据属性等方式准确描述数据资源，为后续估值与会计计量提供基础。

（3）数据资产账户。对于数据资源规模丰富、价值含量高、可精细化管理的企业，建议开设数据资产账户体系，引入内部分账户，有效管理数据资产因持续开发、应用、内外部流通带来的账面价值变化。

（4）数据资产血缘分析。为有效支持后续采用成本法、收益法对数据资产进行不同的价值分摊，实现数据资产视角的业财精细化管理，精确衡量数据资产的投产比分析等，应加强重要数据资产的血缘分析能力，形成准确的数据血缘图谱。

（5）数据资产运营。以数据资源入表与披露为抓手，形成企业级的数据资产内外双循环的运营能力，以财务资产视角推动各业务和技术部门的数据运营，数据运营的成果真正与企业财务表现挂钩，成为业务数字化建设的催化剂。

4. 预期经济利益的可行性分析

资产确认条件之一是经济利益很可能流入企业（一般指概率大于 50%）。在数据资产预期经济利益的可行性分析层面，普华永道建议结合企业不同的数据资产分类、业务交互需求和商业应用场景（数据产品和服务）分类，通过建立企业内部数据资产价值评估体系，采用货币化度量业务应用场景价值与数据资产取得成本的方式，开展对数据资产相关经济价值的衡量、数据资产投入产出效益的评价，夯实经济利益的分析基础。企业内部常态化的数据资产业务经济价值评价也将助力企业数据资产价值显化，进一步为实现企业日益频繁的数据产品化、服务化定价提供相应的输入支撑。

作为推动数据资源入表必不可少的重要环节，数据资产价值评估是保障数据资产价值可靠计量、准确披露的关键手段，也是科学公平地确定不同主体间数据资产收益分配的基础。不可否认的是，从数据要素市场当前所处的发展阶段看，初期市场尚无活跃、公开的数据交易，因此较难获得公开市场信息方面的输入值。作为全球领先的全球专业服务机构，普华永道在数据评估领域亦开展了深入的实践探索，并在 2021 年 7 月形成了实证突破——借用物理学中的“重力势能”概念，首次提出创新的“数据势能”概念并进行相关实证探究，并在后续的研究与企业场景实践中，基于成本及收益途径不断完善数据资产价值评估方法与相应模型的设计利用，使得普华永道“数据势能模型”的价值评估框架可以广泛运用于不同类型、不同阶段的数据资产价值评估场景，助力企业更好地开展数据资产价值评估工作。

5. 确定数据资产的计量方法

企业需要根据数据的特性及其为企业带来的经济利益确定适当的计量方法，包括成本法、收益法、市场法等。其中，以成本法入表可低价获得新资产。采用成本法进行入表，即以数字化项目支出的费用作为数据资产初始价值的估值依据，此时可以成本的低价建立数据资产库。由于以成本入表，能很好地为未来开发出的可以交易的数据产品提供定价基础。这意味着，数据产品的价格可以根据成本法入表记录中的最初金额来确定。而收益法则更多用于资产开始增值的情况。企业开发的数据产品，如果产生了收益或者通过交易产生了现金流，就可以以收益法作为估值依据。从数据资源到数据产品，是数据增值的过程，当增值达到预期可以开始变现，则可采用市场法进行估值。数据交易所的目的之一就是更好地激活数据交易市场，让更多的数据以更大的规模来进行交易。在这个过程中，一旦形成了一定交易规模，就能以市场法对数据或者数据产品进行估值，这就意味着数据产品到了收获期。

6. 制定会计政策

企业需要制定相应的会计政策，以规范数据资产的会计处理方法，包括数据资产的初始确认和后续计量等方面的规定。数据资源成本主要构成为外采数据成本和自行采编成本。外采数据成本主要是购买外部供应商数据，按照各事业部收入比例分摊成本。自行采编成本包括人工成本和办公费、差旅费等其他成本。在发生相关支出时，企业借记“无形资产——数据资产”，贷记“应付职工薪酬”“应付账款”“累计折旧”等科目。这其实就是一个入表时的科目问题。假设 2024 年企业首次确认数据资产为无形资产，按成本进行初始计量，可暂不考虑摊销、减值或处置影响。

7. 后续计量

数据资产一旦完成初始确认，就需要关注后续计量问题，主要包括摊销、减值及终止确认的内容。

（1）摊销。考虑到数据时效性逐年递减的实际情况，采用年数总合法进行摊销。网页和移动端客户可查看当前及之前两个年度的历史数据，数据终端客户可以查看 10 年以上的历史数据，因此分别按照 3 年和 10 年进行摊销。在计提摊销时，借记“主营业务成本”，贷记“累计摊销”科目。按照税法规定，无形资产在不低于 10 年的摊销期内按照直线法进行摊销部分准予税前扣除。

（2）减值。当数据存在可能发生减值的迹象时（如数据已经很少被使用或内部证据表明经济绩效已低于或将低于预期等）应当进行减值测试。由于发生减值时不存在活跃的数据市场，数据资产价值较难确定，可以采用预计未来现金流量的现值计量可收回金额。在发生减值时，企业借记“资产减值损失”，贷记“无形资产减值准备”科目。

（3）终止确认。第一，出售。并不是只有存货才能出售，无形资产也可以出售，都能产生销售营收。企业整体出售数据资产时，应该将取得的价款与该数据资产账面价值的差额作为资产处置利得和损失计入当期损益。第二，失效。如果无形资产处置失效，包括数据资产因损毁、监管或法律等无法给企业带来经济利益，企业应及时转销数据资产账面价值，借记“营业外支出”“累计摊销”“无形资产减值准备”，贷记“无形资产”科目。

8. 列报与披露

《暂行规定》要求企业根据重要性原则并结合实际情况增设报表子项目，并通过表格方式细化披露。《暂行规定》对于入表的数据资源的一般性强制披露要求与现行的无形资产准则和存货准则要求基本一致。此外，《暂行规定》还提出企业可根据实际情况自愿披露数据资源的应用场景或业务模式、原始数据类型来源、加工维护和安全保护情况、涉及的重大交易事项、相关权利失效和受限等信息，引导企业主动加强数据资源相关信息披露。新增披露要求虽然会给企业带来一定的披露成本，但适当的披露有利于将企业已经费用化的数据投入显性化，将企业的隐形价值可视化、透明化，有利于驱动企业价值的提升。此外，对数据资源评估的估值参数、假设与模型的披露要求，也将倒逼企业建立更加精细的内部管理流程，帮助企业厘清数据资源价值的构成、来源和实现方式。

数据资源入表“8 步法”见图 5-1。

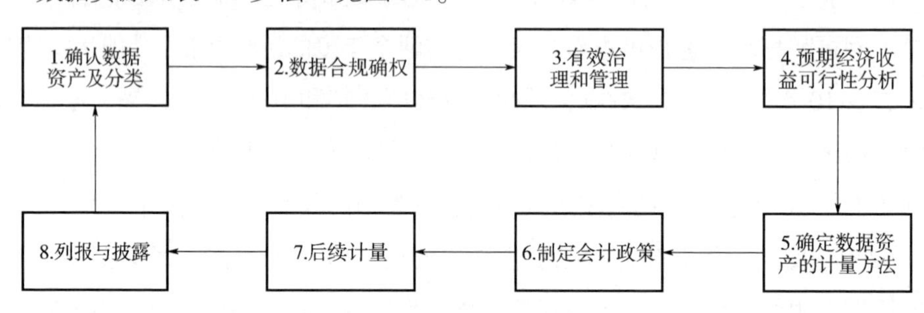

图 5-1 数据资源入表“8 步法”

5.1.2 相关职能部门

企业应根据数据资源的持有目的、形成方式、业务模式及与数据资源相关的经济利益等因素，对数据资源进行会计处理，并自愿披露相关信息。企业要充分认识提供有关信息对理解财务报表、揭示数据资源价值的重要性。

数据资源入表带来的难点首先是数据资源的确权及权益分配问题。数据来源多样，加工利用可复制，其确权在全球范围内仍缺乏成熟的先例。然而，我国 2022 年 12 月 19 日发布的“数据二十条”为这一问题提供了初步解决路径，即通过数据资源持有权、数据加工使用权、数据产品经营权的“三权分置机制”来进行数据资源的产权运行。数据交易所等场内数据交易机制也提供了基础设施支持，为数据资产来源和权属明晰提供了路径。上海数据交易所通过基于区块链技术的基础设施，建立了高效、可信赖的数据产品登记、交易、交付、清算等流程，为数据资产的登记提供了可信的凭证。未来，全国将形成统一的数据资产登记管理制度和登记体系。

关于数据资源入表，首先需要考虑由企业中的哪个部门来负责这项工作。目前，数据资源入表的责任主要集中在两个部门，一是财务部，二是科技部或数据部。许多企业的决策者对数据资源入表非常关注，将其提升到一个极具战略性的位置，一方面关注考核、企业形象、品牌、政绩和绩效等方面；另一方面更关心入表可能带来的投融资机会，这在中小企业尤为突出。

当前，企业的业务、财务和科技部门之间很难协同推动，各方主导意愿不强，这是实际存在的问题。因此数据资源入表就需要自上而下地推动，这是顶层设计时就要考虑的问题，不能仅依赖某一个或两个部门。首先，数据资源入表涉及的范围广。数据来自业务，其确权工作应该由业务部门来完成。业务产生、采集和使用数据，数据为业务提供赋能，因此，在企业内部进行确权工作涉及各业务部门。其次，数据资源入表涉及许多权属认定和授权工作，离不开企业内部的风控部门、合规部门和法律部门。企业购买数据或获取数据是否合法、合规，对外部数据的获取和采集是否涉及敏感信息，特别是对个人客户的敏感信息是否存在违规操作，这些问题都需要法律合规部门、内部风控部门和内控部门的参与。最后，财务部门和科技部门显然也都必不可少，因此这是一项企业层面的工作。

目前，数据治理已经纳入“公司治理”范畴，因此数据资源入表同样必须是企业层面自上而下地推动，需要包括企业决策者在内的高层管理者的推动。确定某一部门作为主导部门，其他所有部门都需要参与，且不是简单参与，而是作为数据的核心或所有权部门共同推动。从组织架构的角度来看，这项工作应该是数据管理委员会的职责，不论是由企业决策者领导，还是由首席执行官、总经理或其他高层管理者领导，都需要一个自上而下的治理架构。在部门层面，财务部和科技部门可以联合主导，也可以由某一个部门主导。但是，对其他部门相应的职责、权利和义务都需要做出明确、清晰的界定，这是一项需要整个企业全员参与的工作。

5.2 数据的权属确定及登记

5.2.1 数据确权、登记的必要性

清晰的经济产权是市场实践中进行商品交易的前提，同时也是经济资源形成资产的确认条件。在法律上，与一般意义上的“信息”不同，数据在我国法律中被认定为民事权利客体。《中华人民共和国民法典》（以下简称《民法典》）第一百二十七条规定：“法律对数据、网络虚拟财产的保护有规定的，依照其规定。”尽管该条仅作为一项引致条款，但这为后续与数据相关的法律规范的建构提供了一个可兼容的制度接口。《民法典》将对“数据”与“隐私”“个人信息”做出区分，即“数据”在立法层面是独立于“隐私”与“个人信息”的权利客体。《中华人民共和国数据安全法》将数据定义为：“任何以电子或者其他方式对信息的记录。”数据权利就是随新权利客体“数据”的出现而产生的。数据权利的确立应有其主体和客体，主体是公民、法人或其他社会组织，客体是数据。数据是技术（或物理）属性与内容（或信息）属性相结合的权利客体。

依照数据的结构，可将数据分为载体层和内容层，对信息的记录方式是载体，信息本身则包含于数据的内容层。数据的结构性分层，意味着涉及数据权利时，需要厘清讨论对象是附着于载体层面还是内容层面，权利是“自益”还是“他益”的。载体层的权利可认为是“自益”的，涵盖使用价值、交换价值、取得财产性权益相关的权能。内容层的权利是他益的，其权利行使受到内容及相关法规制度的约束。

作为新型生产要素，数据的权属问题一直以来都存在争议。数据独特的“技术—经济”特征，是数据权属产生争议的根源。首先，数据具有多元主体性，是人类生产和消费过程中的衍生物，由自然人、企业、政府等多个经济主体共同参与创造，同时，多元主体性意味着不同主体间权益的相关性，这进一步提高了冲突发生的概率，因而数据权属问题便成为数据生产和流通环节的核心争议。其

次，作为可无限复制的客体，数据在使用上是非竞争性的，多方主体能够同时加工、使用数据而又互不影响，因而具有共享共用的特性。最后，数据天然是非排他的，但是企业可通过技术或市场策略赋予数据排他性。企业使数据“排他化”的主动战略，往往会引起不同企业关于特定数据控制权的争执。

数据资源确权是数据资产化的基础，只有数据资源权属得到确认，其占有、收益与处分等相关内容才能界定清楚。数据资源确权是保障数据安全的重要手段。一方面，数据权属界定不明，导致信息滥用、大数据“杀熟”、网络诈骗、非法数据交易等侵害个人信息等问题；另一方面，由于数据复制成本相对于生产成本小得多，数据被大量复制和传播，从而损害数据所有者的权益。数据资源确权是数据交易和流通的前提。想实现物品交易，首先需要确权，数据同样如此。只有确定了数据权属，才能对数据进行估值，再进行交易和流通。

5.2.2 操作内容

1. “三权分置”

在具体实践中，解决数据产权的归属问题应当跳出所有权的思维定式，不纠缠于“数据归谁所有”，而聚焦于各项具体的数据权利的归属。“数据二十条”中首次提出了建立数据资源持有权、数据加工使用权、数据产品经营权“三权分置”的产权运行机制，就是在构建新型数据产权制度框架方面的一次实践探索。见图5-2和图5-3。

对于数据资源持有人和第三方使用人来说，其对数据资源的采集加工、流转应用投入资本和创造性智力活动，由此衍生的数据成为具有价值的数据资产。按照“谁投入谁受益”的市场原则，其合法权利应当得到法律认可，这些数据的持有和实际控制权应归投入方，即数据加工使用权利归属于数据的持有者和经持有者授权的相关数据使用主体。而数据产品经营权人大致包括两类，即原本就持有这部分数据资源的持有权人，以及通过交易等方式依法获得数据持有权或者使用权的主体。在探讨数据产品经营权时，需要对数据产品（或服务）的权利属性再做深入辨析。

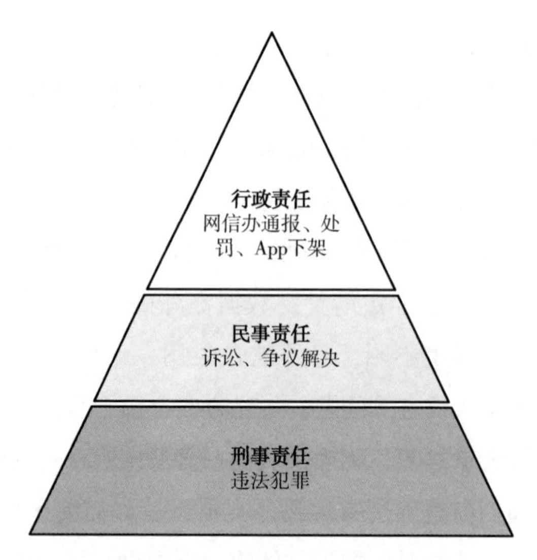

图 5-2 权属不清导致的法律问题

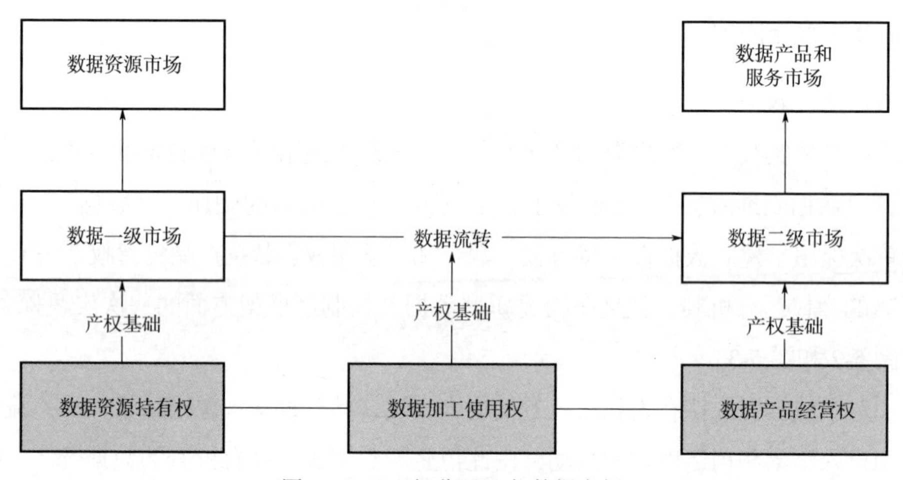

图 5-3 “三权分置”与数据市场

总体来看，数据资源持有权是数据一级市场（数据资源市场）的产权基础，数据产品经营权是数据二级市场（数据产品和服务市场）的产权基础，而数据加工使用权则是推动数据从一级市场向二级市场流转的产权基础。

目前主要针对以下 4 种情况对数据资源的权属状态进行判断：

（1）企业信息系统生成的数据，企业获得数据资源持有权。

（2）企业通过“爬取”或下载的开放的公共数据，可获得数据加工使用权，而不能获得数据资源持有权。

（3）授权运营的公共数据，被授权机构与公共机构分享数据资源持有权。

（4）企业通过交易市场采购的数据，由于不能以独占性方式占有或控制，不宜当作取得数据资源持有权，但可以获得数据加工使用权。

数据产品的权属判断相对较简单，企业只需要证明所上架的数据产品来源的合法性即可。

2. 具体操作内容

数据确权的前提是企业确保数据的合规。数据登记的目的是理清数据复杂的权属关系，涉及数据资源持有权、数据加工使用权、数据产品经营权等。这种登记包括资源性数据资产登记（数据要素登记）和经营性数据资产登记（数据产品登记）。国家数据资产登记存证平台作为支撑数据要素产权界定的重要基础设施，将数据来源、提供者、权利人、使用期限、使用次数、使用限制、安全等级、保密要求等作为事实确认下来，是打开数据定价、入场、监管等后续环节的链路开端。

（1）数据合规。制定明确的数据合规政策，明确数据收集、存储、处理、共享和销毁的流程和规范。政策应涵盖数据保护原则、数据主体的权利、数据处理者的责任等方面。采用先进的技术手段，如数据加密、访问控制、安全审计等，确保数据的安全性和合规性。同时建立数据泄露应急响应机制，以便在发生数据泄露事件时能够及时应对。定期对数据合规工作进行评估，检查数据处理活动是否符合法律法规和政策要求。评估结果应作为改进数据合规工作的依据。

（2）数据收集。收集公司所有合规数据的相关信息，包括存储位置、存储类型、敏感程度等。这可能需要与各部门合作，确保收集到全面且准确的数据信息。建立企业级数据资源目录，盘点具有经济利益的数据资源，通过目录、标签、元数据属性等方式准确描述数据资源，为后续估值与会计计量提供基础。

（3）数据分类。根据事先制定的分类标准，对收集到的数据进行分类和标记，确定其重要性和敏感性，这将有助于后续的数据管理和利用，提高数据的可用性和可发现性。

（4）数据标记。为每个数据项打上标签，标明其所属类别、权限级别等。为有效支持后续数据资产成本法、收益法的不同价值分摊，实现数据资产视角的业财精细化管理、精确分析数据资产的投产比等，应加强重要数据资产的血缘分析能力，形成准确的数据血缘图谱。

（5）数据存证。将需要存证的数据加密生成"数据指纹"，并基于区块链和电子签章技术，将存证文件哈希值、上传者身份信息、上传时间等信息一同记录到区块链中，为数据赋予不可篡改的数字身份。

（6）数据登记。将收集到的数据信息，以及分类和标记后的数据资产信息记录在数据登记表中，包括每个数据项的详细信息，如数据名称、所有者、存储位置、访问权限等，以便后续的管理和监控。

不同企业在数据确权及数据登记工作上的具体需求可能有所不同，因此在实际操作中，企业应根据自身情况灵活调整和完善上述内容。同时，企业还应持续关注相关法律法规的变化和技术的发展，以便及时调整和优化数据确权及数据登记工作。

3. 资料准备

企业准备数据登记工作时，需确保所有相关的材料和文件都齐全且符合规定，以便顺利完成数据登记流程。需要准备的基础资料有：

（1）公司注册信息。

1）公司的营业执照副本，需包含公司的全称、注册地址、法定代表人等信息。

2）公司的组织机构代码证，用以证明公司的合法身份和组织架构。

3）税务登记证或其他相关税务证明文件，确保公司在税务方面的合规性。

这些文件是数据登记的基础，用于确认企业的合法身份和经营资质，确保数据登记工作的合法性和有效性。

（2）数据存储地点清单。

1）数据中心的地理位置、物理布局图及安全设施说明。

2）数据备份和恢复设施的详细信息，包括备份频率、存储介质和恢复策略。

3）云服务提供商的合同和 SLA（服务级别协议），如果数据存储在云端的话。

此清单有助于了解数据的实际存储情况，为数据的安全管理提供基础信息。

（3）数据处理协议和政策文件。

1）数据处理流程图，展示数据从收集到使用的完整过程。

2）数据隐私政策和用户协议，说明企业如何收集、使用和保护用户数据。

3）数据质量管理和数据治理政策，确保数据的准确性和完整性。

这些文件有助于了解企业数据处理的全貌，确保数据登记工作的准确性和合规性。

（4）数据权属证明。

1）数据来源的合法证明，如数据购买合同、合作协议等。

2）数据权属声明书，明确数据的归属和权益关系。

3）知识产权相关证明，如专利证书、商标注册证等，如果涉及的话。

这些证明文件是数据登记的关键，用于确认数据的合法来源和权属关系，避免后续纠纷。

（5）数据分类和标记方案。

1）详细的数据分类标准，如个人数据、商业数据、敏感数据等。

2）数据标记规则，包括数据标记的目的、方法和使用场景。

3）分类和标记的示例或案例，帮助理解实际操作。

此方案有助于规范数据的管理和使用，提高数据的安全性和效率。

（6）数据使用规则。

1）数据使用权限的分配和管理规定。

2）数据共享、转让和披露的流程和条件。

3）数据使用的安全控制措施和应急预案。

（7）电子数据区块链存证证书。

1）申请人、申请时间。

2）文件名称、文件大小。

（8）哈希函数、哈希值。

这些规则是确保数据合规使用的重要保障，有助于企业在数据登记过程中明确数据的使用边界和责任。

企业在开展数据登记工作时需充分准备上述材料，确保数据的合法性、准确性和安全性。再依照以上基础资料准备会员申请材料、风险承诺函、数据产品登记申请书、数据产品登记承诺书、数据产品上架申请表等材料，见图 5-4，与律师事务所出具的法律合规意见书合并提交给数据交易所进行数据登记。同时，企业还应根据实际情况不断完善和优化这些材料，以适应不断变化的数据管理和使用需求。

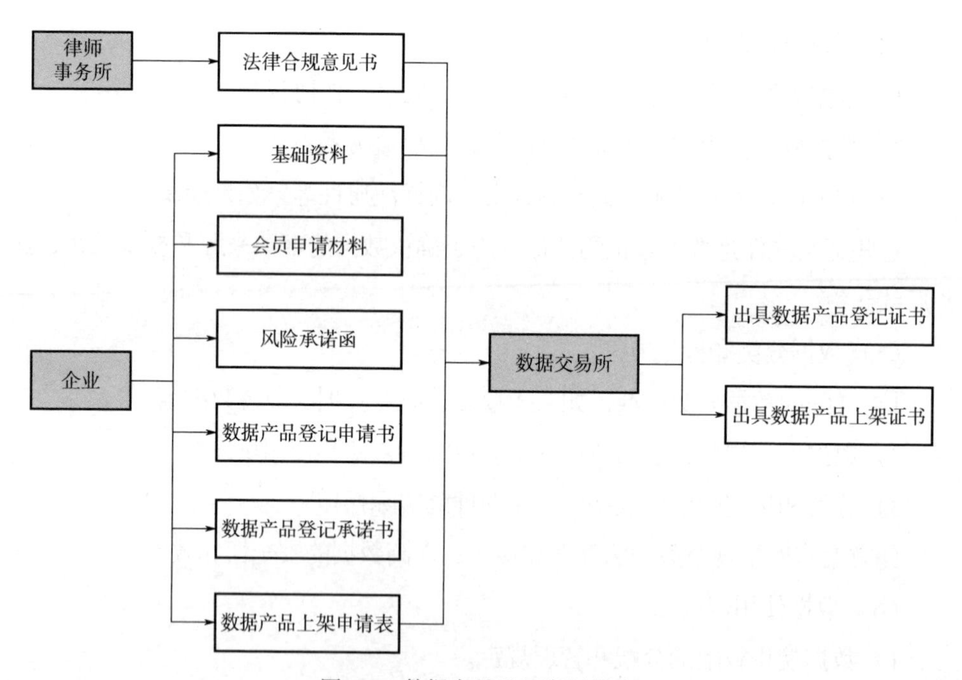

图 5-4　数据产品登记资料提交

5.2.3 操作步骤

企业准备数据登记时，为确保流程的顺利进行和数据的准确性，需要按照一系列细致步骤有条不紊地处理：

1. 确定数据管理小组

确定数据确权及数据登记工作小组，并确定小组成员职责。这个小组应由具备数据管理、法律知识和技术背景的专业人员组成，以确保工作的专业性和高效性。明确每个成员的职责和角色，确保成员之间协作顺畅，从而为数据登记工作奠定坚实的基础。

2. 收集数据信息

工作小组需要全面收集公司所有数据的相关信息，包括但不限于数据的来源、类型、格式、存储位置、访问权限等。在信息收集过程中，应注重数据的完整性和准确性，确保后续工作的顺利进行。

3. 分类与标记

收集到数据后，工作小组需要对数据进行详细的梳理和分类。通过制定合理的数据分类标准，将数据按照其性质、用途和重要性进行分类，并为每个数据项分配唯一的标识符，形成数据资产清单。同时，根据数据的敏感性和合规要求对数据进行适当的标记，以便后续管理和使用。在这一步骤中，特别需要注意数据的合规性。工作小组应确保数据的分类和标记符合国家相关法律法规和行业标准的要求，避免因数据使用不当而引发风险。

4. 权属确认

完成数据的分类与标记后，工作小组需要进一步确认数据的权属关系。通过查阅相关合同、协议和法律法规，明确数据的归属和权益关系，并形成权属证明文件。这一步骤对于确保数据的合法性和避免权属纠纷至关重要。

5. 数据登记

权属确认后，工作小组需要将分类和标记后的数据信息记录在数据登记表中。在登记过程中，应确保数据的准确性和完整性，避免因信息错误或遗漏而导致不良后果。以数据交易平台的数据产品登记为例，其步骤见图 5-5。

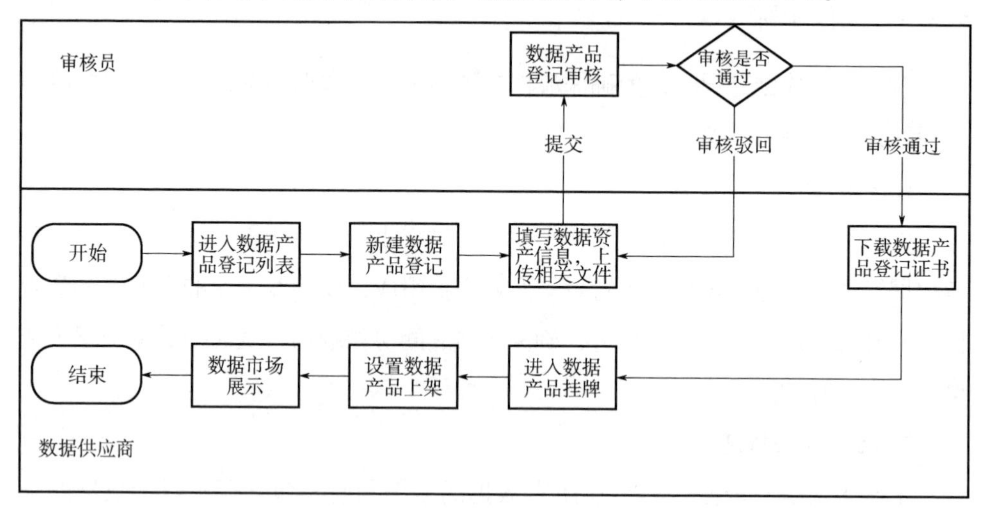

图 5-5 数据产品登记步骤

6. *审核与确认*

对数据登记表进行审核，确保数据准确性和完整性。数据登记完成后，工作小组需要对数据登记表进行审核。审核过程中应重点关注数据的准确性和完整性，确保登记的信息与实际数据一致。如发现错误或遗漏，应及时进行修正和补充。通过审核的数据登记表将成为企业数据管理的重要依据。

7. *更新与维护*

定期更新数据登记表，并根据需要对数据信息进行维护。数据登记工作并非一蹴而就，而是一个持续的过程。随着企业业务的发展和数据的变化，需要定期更新和维护数据登记表。工作小组应建立定期更新机制，及时将新产生的数据纳入登记范围，并根据需要对已登记的数据信息进行修改或补充。同时，还应关注数据的安全性和保密性，确保数据不被非法访问和泄露。

通过细致执行以上步骤，企业可以顺利完成数据登记工作，为后续的数据管理和利用奠定坚实的基础，并提升数据治理水平，增强竞争力。

5.2.4 操作要点

企业准备数据登记的操作要点涉及多个方面：

（1）确保数据收集的全面性和准确性。这意味着在收集数据时，应涵盖企业所有相关的数据资源，无论是结构化数据还是非结构化数据，都要详尽搜集。同时，数据的准确性也至关重要，任何错误或误导性的数据都可能导致后续数据分析和使用的失效。因此，企业需要制定严格的数据收集流程，确保所收集的数据真实可靠。

（2）严格按照数据分类和标记方案进行操作。这包括根据数据的性质、用途和敏感性对其进行合理的分类，并为每个数据项分配唯一的标识符。通过标准化和统一化的分类与标记，企业可以更加高效地管理和使用数据，同时也有助于确保数据的合规性和安全性。

（3）加强数据安全控制，确保敏感数据得到保护，确保数据合规。企业应加强对敏感数据的保护，采取适当的加密、脱敏和访问控制等措施，防止数据泄露和非法访问。同时，企业还应建立数据备份和恢复机制，以应对可能的数据丢失或损坏风险。通过这些安全措施，企业可以确保数据的安全性和完整性，为数据登记工作提供有力保障。

（4）定期更新数据登记表，保持数据信息的及时性和完整性。随着企业业务的发展和数据的变化，数据登记表需要不断更新以反映最新的数据状态。企业应建立定期更新机制，对新增的数据进行登记，对已有的数据进行修正或补充。同时，企业还应加强对数据质量的监控和管理，确保数据信息的准确性和完整性。

（5）确保数据权属清晰明确，避免权属纠纷。企业应明确数据的归属和权益关系，避免发生权属纠纷。在数据登记过程中，企业应详细记录数据的来源、使用情况和授权情况等信息，以便在需要时进行权属证明和维权。通过明确数据权属，企业可以确保数据的合法性和合规性，为数据的共享、使用和交易提供有力支持。

通过遵循这些要点，企业可以高效地完成数据登记工作，为后续的数据管理和利用奠定坚实的基础。

5.2.5 职能分工

企业准备数据登记时，职能分工是确保工作顺利进行的关键。每个部门及成员都承担特定的职责，共同推动数据登记工作顺利进行。

1. 数据治理委员会

数据治理委员会由组织的高层领导者组成，负责整体数据管理工作的规划，并确保整个组织对数据治理工作的支持和投入，确保各项任务能够有序进行。数据治理委员会是整个数据登记工作的核心领导者，定义数据治理的愿景和目标，确保数据治理工作与组织战略保持一致；协调跨部门间的工作，打破部门壁垒，推动数据治理的顺利实施；设置数据治理计划的总体方向，为数据治理工作提供明确的指导；在出现策略分歧时进行协调，确保数据治理工作的顺利进行。数据治理委员会需要制定数据管理政策，明确数据管理的目标、原则和方法，为整个团队提供指导。同时，还需要根据企业的实际情况，分配数据认责权限，确保每个成员都能够明确自己的职责和角色。在制定数据管理政策时，数据治理委员会需要充分考虑企业的业务需求、法律法规和行业标准，确保政策的合规性和有效性。作为数据治理的顶层决策者，委员会成员需要站在战略高度，对数据资产和数据系统进行全面梳理，明确数据治理的范围和目标；时时关注数据管理的最新动态和趋势，不断完善和优化政策，以适应不断变化的市场环境；同时，还需要负责审查各工作小组的工作成果，批准数据管理的相关制度、标准及流程，确保数据治理工作的规范性和有效性。

2. 数据管理员

数据管理员是数据登记工作的具体执行者，负责收集、分类、标记和登记数据信息，确保数据的准确性和完整性，需要按照数据管理规则进行操作，严格执行数据标准，确保数据的规范化录入；解决在数据收集、分类和标记过程中遇到的相关问题，确保数据的质量和可用性；负责维护数据资产目录，及时更新目录内容，确保数据的及时性和准确性；与数据治理委员会保持密切沟通，及时反馈数据登记工作的进展和问题，以便及时调整和优化工作流程。

3. 法务部门

法务部门在数据登记工作中扮演着重要的角色，负责审核数据管理相关的法规合规要求，确保企业的数据管理工作符合法律法规的规定，需要密切关注相关法律法规的变化和更新，及时为企业提供法律建议和支持；在数据登记过程中对数据进行审核，确保数据的正确、合规使用；对数据进行法律风险评估，提出相应的风险防范措施，确保企业数据的安全性和合规性。

4. IT 部门

IT 部门在数据登记工作中提供数据存储和管理系统支持，负责建立和维护数据存储设施，确保数据的安全性和可靠性；协助制定数据标准、质量规则和安全规则，确保数据的规范化和安全性；在数据登记过程中监控相关数据问题，及时发现和解决潜在的数据风险；制定确保数据管理的流程并确保其有效执行，为企业的数据管理提供坚实的技术保障。

5.2.6　相关专业服务资源

与数据确权相关的服务资源主要包括：

（1）数据管理软件、平台或系统。用于数据分类、标记和登记的软件工具。支持数据资产的梳理、权属确认、登记等操作。

（2）法律顾问服务。提供法规合规咨询服务。

（3）数据安全服务。提供数据安全管理和保护方面的服务支持；提供法律方面的咨询和支持，确保数据确权及登记工作的合法性和合规性。

（4）专业的数据确权及登记服务机构。提供数据确权、登记、管理等方面的咨询和服务。

企业准备数据登记时，为了确保整个过程的顺利进行，需要依赖一系列专业的服务资源，主要包括：

（1）数据管理软件、平台或系统。协助企业进行数据分类、标记和登记，使数据资产得以清晰梳理。通过这些工具，企业可以轻松地管理数据资产目录，确保数据的规范化和标准化；同时，这些工具还支持权属确认和登记操作，为数据的合法使用提供有力保障。

（2）专业的数据确权及登记服务机构。这些机构拥有丰富的数据管理经验和专业知识，能够为企业提供数据确权、登记、管理等方面的咨询和服务。他们可以帮助企业解决数据登记过程中遇到的技术和法律问题，确保数据登记工作的顺利进行。

（3）法律顾问。为企业提供法规合规咨询服务，确保数据登记工作符合相关法律法规的要求。他们可以帮助企业理解数据管理的法律框架，提供法律风险评估和合规建议，确保企业在数据确权及登记过程中不会违反任何法律规定。

（4）数据安全服务机构。为企业提供全方位的数据安全管理和保护支持。他们可以帮助企业建立数据安全体系，制定数据安全策略，提供数据加密、脱敏和访问控制等技术手段，确保数据在登记和使用过程中的安全性和隐私性。

5.3 数据资源的入表整理

关于数据资源入表的战略意义，从宏观看，数据资源入表将充分释放数字经济潜力；从中观看，数据资源入表将加速数字化转型和产业升级；从微观看，数据资源入表将推动企业强化数据管理和价值提升。本节从操作内容、操作步骤、操作要点等6个方面对数据资源入表整理进行详细阐述。数据资源入表对数据资源的显化与流通，不仅为数据提供者带来经济利益，还能促进生产要素的流动，推动更多跨界（跨行业）的企业价值提升，这种利益双向共赢会刺激更多主体不断创新与共生共享。这也正是数字经济之所以能渗透经济社会各个领域、蕴藏巨大经济价值前景的内在逻辑。

5.3.1 操作内容

数据资产的价值主要体现在对市场、对客户、对业务的理解，应用场景极其丰富。在不同应用场景下，数字资产管理均发挥着重要的作用，因此这一庞大的数据要素市场规模亟须激活。2023 年 9 月国家发展改革委价格监测中心透露，初步测算我国企业数据要素支出规模约为 3.3 万亿元；若将数据资产评估、质押、融资等衍生市场一并考虑，整体规模可能超过 30 万亿元。2023 年 10 月 25 日，国家数据局正式揭牌，预示着“十四五”开启了逐浪数字经济的新征程。数据资源入表将企业数据资产以会计科目和货币化形式呈现，将推动数据资产开发、运营和管理的合规体系建设，提升企业数据治理水平。

数据资产具有非实体性、依托性、可共享性、可加工性和价值易变性等特征，具体解释见图 5-6。

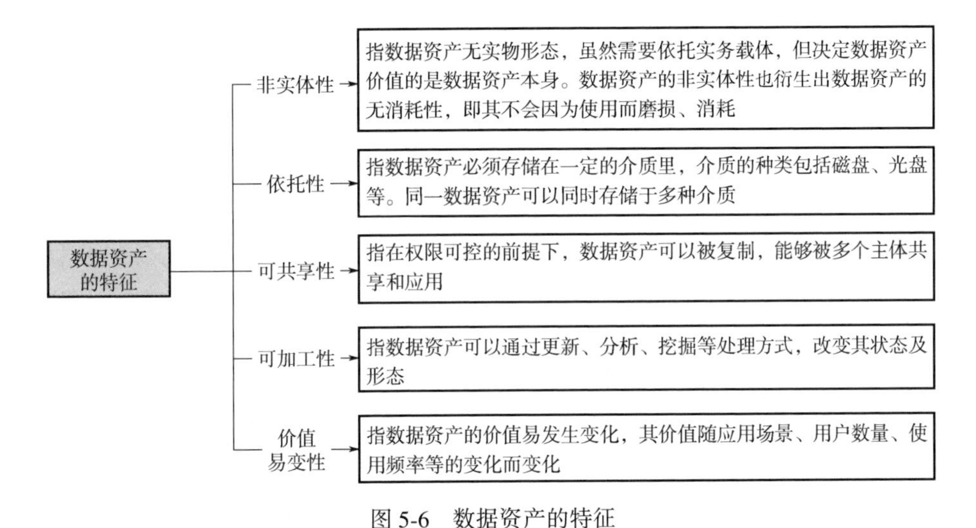

图 5-6　数据资产的特征

基于数据资产的特征，在将数据资源纳入财务报表时，相关的确认和计量过程较为复杂，需要企业根据《暂行规定》的相关要求，结合企业会计实务需求，采用适合自身情况的会计核算方法，进行数据资产的确认、计量、列示和披露等，这也是数据资源入表整理的具体操作内容。这就需要企业各部门协同对数据资源入表的基本原则和流程步骤充分理解，取得一致意见，这些部门具体包括业务部门（采购、生产和使用部门）、IT 部门（数据资产管理部门）、财务部门和内部决策机构，各部门的协同关系见图 5-7。

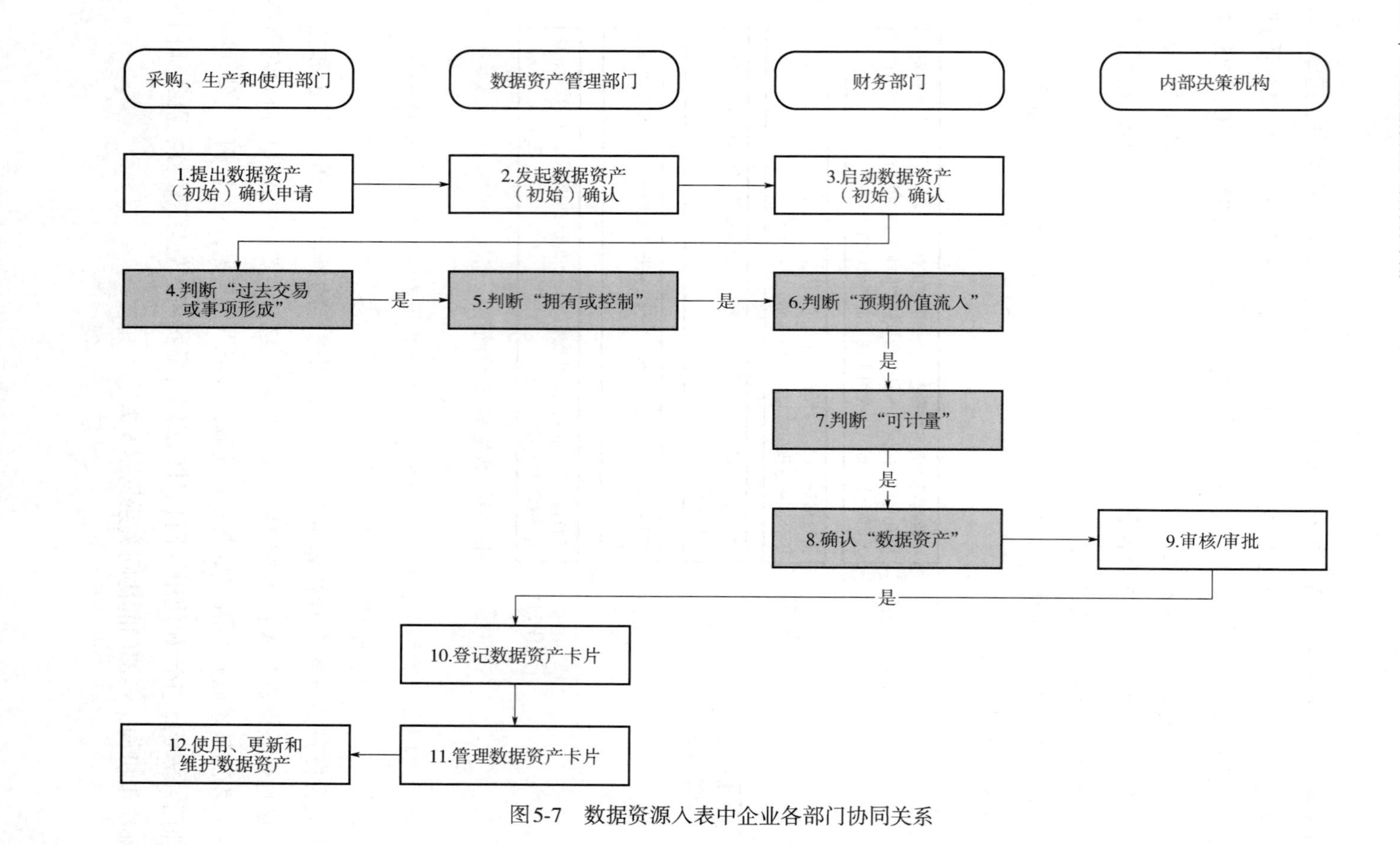

图 5-7 数据资源入表中企业各部门协同关系

1. 数据资源入表的基本原则

（1）合法合规原则。企业在将数据资源入表时，要遵守相关法律法规和企业会计准则，确保数据的合法性、真实性、完整性和安全性。

（2）谨慎性原则。企业在将数据资源入表时，在合法合规原则的基础上，还要事先规划，结合有效的数据资源治理和管理，配套建立统一合理的数据资源成本归集和分摊机制。另外，数据血缘分析也是重要的一环。数据血缘是数据在产生、处理、加工、融合、流转到最终消亡的全生命周期中，自然形成的一种数据与数据之间的关系。其记录了数据产生的链路关系，这些关系与人类的血缘关系比较相似，所以被称为数据血缘关系。通过数据血缘分析，明确数据资产化过程中所占用的企业资源，形成准确的数据血缘图谱，见图5-8。

（3）商业秘密保护原则。《暂行规定》综合考虑信息需求、成本效益和商业秘密保护等内容，提出自愿披露的方式。在自愿公开数据资源的情况下，有效保护商业机密，防止因信息公开导致商业损失。

2. 数据资源入表的流程路线

为促进数据资源入表规范，本指引提出内外部协同的企业数据资源入表全流程，具体路线见图5-9和图5-10，主要分为企业数据资源/资产管理、登记确权、数据流通交易/金融化、会计核算处理。

5.3.2 操作步骤

数据作为一种新型生产要素，正在成为企业内部运行和价值创造的重要组成部分。在符合资产的定义“企业过去的交易或者事项形成的由企业拥有或控制的资源预期会给企业带来经济利益”和资产确认的条件“产生的经济利益很可能流入企业，成本或者价值能够可靠计量”的前提下，企业应根据数据资源的持有目的（见图5-11）、形成方式、业务模式等因素，判断数据资源应确认的资产类别（见图5-12），再根据数据资产所处生命周期阶段（采集、传输、存储、处理、共享、销毁）来确定资产确认时点。接下来具体阐述数据资源存货和数据资源无形资产的确认、计量等相关操作步骤。

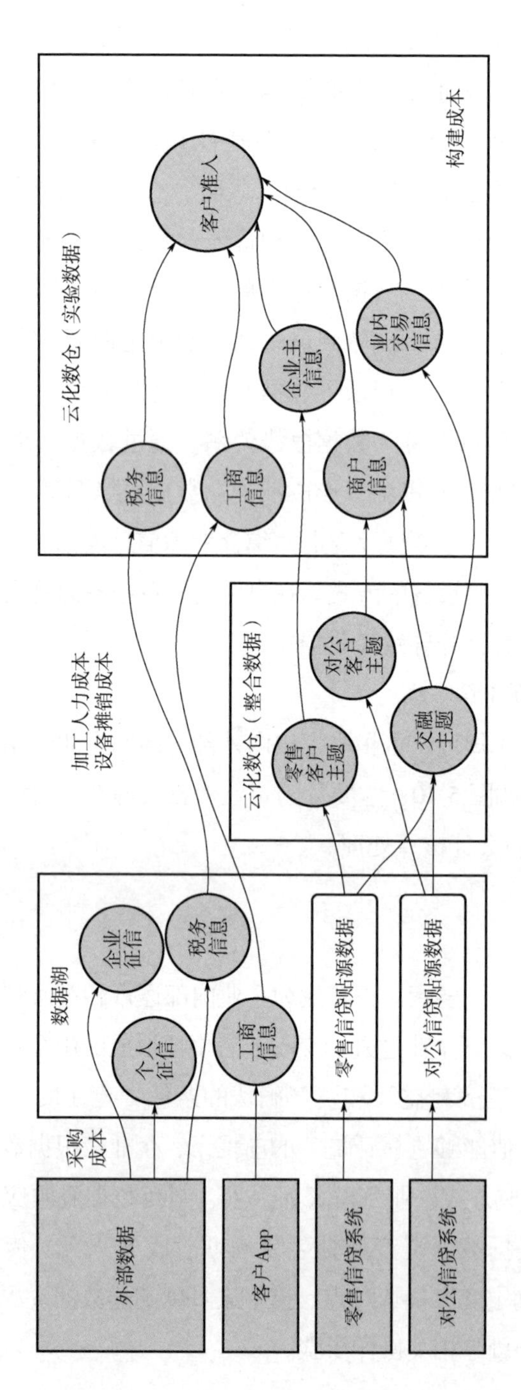
外部数据
客户App
零售信贷系统
对公信贷系统
采购成本
数据湖
个人征信
企业征信
税务信息
工商信息
零售信贷贴源数据
对公信贷贴源数据
加工人力成本
设备摊销成本
云化数仓（整合数据）
零售客户主题
对公客户主题
交融主题
云化数仓（实验数据）
税务信息
工商信息
企业主信息
商户信息
业内交易信息
客户准入
构建成本

图 5-8 数据血缘分析

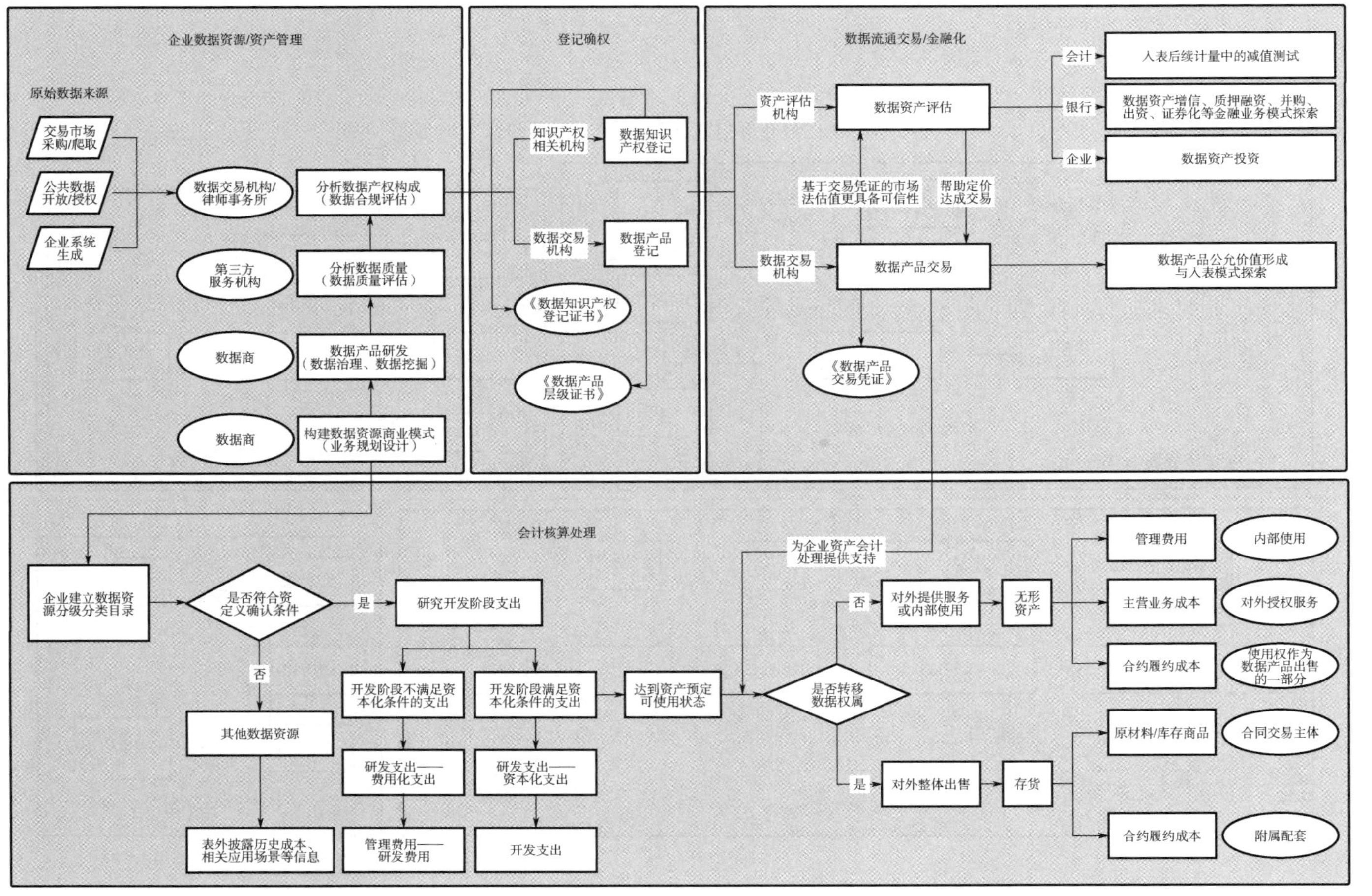

图 5-9　内外部协同的企业数据资源入表全流程路线图

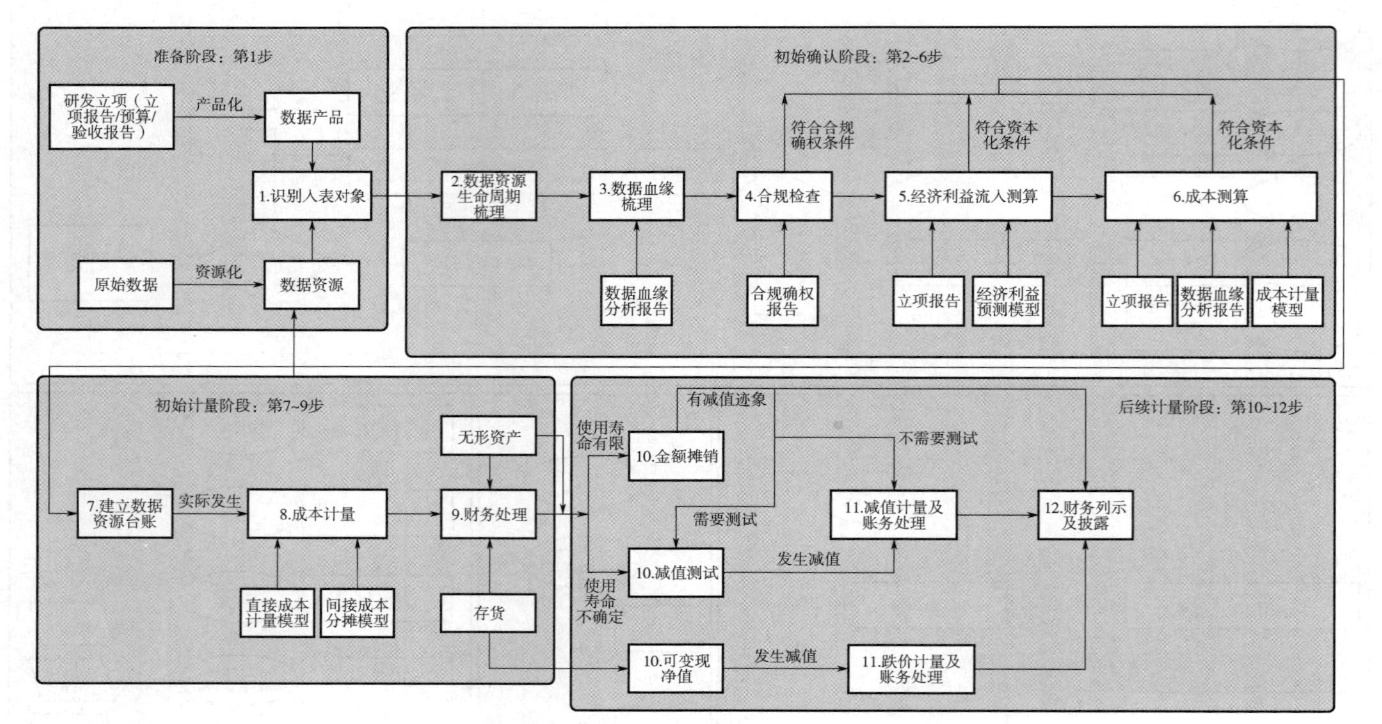

图5-10　数据资源入表“天衡工作法”——4阶段12步

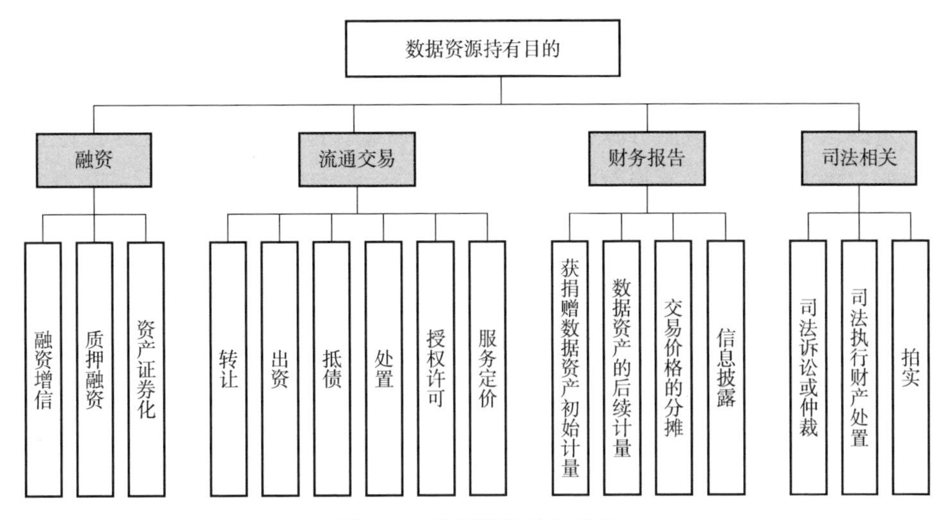

图 5-11　数据资源持有目的

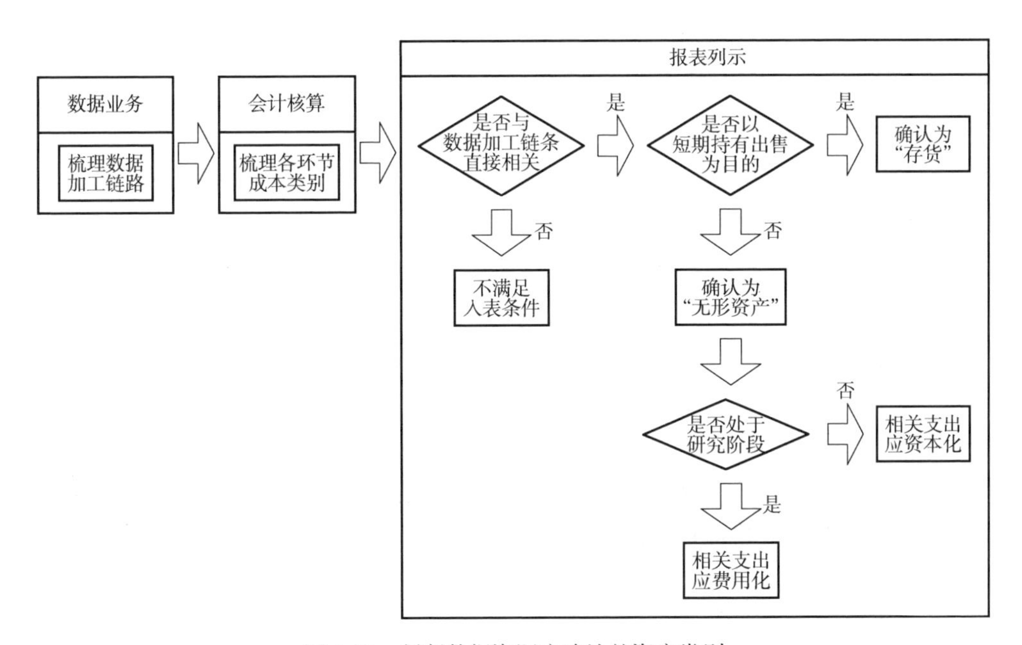

图 5-12　判断数据资源应确认的资产类别

1. 数据资源存货

只有企业最终目的用于出售的数据资源，才适用存货准则。符合存货准则的定义和确认条件的企业日常活动中持有、最终目的用于出售的数据资源，应当确认为存货。

对确认为存货的数据资源进行初始计量、后续计量等相关会计处理，企业应当按照存货准则、存货准则应用指南等执行。

（1）确认。存货指企业在日常活动中持有以备出售的产成品或商品、处在生产过程中的在产品、在生产过程或提供劳务过程中耗用的材料或物料等，包括各类材料、在产品、半成品、产成品或库存商品，以及包装物、低值易耗品、委托加工物资等。对数据资源而言，目前认为，用于出售的数据资源，可认定为存货。虽然企业的数据信息可能存储在服务器等硬件设备中，数据本身没有实物形态，但这并不妨碍将数据资源确认为存货。因此，企业应根据数据资源的业务模式，区分外购的数据资源存货、自行加工的数据资源存货和其他方式取得的数据资源存货等类别。

（2）计量。包括 3 个方面：

1）存货初始成本的入账内容按取得方式具体如下：

①外购方式。购买价款、相关税费、保险费，以及数据权属鉴证、质量评估、登记结算、安全管理等所发生的其他可归属于存货。

②数据加工方式。采购成本，数据采集、脱敏、清洗、标注、整合、分析、可视化等加工成本和使存货达到目前场所和状态所发生的其他支出。

③投资者投入方式。按照投资合同或协议约定的价值确定，但合同或协议约定价值不公允的除外。

④非货币性资产交换方式。按照《企业会计准则第 7 号——非货币性资产交换》（财会〔2019〕8 号）确定。

⑤债务重组方式。按照《企业会计准则第 12 号——债务重组》（财会〔2019〕9 号）确定。

⑥企业合并方式。按照《企业会计准则第 20 号——企业合并》（财会〔2006〕3 号）确定。

2）发出存货的成本。对于数据资源存货，企业应当采用个别计价法确定发出存货的实际成本。

3）期末存货的计量。应当按照存货的成本与可变现净值孰低的原则计量期末存货，对于成本大于可变现部分的存货计提存货跌价准备。存货的成本指期末存货的实际成本；可变现净值指在日常活动中，存货的估计售价减去至完工时估计将要发生的成本、销售费用和相关税费后的金额。由于数据资产的特殊属性，应当以该存货预计未来净现金流量作为其可变现净值。

（3）出售。企业出售确认为存货的数据资源，按照存货准则中的个别计价法（即按项目）下的成本结转到对应为营业成本；同时，按照《企业会计准则第 14 号——收入》（财会〔2017〕22 号，以下简称“收入准则”）等，应当确认相关收入。

2. 数据资源无形资产

企业使用的数据资源符合无形资产准则的定义和确认条件的，应当确认为无形资产。企业应当按照无形资产准则及其应用指南等对确认为无形资产的数据资源进行初始计量、后续计量、处置和报废等相关会计处理。

（1）确认。无形资产指企业拥有或者控制的没有实物形态的可辨认非货币性资产，具体特征为：由企业拥有或者控制并能为其带来未来经济利益的资源，不具有实物形态，属于非货币性资产，具有可辨认性。确认为无形资产，至少应符合下列条件之一：

1）能够从企业中分离或者划分出来，并能单独用于出售、转让等，而不需要同时处置在同一获利活动中的其他资产，说明无形资产可以辨认。

2）产生于合同性权利或其他法定权利，无论这些权利是否可以从企业或其他权利和义务中转移或者分离。

企业应当根据数据资源的业务模式将数据资源无形资产分为外购无形资产、自行研发的无形资产、其他方式取得的无形资产等类别。

（2）初始计量。包括 3 个方面：

1）外购无形资产。数据资源无形资产外购初始成本 = 购买价款 + 相关税金相关费用，具体包括：

①购买价款。合同、发票上列明的价款。

②相关税费。关税、消费税、资源税及不可抵扣的增值税进项税额等。

③相关费用。企业通过外购方式取得确认为无形资产的数据资源，其成本包括购买价款、相关税费，直接归属于使该项无形资产达到预定用途所发生的数据脱敏、清洗、标注、整合、分析、可视化等加工过程所发生的有关支出，以及数据权属鉴证、质量评估、登记结算、安全管理等费用。换言之，如果企业持有数据资源用于内部使用和对外服务，且数据持有权权属不发生转移的，应确认为无形资产。对外非排他性的权利使用的数据资产同时存在内部使用和对外交易但不主要依赖对外出售来取得经济利益的双重业务模式或者目的，相关数据资源更加适合作为无形资产，适用无形资产准则进行会计核算。

企业通过外购方式取得确认为无形资产的数据资源过程中的数据采集、脱敏、清洗、标注、整合、分析、可视化等服务所发生的有关支出，不符合无形资产准则规定的无形资产定义和确认条件的，应当根据用途计入当期损益。

2）自行研发的无形资产。对于企业自行研发的数据资源，《暂行规定》明确企业内部数据资源研究开发项目的支出，应当区分研究阶段支出与开发阶段支出。研究阶段，计划性、探索性特点突出，具有较大的不确定性，因此，这类支出在发生的当期计入当期损益。开发阶段，具有针对性，形成成果的可能性较大，这类支出只有满足资本化条件的才能确认为无形资产。

对于开发阶段，判断可以将有关支出资本化计入无形资产成本的条件和研发费用资本化的 5 个条件需要一致：

①完成该无形资产以使其能够使用或出售在技术上具有可行性。

②具有完成该无形资产并使用或出售的意图。

③该无形资产能够产生经济利益。

④有足够的技术、财务资源和其他资源支持，以完成该无形资产的开发，并有能力使用或出售该无形资产。

⑤归属于该无形资产开发阶段的支出能够可靠地计量。

企业应建立数据资源相关管理维护制度和流程，对数据资产进行分类整理，梳理数据的归集、加工等成本支出，并结合企业的业务模式和数据应用场景，分析确认自行研发的数据资源是否能够资本化和资本化金额。

3）其他方式取得的无形资产。企业通过其他方式取得确认为无形资产的数据资源，需要结合企业的业务模式和数据应用场景入账初始成本。具体包括：

①投资者投入方式。按照投资合同或协议约定的价值确定无形资产的取得成本；若合同或协议约定价值不公允的，则按无形资产的公允价值作为无形资产初始成本入账。

②非货币性资产交换方式，按照《企业会计准则第 7 号——非货币性资产交换》（财会〔2019〕8 号）确定。

③债务重组方式。按照《企业会计准则第 12 号——债务重组》（财会〔2019〕9 号）确定。

④政府补助方式。按照《企业会计准则第 16 号——政府补助》（财会〔2017〕15 号）确定。

⑤企业合并方式。按照《企业会计准则第 20 号——企业合并》（财会〔2006〕3 号）确定。

（3）后续计量。使用寿命无限的无形资产在年末进行减值测试；使用寿命有限的无形资产按受益期摊销，摊销金额计入当期损益。企业在对确认为无形资产的数据资源的使用寿命进行估计时，应当考虑无形资产准则应用指南规定的因素，并重点关注数据资源相关业务未来盈利实现模式、权利限制、更新频率和时效性、有关产品或技术迭代、同类竞品等因素。

（4）出售等处置。主要指数据资源不再为企业所用，并对其进行出售、对外出租、对外捐赠，或者无法给企业带来未来经济利益时终止确认并转销。企业在持有确认为无形资产的数据资源期间，利用数据资源对客户提供服务的，应当按照无形资产准则、无形资产准则应用指南等，将无形资产的摊销金额计入当期损益或相关资产成本；同时，企业应当按照收入准则等确认相关收入。除上述情形，企业利用数据资源对客户提供服务的，应当按照收入准则等确认相关收入，符合有关条件的应当确认合同履约成本。企业数据资源无法满足可变现、可控制、可量化 3 个确认原则时不能确认为数据资产。企业出售非资产类的数据资源，应当按照收入准则等确认营业外收入。

5.3.3 操作要点

1. 基于应用场景进行价值评估

企业实践表明，数据资产价值的释放与应用场景存在密切联系，而与数据资产的历史成本并不存在必然关系。因此，数据资产能否突破传统的计量方式，基于应用场景进行价值评估并形成一种新的计量属性，需要深入研究。

2. 例外情况

存在这 3 种情况的数据资源无法确认为资产：一是企业的原始数据来源不合法不合规，可能涉及违反《中华人民共和国个人信息保护法》等法律法规，对相关数据的拥有或控制并不具有合法性；二是企业的数据资源虽然符合资产的定义，但没有实际的数据资源应用场景，要么无法从中挖掘形成有价值的数据产品，要么无法对外出售来实现经济利益，因而无法预期数据资源有关的经济利益很可能流入企业；三是企业的数据资源符合资产的定义，该数据资源有关的经济利益很可能流入企业，但企业尚未建立数据资源的成本费用分摊机制，导致成本费用很难可靠计量，因此也不能作为资产来确认。

3. 目前数据资源入表面临的十大难题

（1）成本归集难。其原因在于企业组织架构和数据产品开发条线匹配度较低，企业首先需要科学规划业务流程来应对，从数据采集、清洗、建模、存储、销售等一系列生产经营活动的高效管理做起。

（2）收入与成本匹配难。这一难题的核心在于数据产品销售模式和研发模式不协调，企业需要重新调整数据产品销售模式和定价方式来应对。

（3）数据资产资本化标准确认难。原因是企业研究和开发数据产品的时间点判断不确定，企业应该重新调整产品立项和管理流程。

（4）公共数据授权期限确认难。针对企业与公共部门联合运营的场景，建议企业与有关部门洽谈授权合约时充分考虑自身商业模式和渠道管理能力。

（5）数据研发和使用场景差异过大，导致资产确认条件难。针对部分金融日频数据的使用场景，建议企业认真分析高频数据使用场景是否符合资产确认条件，秉承不高估资产的原则，对不符合条件的部分仅列入主营业务成本。

（6）数据资产摊销方法选择难。建议企业合理评价自身的业务场景，选择合适的方法并一致运用于会计期间。

（7）摊销年限确认难。这一难题的核心痛点在于数据产品使用时效性导致企业难以判断该产品的使用寿命。建议企业提高数据产品管理能力，加强对市场和业务模式的研究并合理判断数据资产的摊销年限。

（8）数据资产税会政策差异应对难。这一难题的核心在于税法对于数据资产摊销年限的要求与会计准则不一致。建议企业合理选择摊销年限并认真分析税会差异，并形成一些可行措施。

（9）数据资产时效性强导致部分资产可能存在即时失效的问题，从而导致数据资产报表规模波动较大。企业应该审慎确认数据资产并提高对数据资产全生命周期的管理能力。

（10）数据资产在集团层面的会计核算难。这一难题的核心在于集团公司和子公司特殊的关系，建议集团应统筹建立和完善数据资源相关的成本核算制度。

5.3.4　职能分工

数据资源入表是企业一项重要战略工作，具体实施需要内部相关部门的共同参与；同时，也需要外部单位如会计师事务所、律师事务所和评估机构的协同推动。其中内部需要参与的部门及其职责主要有：

（1）决策机构。主要为董事会。

（2）数据部门。专门开展数据资产管理。

（3）财务部门。完成数据资源入表、数据资产资本化。

（4）IT部门。推动数据产品开发。

（5）业务部门。将数据作为无形资产或存货对外销售。

5.3.5 相关专业服务资源

企业进行数据资源入表工作时外部需要参与的机构主要有：

（1）数据交易机构。为数据提供方、数据接受方提供交易渠道，是专门负责组织、协调和管理数据资产交易的机构。负责完成数据确权及交易撮合。

（2）数据治理机构（数据厂商）。完成数据治理及质量评估，进行数据业务及产品开发，快速输出数据产品。

（3）律师事务所。从数据权属和法律属性角度完成合规评估与审查，确保业务不触碰法律红线。

（4）会计师事务所。协助企业从财务角度完成数据资源入表全流程，确保入表方式正确、符合审计要求。

（5）数据资产评估机构。在评估数据资产价值时，负责制定数据资产评估标准和方法，进行数据资产评估定价。

（6）银行等金融机构。在数据资源变现时，提供融资渠道，激活数据要素价值，实现数据资产资本化。

（7）科研院校。提供数据要素规划与设计，推进数据资源入表研究，参与全流程的数据资源入表政策咨询和个性化案例服务。

5.3.6 数据资源模拟入表操作示例

X 公司是一家物流公司，建立了有效的数据治理体系，多年来通过自身业务合法积累了海量数据，结合部分外部购买的数据，经过加工和清洗逐渐形成了区域性居民消费数据库。商家有意向订阅该数据库用于库存管理和制订营销方案时的参考。

X 公司区域性居民消费数据库于 2024 年 1 月 31 日完成开发，拟根据《暂行规定》将该数据库作为数据资产列入财务报表，根据如下步骤确认入表金额：

（1）确认数据资源的范围。X 公司该无形资产涉及数据范围较广，包括：①业务过程中自然沉淀的原始数据，如个人客户信息、企业客户信息及其他正常业务数据等；②在该无形资产的研发过程中，通过对数据的脱敏清洗、标注、分析，X 公司获得了可供数据库使用的数据；③同时，X 公司在收集和处理数据的过程中，建立了数据质量管理系统，并开发相关算法，实现自动核对和存储数据，完成数据质量监控，以便及时发现和处理问题。根据《企业会计准则——基本准则》（财政部令第 76 号）第二十条“资产是指企业过去的交易或者事项形成的、由企业拥有或者控制的、预期会给企业带来经济利益的资源”，判定 X 公司符合该定义的数据资源范围锁定在该定义中的第 2 和第 3 类数据资源。

（2）确认资产类别。根据分析，数据库符合数据资产的定义，且以不转让数据权属或非排他性的形式对外提供服务，故 X 公司该数据库可以确认为无形资产。

（3）成本的归集。无形资产根据历史成本计量，包含直接成本和间接成本，其中直接成本为形成数据资产直接相关的活动的重置成本；间接成本包括贴源层和共享层的数据成本，根据血缘分析和适用成本归集因子，如引用频次等分摊后的成本，一般情况下包含相关人工成本、设备使用成本等。

基于上述分析，X 公司于 2024 年 1 月 31 日确认数据资源无形资产 120 万元，按照 10 年以直线摊销法进行摊销，残值为 0，当月计提摊销 1 万元，假设不考虑税费，入表前后财务数据变化见表 5-1、表 5-2、表 5-3。

表 5-1　X 公司 2024 年 1 月 31 日简化资产负债表　（单位：万元）

科目	入表前	入表后	差异
银行存款	100	100	
应收账款	1000	1000	
流动资产合计	1100	1100	
无形资产		119	119
其他非流动资产	1000	1000	
非流动资产合计	1000	1119	119
总资产合计	2100	2119	119
应付账款	1100	1100	

（续）

科目	入表前	入表后	差异
流动负债合计	1100	1100	
非流动负债合计			
负债合计	1100	1100	
股本及其他	500	500	
未分配利润	500	619	
所有者权益	1000	1119	119
负债及所有者权益合计	2100	2219	119

表 5-2　X 公司 2024 年 1 月 31 日简化利润表　（单位：万元）

科目	入表前	入表后	差异
收入	1000	1000	—
成本	500	500	
研发费用	200	81	-119
其他费用	200	200	—
利润总额	100	219	119
净利润	100	219	119

表 5-3　X 公司数据资源入表前后部分关键财务指标变化　（单位：%）

科目	入表前	入表后	差异
净利率	10.0	21.9	11.9
权益净利率	10.0	19.6	9.6
资产净利率	4.8	9.9	5.1
资产负债率	52.0	50.0	-2.0

5.4　数据预期经济利益及可行性分析

在数据资产确认环节，明确数据资产的确认条件才能让数据资产找到“归属”。从资产定义出发，《企业会计准则——基本准则》将资产定义为“企业过去的交易或者事项形成的、由企业拥有或者控制的、预期会给企业带来经济利益的资源”。同时企业将一项资源在会计上确认为一项资产，还应满足以下两个条件：一是与该资源有关的经济利益很可能流入企业（一般指概率大于 50%）；二是该资源的成本或者价值能够可靠地计量。因此，数据预期经济利益分析是数据资源入表过程中的关键环节，旨在评估数据资源对企业未来经济效益的贡献，以及实现这些效益的可能性。

在数据资源预期经济利益的可行性分析层面，建议结合企业不同的数据资源分类、业务交互需求和商业应用场景（数据产品和服务）分类，通过建立企业内部数据资产价值评估体系，采用货币化度量业务应用场景价值与数据资源取得成本的方式，开展对相关数据资源相关经济价值的衡量、数据资源投入产出效益的评价，夯实经济利益的分析基础。

5.4.1　操作内容

1. 识别数据资源对企业业务流程的潜在影响

目的：明确数据资源如何影响企业的运营效率、成本控制、市场定位等关键业务流程。

方法：通过数据分析识别哪些业务流程可以通过数据资源的利用得到改进，如通过客户数据分析优化库存管理，或通过市场数据预测改善产品开发流程。

结果：形成一份详细的报告，列出数据资源对业务流程的具体影响点和潜在改进空间。

2. 评估数据资源在不同业务场景中的应用价值

目的：确定数据资源在不同业务场景下能够创造的价值，如提升销售、优化客户体验等。

方法：运用市场分析、客户调研等手段，评估数据资源在直接销售、市场分析、产品开发等场景中的应用潜力。

结果：创建应用价值矩阵，展示数据资源在各个业务场景中的价值大小和实现难易程度。

3. 分析数据资源的消耗方式

目的：了解数据资源在企业内部和外部是如何被利用的，以及这些利用方式对企业的具体贡献。

方法：通过内部访谈、流程审查等手段，分析数据资源的使用模式，如数据驱动的决策支持、客户个性化服务等。

结果：制定数据资源消耗的流程图和说明文档，详细描述数据资源的使用方式和效益。

4. 预测数据资源带来的未来现金流

目的：量化数据资源对未来企业财务状况的贡献，包括预期收入和成本节约。

方法：建立财务模型，预测数据资源在未来一段时间内可能带来的收益和成本节约，计算其现值。

结果：提供一份包含预测现金流、收益增长率和投资回报率的财务预测报告。

5. 确定经济利益流入的可能性

目的：评估数据资源带来的经济利益实现的概率，确保企业对数据资源价值的合理预期。

方法：结合市场分析、竞争环境、内部能力等因素，对经济利益流入的概率进行定性和定量评估。

结果：得出数据资源经济利益流入的概率评估，为数据资源的管理和投资决策提供依据。

5.4.2 操作步骤

1. 数据资源识别与分类

企业需要识别和分类其拥有的数据资源，包括内部生成的数据和外部获取的数据，详细审查企业内部数据存储、采集方式和数据来源，建立数据资源目录，并根据数据类型、来源和用途对数据资源进行分类，为后续分析打下基础。

2. 市场与客户分析

运用市场研究工具和客户关系管理系统，收集和分析市场趋势和客户行为数据，识别目标市场和客户群体，评估数据资源在这些群体中的需求和潜在价值。

3. 策略制定

结合数据资源的特点和市场分析结果，制定数据资源的商业化策略和实施计划，确定数据资源的开发、应用和服务模式，以及预期的商业模式和收入来源。

4. 经济效益预测

利用历史数据和行业基准，建立预测模型，使用财务模型预测数据资源投入对企业收入、成本和利润的影响，包括直接和间接效益。考虑数据资源使用过程中可能产生的直接和间接成本，计算净现值和内部收益率。

5. 风险评估

分析可能影响数据资源经济利益实现的风险因素，如市场变化、技术过时、数据安全和隐私问题等。评估这些风险对数据资源经济利益实现的影响，并制定相应的风险缓解措施。

6. 可行性分析

对数据资源的商业化策略进行全面的可行性分析，综合考虑技术可行性、市场需求、财务可行性和法律合规性，评估数据资源商业化策略的可行性，确保策略的实施符合技术发展、市场需求和财务能力。同时，还要考虑数据资源的生命周期，评估长期维持和更新数据资源的可行性。

7. 实施与监控

根据商业化策略和实施计划，执行数据资源的开发和应用项目。定期监控其经济效益，确保数据资源的经济利益能够按预期流入企业。

8. 调整与优化

根据监控结果和市场反馈，对数据资源的商业化策略进行必要的调整和优化。持续改进数据资源的管理、应用和服务，以适应市场变化和提升竞争力。

5.4.3　操作要点

1. 数据资源的全面识别与有效分类

入表前，企业首先需要全面识别和分类其拥有的所有数据资源，包括从内部业务流程中生成的数据和从外部渠道获取的数据。这一步骤对于后续的分析、管理和战略规划至关重要。数据资源的准确分类不仅有助于建立详尽的数据目录，还能够确保数据的高效利用和有效管理。企业应当记录数据的来源、类型、使用频率，以及它们如何与关键业务流程相互作用，从而为数据资源的进一步利用奠定坚实的基础。

2. 深入的市场与客户分析

对市场的深入了解和对客户需求的准确洞察是数据资源价值实现的基础。企业应当运用可靠的市场研究方法和工具来收集和分析数据，以便识别市场中的潜在机会和挑战。同时，企业还需要关注行业趋势和竞争对手的动态，以便在竞争激烈的市场中保持领先。通过对客户数据的深入分析，企业可以更好地理解客户需求，从而制定更符合市场导向的产品和服务策略。

3. 策略的制定与灵活调整

数据资源的有效利用需要基于企业的战略目标和现有资源能力来制定明确的策略。这些策略应当考虑到技术实施的可行性、市场需求的现实性及财务预算的限制。同时，策略的制定也应当具有一定的灵活性，以便能够根据市场变化和业务需求的演进及时调整。这要求企业在策略规划阶段就考虑到各种可能的变化因素，并准备好相应的应对措施。

4. 经济效益的准确预测与风险的系统评估

在评估数据资源的经济效益时，企业需要建立合理的财务模型，考虑所有相关的收益和成本因素，并使用适当的折现率来计算未来现金流的现值。预测应当基于最准确的历史数据和市场分析，避免过度乐观或悲观的偏差。同时，企业还需要识别所有可能影响数据资源价值实现的风险，并对这些风险进行定量和定性分析。通过制订风险缓解计划，企业可以降低潜在风险对财务和运营的不利影响。

5. 持续的实施监控与策略优化

有效的数据资源管理不仅需要制订良好的策略规划，还需要持续地实施监控和策略优化。企业应当制订详细的实施计划，包括时间表、责任分配和资源配置，并通过建立监控机制定期跟踪项目进展和经济效益。此外，企业还需要与各利益相关者保持良好的沟通，确保项目的透明度和可追溯性。根据监控结果和市场反馈，企业应及时调整数据资源的商业化策略，并持续优化数据资源的管理、应用和服务，以适应市场变化和提升竞争力。通过这种持续的评估和优化，企业可以确保数据资源的长期价值最大化。

5.4.4　职能分工

数据预期经济利益及可行性分析步骤及涉及的部门见图 5-13。

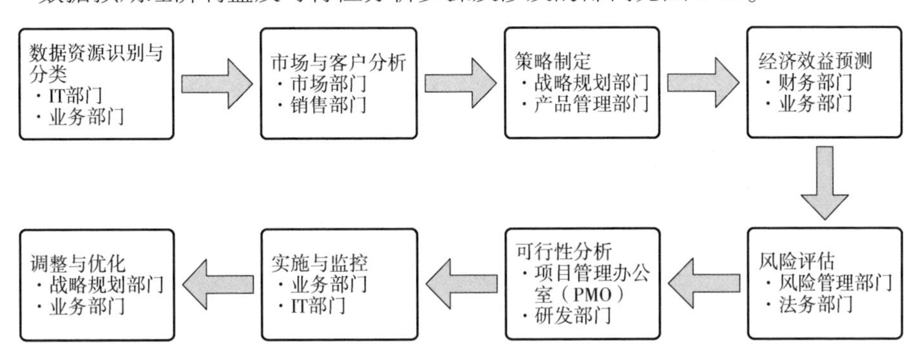

图 5-13　数据预期经济利益及可行性分析步骤及涉及的部门

1. 数据资源识别与分类

IT 部门：负责提供数据资源的存储、处理和维护信息，协助识别数据类型和来源。

业务部门：提供业务流程和数据应用的专业知识，帮助分类数据资源并识别其与业务流程的关联。

2. 市场与客户分析

市场部门：进行市场趋势分析和客户调研，提供市场数据和客户需求见解。

销售部门：提供客户反馈和销售数据，支持市场分析和客户行为模式的识别。

3. 策略制定

战略规划部门：基于市场和客户分析，制定数据资源的长期商业化策略。

产品管理部门：根据策略规划具体的数据产品和服务，以及数据资源的应用场景。

4. 经济效益预测

财务部门：建立财务模型，预测数据资源相关的收益和成本，进行现值计算。

业务部门：提供业务数据和成本信息，协助财务部门进行经济效益预测。

5. 风险评估

风险管理部门：识别与数据资源相关的潜在风险，并提出风险缓解措施。

法务部门：评估法律和合规风险，确保数据资源的使用符合法律法规要求。

6. 可行性分析

项目管理办公室（PMO）：评估数据资源商业化策略实施的可行性，制订项目计划。

研发部门：从技术角度评估数据资源开发和应用的可行性。

7. 实施与监控

业务部门：负责执行数据资源的商业化计划，并监控项目进展和效益。

IT 部门：确保数据资源的技术支持和系统实施。

8. 调整与优化

战略规划部门：根据市场反馈和监控结果，调整数据资源的商业化策略。

业务部门：根据调整后的策略，优化数据资源的应用和业务流程。

5.4.5 操作示例

1. 零售公司客户购买数据分析

背景：某零售公司希望利用其积累的客户购买数据优化产品推荐系统，提高销售额和客户满意度。该公司拥有大量交易记录、客户反馈和市场调研数据。

实施步骤：

该公司客户购买数据预期经济利益及可行性分析如下：

(1) 数据资源识别与分类。识别包含交易记录、客户反馈和市场调研的数据资源；将数据分类为内部生成数据（交易记录、客户反馈）和外部获取数据（市场调研）。

（2）市场与客户分析。通过数据分析工具，识别了高价值客户群体的特征和购买偏好；分析不同客户群体对产品类别的偏好，以及市场趋势对购买行为的影响。

（3）策略制定。基于分析结果，制定个性化推荐策略，旨在提升客户购买体验；规划数据资源在产品推荐系统中的应用，以及如何通过数据分析改进库存管理。

（4）经济效益预测。使用历史销售数据和客户购买模式，预测推荐系统实施后的预期销售增长；计算推荐系统可能带来的成本节约和收益增加，包括直接收益和间接收益。

（5）风险评估。识别数据安全和隐私保护的潜在风险，以及市场变化可能对策略有效性的影响；制定风险缓解措施，如加强数据加密和客户隐私保护政策。

（6）可行性分析。评估技术实施的可行性，包括所需的软件升级和硬件投资；考虑市场接受度和客户对个性化推荐的接受程度。

（7）实施与监控。按照项目计划，部署新的推荐系统，并监控系统的性能和客户反馈；定期评估推荐系统带来的经济效益，确保项目目标的实现。

（8）调整与优化。根据客户反馈和市场变化，不断调整推荐算法，优化产品推荐的相关性和准确性；持续跟踪推荐系统的效果，确保其长期为公司带来经济利益。

2. 金融机构信贷风险数据分析

背景：一家金融机构希望利用客户的信贷数据来改善信贷风险评估模型，降低坏账率。该机构拥有客户的信用历史、还款记录和财务状况数据。

实施步骤：

该机构信贷风险数据预期经济利益及可行性分析如下：

（1）数据资源识别与分类。识别包括信用历史、还款记录和财务状况在内的信贷数据资源；将数据分类为个人信贷数据和企业信贷数据。

（2）市场与客户分析。分析不同客户群体的信贷行为和违约风险；研究市场经济条件对信贷风险的影响。

（3）策略制定。制定基于数据的信贷风险评估策略，以提高风险预测的准确性；规划如何利用数据分析结果来调整信贷政策和风险控制措施。

（4）经济效益预测。预测改进风险评估模型后可能减少的坏账损失和增加的收益；评估投资于数据分析和风险管理系统的潜在回报。

（5）风险评估。识别数据模型可能存在的偏差和误判风险；制定包括定期模型审查和调整在内的风险管理策略。

（6）可行性分析。评估实施新风险评估模型的技术可行性和操作流程的可操作性；考虑员工培训和系统升级的需求。

（7）实施与监控。实施新的信贷风险评估模型，并监控模型的性能和效果；跟踪风险评估改进措施对坏账率的影响。

（8）调整与优化。根据监控结果和市场反馈，不断优化风险评估模型，提高其预测准确性；定期回顾和更新风险控制策略，确保其与当前市场状况和法规要求保持一致。

5.5 相关成本归集及分摊

数据资源入表的首要前提，是要满足相关成本能够可靠计量的条件。鉴于数据资源的特殊性，应合理地归集和分摊成本，以保证数据资源成本的准确性和完整性。

5.5.1 数据资源成本构成

数据资源成本包括数据资源获取成本、加工成本、存储成本和管理成本 4 个部分，见图 5-14。

（1）数据资源获取成本。按获取方式又分为外购成本和内部采集成本。其中，外购成本包括购买价款及税费、加工支出、人员成本等；内部采集成本包括技术投入、采集人员成本、采集终端设备成本、采集系统成本、其他获取成本。见表 5-4。

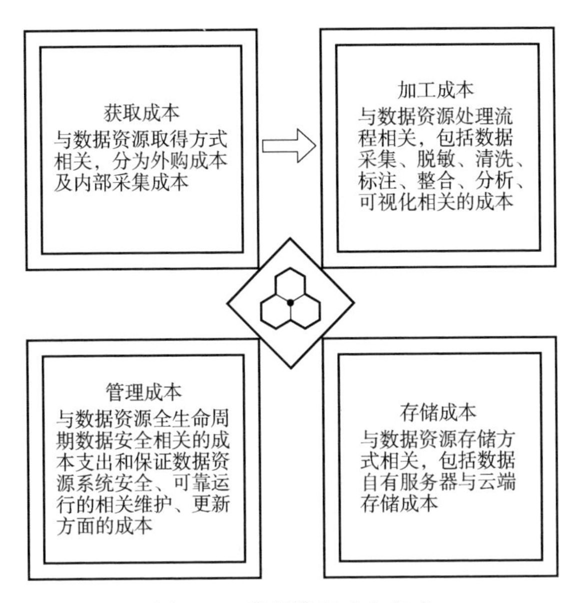

图 5-14　数据资源成本组成

表 5-4　数据资源成本构成

取得方式	成本构成	注意事项
外购的数据资源	购买价款及税费+加工支出+人员成本（采购人员、其他人员）+存储成本+数据权属鉴证、质量评估、登记结算支出+安全管理支出	仅获得数据使用权，且无法通过外部交易方式获得未来收益，只能费用化
内部采集的数据资源（主动研发的数据资源、伴生的数据资源）	技术投入+采集人员成本+采集终端设备成本+采集系统成本+其他获取成本	1. 研究阶段费用化，开发阶段资本化，无法区分的研究和开发支出全部费用化，计入当期损益 2. 数据的获取、确认、预处理阶段，数据价值不确定性风险较大，发生的成本支出应全部费用化，计入当期损益 3. 数据的分析、挖掘、应用带来的经济利益的确定性较高，该步骤的支出满足资本化条件的可资本化，计入数据资产成本

（2）数据资源加工成本。包括加工人员成本、加工系统成本和其他加工成本。

（3）数据资源存储成本。包括存储设备成本和其他存储成本。

（4）数据资源管理成本。按管理方向不同，又分为数据资源维护成本、数据安全成本和数据资源更新成本。其中，数据资源维护成本包括数据维护人员成本和数据维护系统成本；数据安全成本包括数据管理成本和安全维护成本；数据资源更新成本包括更新升级人员成本和更新升级系统成本。

5.5.2 数据资源成本分类

数据资源成本按成本的发生与数据资源形成的关系可分为直接成本和间接成本。

（1）直接成本。直接成本指直接归集计入成本核算对象的相关成本核算项目，如数据采购成本、数据开发人工成本、数据存储成本等。

（2）间接成本。间接成本是指虽与数据资源相关，但因不同产品共同使用而需进一步合理分配后计入不同的成本核算对象，如使用设备开发相关数据资源所计提的折旧、数据资源存储和运行过程中使用的电费、数据平台建设（软件）成本等。间接成本的合理、常规分摊方式可参照采用如下方法：

1）开发相关数据资源所耗费的工时，依托工时统计表。

2）开发相关数据资源所需的硬件运行小时数，依托设备运行小时数统计表。

3）拟开发数据资源的未来预期经济收益，依托同期各数据资源未来收益统计表。

5.5.3 数据资源成本测算

（1）数据资源生命周期成本要素及其成本分摊机制见表5-5。

表5-5 数据资源生命周期成本要素及成本分摊机制

数据资源生命周期成本要素	适用分摊机制			
	名称	定义	内容	分摊方法
数据资源采集/外购	直接成本	直接归集计入成本核算对象的相关成本核算项目	1. 外购数据资源购买价款及税费、专属数据的加工开发成本，如单一数据产品的清洗、标注、整合、分析及可视化 2. 数据资源权属鉴证、测量评估、登记结算	直接归集

（续）

数据资源生命周期成本要素	适用分摊机制			
	名称	定义	内容	分摊方法
数据资源设计、实施、测试、部署、运维、优化、退役、迁移	间接成本	选择合理的分配标准分配计入不同的成本核算对象	1. 数据产生过程中即发生的数据采集、调用成本 2. 存储至不同数据库时发生的数据资源存储成本 3. 数据设计与建模、开发、测试过程中使用的公共计算机资源，如数据湖、数据仓库等固定资产设备损耗、保障各项设备和工作正常运转的公共治理成本、安全管理成本	1. 通常以成本动因占比的方式确定 2. 成本动因包括开发相关数据资源所耗费的人员工时、开发相关所需的硬件运行时间、数据资源的存储量、未来经济收益预期、可变成本总额和直接成本总额等

（2）确认为无形资产的数据资源成本及其财务处理见图 5-15。

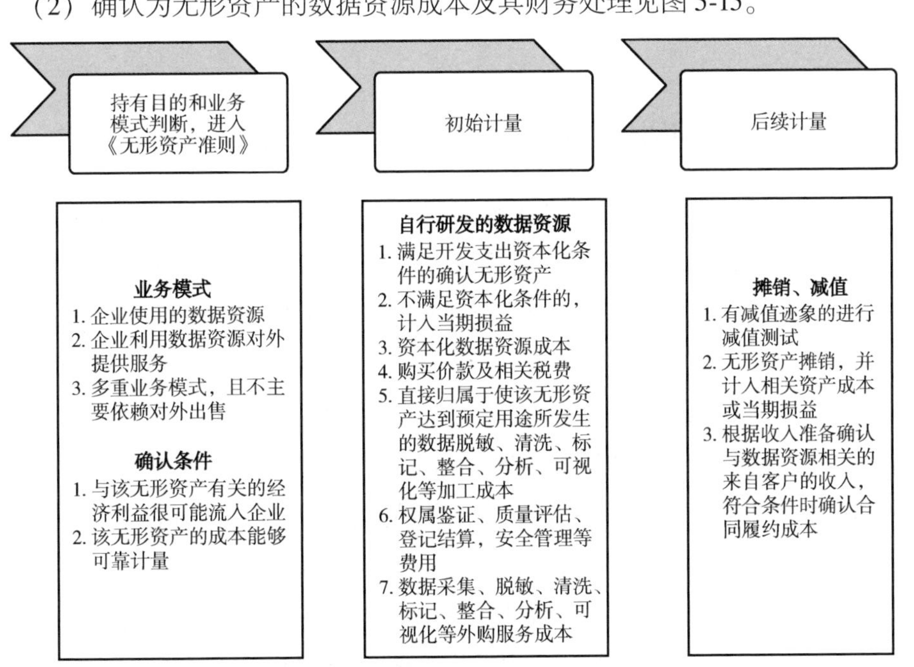

图 5-15　确认为无形资产的数据资源成本及其财务处理

（3）确认为存货的数据资源成本计量及其账务处理见图 5-16。

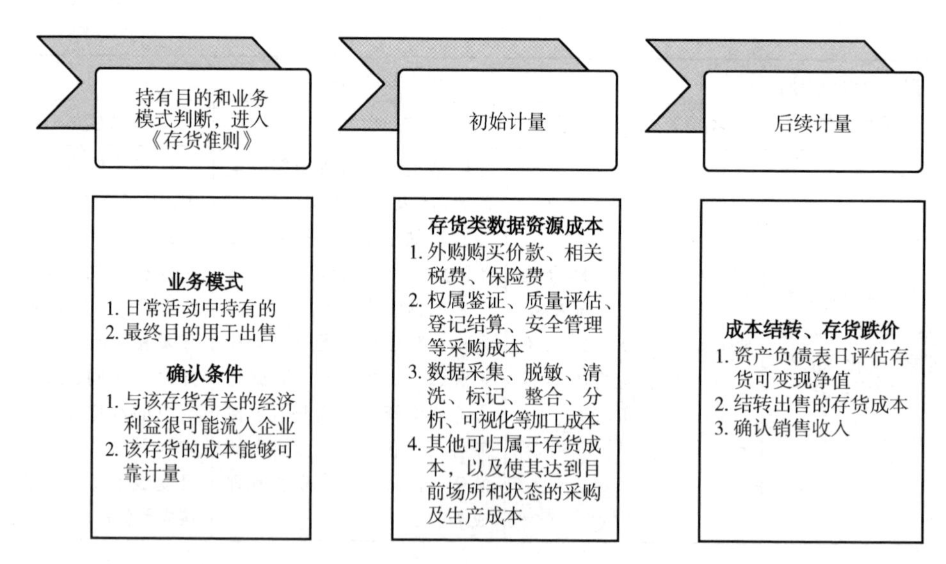

图 5-16　确认为存货的数据资源成本计量及其账务处理

5.6　数据资源列报与披露

《暂行规定》要求企业根据重要性原则，结合实际情况增设报表子项目，并通过表格方式细化披露。同时，《暂行规定》对于入表的数据资源的一般性强制披露要求与现有无形资产准则和存货准则要求基本一致。此外，《暂行规定》还提出企业可根据实际情况自愿披露数据资源的应用场景或业务模式、原始数据类型来源、加工维护和安全保护情况、涉及的重大交易事项、相关权利失效和受限等相关信息，引导企业主动加强数据资源相关信息披露。

新增披露要求尽管会给企业带来一定的披露成本，但是适当的披露有利于将企业已经费用化的数据投入显性化，将企业的隐形价值可视化、透明化，有利于驱动企业价值的提升。此外，根据数据资源评估的参数、假设与模型的披露要求，也将倒逼企业建立更加精细的内部管理流程，帮助企业厘清数据资源价值的构成、来源和实现方式。

5.6.1　列报

1. 列报方式

遵循企业会计准则及《暂行规定》的相关要求，企业需根据重要性原则和自身实际情况，对数据资源持有目的、形成方式、业务模式及预期经济利益消耗方式等信息进行分析，并对数据资源相关交易和事项进行会计确认、计量和报告，并在资产负债表中以报表子项目的形式单独列报。

2. 列报内容

企业应结合自身实际情况并根据重要性原则进行数据资源列报，具体示例见表 5-6。

表 5-6　数据资源列报会计科目示例

列报方式一		列报方式二	
科目	期末余额	科目	期末余额
流动资产		流动资产	
存货		……	
合同资产		存货	
……		其中：数据资源	
非流动资产		……	
……		非流动资产	
固定资产		……	
开发支出		固定资产	
使用权资产		无形资产	
……		其中：数据资源	
		开发支出	
		其中：数据资源	

注：应当根据重要性原则并结合企业的实际情况决定是否列示“其中：数据资源”科目。

5.6.2　披露

1. 披露方式

数据资源的披露是企业在财务报告和信息披露中向外界展示其数据资产的重

要方式，数据资源的披露可以采取强制披露和自愿披露两种方式，具体内容见图 5-17。其中，自愿披露是主动选择行为，旨在展示其在数据资源领域的投入和成效，增加对外界的透明度。自愿披露的相关信息包括：针对企业的实际情况自愿披露与数据资源相关的其他重要信息，如数据资源的市场前景、未来利用计划、数据资源的专有性或竞争优势等。

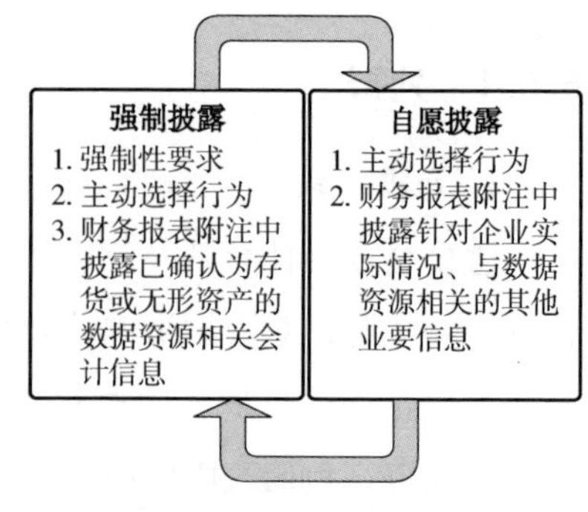

图 5-17　数据资源披露具体内容

2. 披露内容

数据资源的披露内容主要包括强制披露的确认为无形资产和存货的数据资源相关信息，以及其他自愿披露的相关信息。

（1）确认为无形资产和存货的数据资源相关信息强制披露。企业应根据《企业会计准则》及相关规定，对确认为无形资产或者存货的数据资源进行披露。具体应当披露的内容见图 5-18 和图 5-19。

<table>
<tr><th colspan="2">资产负债表</th></tr>
<tr><td colspan="2">根据重要性，在资产负债表中存货、无形资产或开发支出项下列示“其中”项</td></tr>
<tr><th colspan="2">损益表</th></tr>
<tr><td colspan="2">1. 数据资源减值——资产减值损失
2. 数据资源摊销——根据实际使用，计入主营业务成本（存货）、销售费用、管理费用
3. 数据资源出售——收入实现时，计入主营业务收入（存货）并结转主营业务成本（存货）或相关收入、成本项目</td></tr>
<tr><th colspan="2">附注</th></tr>
<tr><th>无形资产</th><th>存货</th></tr>
<tr><td>1. 数据资源变动表（增加、减少、减值准备等信息）
2. 使用寿命的估计情况及摊销方法、使用寿命不确定的判断依据
3. 摊销期、摊销方法或残值的变更内容、原因，以及对当期和未来期间的影响数
4. 重要的单项数据资源信息、所有权或使用权受到限制及用于担保的情况
5. 数据资源研究与开发支出，计入损益的金额与无形资产的金额
6. 数据资源减值信息
7. 划分为持有待售类别下数据资源无形资产有关信息</td><td>1. 数据资源变动表（增加、减少、跌价准备信息等）
2. 发出存货的计价方法——先进先出/加权平均等
3. 数据资源担保及权利受限信息
4. 重要的单项数据资源信息</td></tr>
</table>

图 5-18　数据资源无形资产或存货的强制披露内容

数据资源摊销

摊销年限及摊销方法确定需要考虑：
1. 数据资源类型及特征
2. 数据生命周期（时效性及迭代情况）
3. 预计使用场景
4. 外部技术及科技发展
5. 竞争对手预期采取的行动
6. 法律权属

数据资源可收回金额影响因素

数据特性、应用场景、数据权属及限制、数据稀缺性、可替代性、技术更新换代、数据安全状况、数据开发能力

数据资源减值

无形资产：
1. 可收回金额=孰高{公允价值−处置成本，使用价值}
2. 数据资源的未来价值可以通过估值确定
3. 数据资产通常并不能单独产生现金流，应纳入最低的现金流产生单元进行减值测试
4. 使用寿命无限的数据资源，每个资产负载表日进行减值测试
5. 使用寿命有限的数据资源，有减值迹象时进行减值测试

存货：
可变现净值=预计售价−预计完工要发生的成本−预计销售费用

图 5-19　数据资源无形资产或存货的其他强制披露内容

（2）数据资源其他相关信息的强制披露。经评估后对企业财务报表具有重要影响的数据资源，企业应对评估依据的信息来源、评估结论成立的假设前提和限制条件、评估方法的选择及各重要参数的来源、分析、比较与测算过程等信息进行披露，见图 5-20。

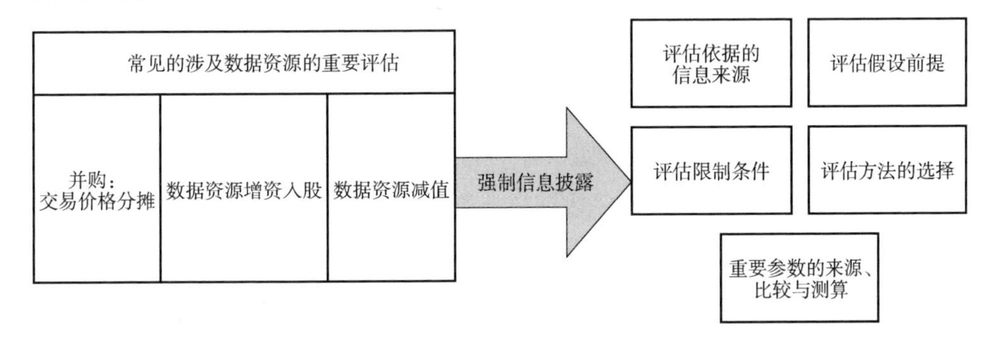

图 5-20　其他需要强制披露的信息

（3）数据资源其他相关信息自愿披露。除上述强制披露的内容，企业还可以自愿披露其他相关信息。这些信息的披露可以根据企业的具体情况和需要进行，以呈现企业在数据领域的投入和成效。自愿披露的信息主要涵盖数据资源的应用场景描述分析、来源的合规性、加工投入、应用现状、与重大交易事项相关的信息、相关权利失效情况，以及权利限制情况的信息。这些信息可以帮助企业

展示其数据资产管理和运用的透明度，增加投资者和利益相关者对企业的信任和理解，帮助投资者和潜在投资者更好地理解企业数据资源的经济价值和潜力所在。企业认为有必要披露的其他数据资源相关信息，包括但不限于数据资源管理策略和控制措施、数据资源价值的评估和变动情况、开发和创新、利用和价值实现、风险管理、未来的发展和规划等信息。

5.7 数据资产评估

5.7.1 数据资产评估的必要性

数据资产评估，指资产评估机构及其资产评估专业人员遵守法律、行政法规和资产评估准则，根据委托对评估基准日特定目的下的数据资产价值进行评定和估算，并出具资产评估报告的专业服务行为。

资产评估是促进资产交易公平合理进行的市场中介行为。数据资产评估是通过评估数据资产的价值，对数据资源配置进行优化的重要工具，是维护数据市场交易秩序、促进数据市场公平竞争不可或缺的环节。

按经济行为需要对数据资产进行评估的情形包括但不限于以下 9 种：

（1）数据资产转让。根据“数据二十条”，数据资产的产权包括数据资源持有权、数据加工使用权、数据产品经营权 3 种，相应地，数据资产的转让也包括数据资源持有权、数据加工使用权、数据产品经营权这 3 种权利类型的让渡。

（2）使用许可。使用他人数据资产的，应当与数据资源持有权人订立使用许可合同，向数据资源持有权人支付许可使用费。许可使用方式可以是普通许可、排他许可、独占许可等，一般可以通过资产评估来确定许可使用费或许可使用费率。

（3）以数据资产出资。按 2024 年 7 月 1 日起施行的《中华人民共和国公司法》第四十七条“有限责任公司的注册资本为在公司登记机关登记的全体股东认缴的出资额。全体股东认缴的出资额由股东按照公司章程的规定自公司成立之日起五年内缴足。法律、行政法规以及国务院决定对有限责任公司注册资本实缴、注册资本最低限额、股东出资期限另有规定的，从其规定”，第四十八条“股东可以用货币出资，也可以用实物、知识产权、土地使用权、股权、债权等可以用货币估价并可以依法转让的非货币财产作价出资；但是法律、行政法规规定不得作为出资的财产除外。对作为出资的非货币财产应当评估作价，核实财产，不得高估或者低估作价。法律、行政法规对评估作价有规定的，从其规定”，若股东以数据资产作为非货币财产出资，对数据资产也应当评估作价，且应在公司成立之日起 5 年内实缴到位。

（4）企业兼并重组。

（5）质押融资。数据资产作为企业的一项资产，可以用于质押融资。

（6）企业清算或司法重整。企业按章程解散或因破产宣布终止经营，以及因司法重整或预重整时，需对企业的财产、债权、债务进行全面清查，并进行收取债权、清偿债务和分配剩余财产的经济活动，数据资产作为企业整体资产的一部分，一并被评估后参照确定变卖价格。

（7）司法诉讼及司法执行阶段的财产处置。侵权损害赔偿的司法诉讼中涉及数据资产价值的，当事人可通过委托评估确定数据资产侵权损失金额。根据《最高人民法院关于人民法院确定财产处置参考价若干问题的规定》《人民法院委托评估工作规范》，法院执行财产处置时为确定数据资产的处置参考价值，需要对标的数据资产进行评估。

（8）财务报告。企业在编制财务报告时需要对会计期末已入表的无形资产类数据资产进行减值测试，应聘请评估机构对该项无形资产的可收回金额进行评估，如果需要对已入表的存货类数据资产进行减值测试，可以聘请评估机构对该项存货的可变现净值进行评估。企业在购买日进行合并对价分摊时，应对表内数据资产或识别出来的表外数据资产进行评估，确定其公允价值。

（9）资产证券化。以数据资产未来产生的现金流为偿付支持，通过结构化设计，发行数据资产支持证券专项计划的过程中，需要预测数据资产未来现金流量，为资产证券化行为提供价格参考。

5.7.2 操作内容

数据资产与传统资产相比具有独有的特征和价值影响因素，因此应基于传统的成本法、收益法、市场法，选择合适的衍生方法对影响数据资产价值的因素和特征进行修正处理。

1. 采用成本法评估数据资产价值

（1）概念、方法及应用条件。成本法是根据形成数据资产的成本进行价值评估。在该方法下，数据资产的价值由该资产的重置成本扣减各项贬值确定。其基本计算公式为

$$评估值=重置成本\times(1-贬值率)$$

或

$$评估值=重置成本-功能性贬值-经济性贬值$$

各项贬值因素可以通过价值调整系数的形式计算，即

$$P=C\delta$$

式中，P 为评估值；C 为重置成本；δ 为价值调整系数。

重置成本=前期费用+直接成本+间接成本+机会成本+相关税费。其中，前期费用主要指前期规划成本；直接成本包括数据从采集至加工形成资产过程中持续投入的成本；间接成本包括与数据资产直接相关的或者可以进行合理分摊的软硬件采购成本、基础设施成本及公共管理成本；机会成本包括考虑组织因购建、运营和维护数据资产而放弃经营其他业务和投资其他资产所对应的成本；相关税费包括数据资产形成过程中需要按规定缴纳的不可抵扣的税费等。

价值调整系数是对数据资产全部投入对应的期望状况与评估基准日数据资产实际状况之间所存在的差异进行调整的系数，如对数据资产期望质量与实际质量之间的差异等进行调整的系数。数据资产的价值调整系数计算主要有专家评价方法和剩余经济寿命法。专家评价方法综合考虑数据质量和数据应用价值等影响因素，并应用层次分析和模糊综合评价等方法对影响因素进行赋权，进而计算得出数据资产价值调整系数；剩余经济寿命法是通过对数据资产剩余经济寿命的预测

或者判断来确定价值调整系数的一种方法。

（2）前提条件。选择成本法的前提条件应包括：

1）数据资产能通过重置途径获得。

2）数据资产的重置成本及相关价值调整系数能够合理估算。

3）数据质量能够达到应用场景下所要求的基准。

（3）注意事项。采用成本法评估数据资产时应当注意：

1）根据形成数据资产所需的全部投入，分析数据资产价值与成本的关联程度，据此考虑成本法的适用性。

2）确定数据资产的重置成本，包括前期费用、直接成本、间接成本、机会成本和相关税费等。

3）确定数据资产价值调整系数。例如，对于需要进行质量因素调整的数据资产，可以结合相应质量因素综合确定调整系数；对于可以直接确定剩余经济寿命的数据资产，可结合剩余经济寿命确定调整系数。

2. 采用收益法评估数据资产价值

（1）概念、方法及应用条件。收益法是通过预计数据资产带来的收益估计其价值，基本计算公式为

$$P=\sum_{t=1}^{n}\frac{1}{F_t(1+i)^t}$$

式中，P 为评估值；t 为未来第 t 年；F_t 为数据资产未来第 t 个收益期的收益额；n 为剩余经济寿命期；i 为折现率。

在估算数据资产带来的预期收益时，需要区分数据资产和其他资产所获得的收益，分析与之有关的预期变动、收益期限、成本费用、配套资产、现金流量和风险因素等，并对收益预测所利用的财务信息和其他相关信息、评估前提和假设的合理性进行分析。在估算数据资产带来的预期收益时，采用直接收益预测、分成收益预测、超额收益预测、增量收益预测等方法对预期收益进行预测。

根据数据资产的历史应用情况及未来应用前景，结合应用或者拟应用数据资产的企业经营状况，重点分析数据资产经济收益的可预测性，考虑收益法的适用

性。收益法模型见图 5-21。

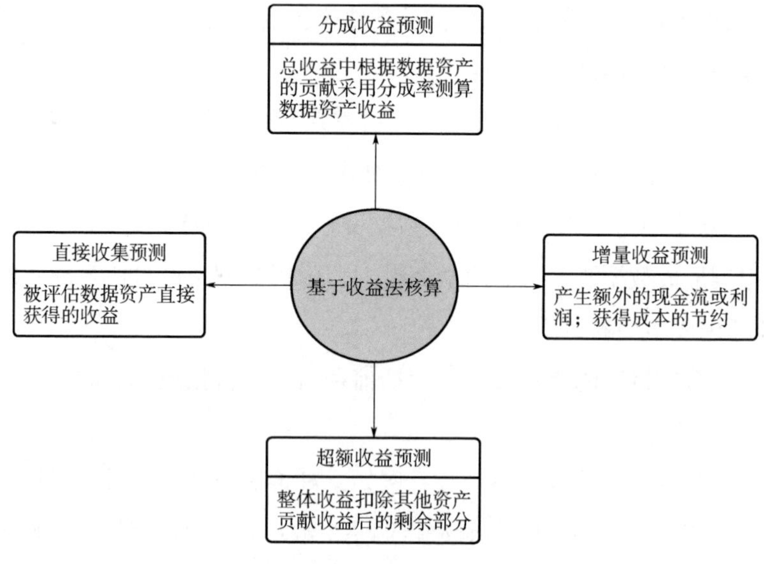

图 5-21 收益法模型

使用收益法进行数据资产评估时，需要综合考虑法律有效期限、相关合同有效期限、数据资产的经济寿命年限、更新时间、时效性和权利状况等因素合理确定收益期限。收益期限的选择需要考虑使数据资产达到稳定收益的期限和周期性等，且不得超出产品或者服务的合理收益期。折现率可以通过分析评估基准日的利率和投资回报率，以及数据资产实施过程中的管理、流通和数据安全等因素确定。数据资产折现率与预期收益的口径需要保持一致，可以采用风险累加法确定。此外，也可以采取其他能够充分反映投资报酬的、与收益口径和内涵一致的折现率确定方法。

（2）前提条件。采用收益法的前提条件应包括：

1）数据资产的收益是合法利用数据资产获得的。

2）数据资产的未来收益可以合理预期并用货币计量。

3）预期收益所对应的风险能够度量。

4）预期收益期限能够确定或合理预期。

5）数据质量能够达到应用场景下所要求的基准。

（3）案例解析。

案例一。A 企业利用“撞库”等手段，获取了某社交网站大量用户的手机号、身份证号、家庭住址、网银信息等，并打包出售给 B 企业。在本案例中，虽然 A 企业的数据“卖”给了 B 企业，获取了直接经济收益，但由于 A 企业获取及后续转让数据的行为违反了《中华人民共和国个人信息保护法》甚至《中华人民共和国刑法》等法律，不能确认为数据资产。

案例二。C 企业通过相关开源数据平台，免费下载了某国家法律条文、法律判决等数据集，用于司法人工智能研究。在该案例下，虽然 C 企业可以将该数据集加工成数据产品，对外提供服务并获取相关收益，但由于其数据来源是开源的数据平台，C 企业无法证明其对于该数据集的“合法拥有或控制”，因此，不能确认为数据资产。

案例三。D 公司是一家太空数据服务商。太空资产空间编目数据是太空资产的基础设施，由于国内商用太空资产数据编目尚属空白领域，建立一套我国自主可控的太空资产编目体系不仅对商业航天具有重要的意义，同时也具有国家战略意义。作为一家太空数据服务商，D 公司积累了大量空间目标编目、态势感知等系列数据产品及软件产品，助力卫星业主解决卫星运行的“路况”信息的痛点，填补了国内商业航天太空编目数据领域空白。考虑到 D 公司的数据资产主要用于服务其他商业客户，因此采用收益法进行评估更能反映其数据资产的价值，选用收益法评估的结果更为恰当。

3. 采用市场法评估数据资产价值

（1）概念、方法及应用条件。市场法是根据相同或者相似的数据资产的近期或者往期成交价格，通过对比分析，评估数据资产价值的方法。市场法可以采用分解成数据集后与参照数据集进行对比调整的方式进行，具体模型为

$$P=\sum_{i=1}^{n}\left(Q_i \times X_{i1} \times X_{i2} \times X_{i3} \times X_{i4} \times X_{i5}\right)$$

式中，P 为被评估数据资产价值；n 为被评估数据资产所分解成的数据集的个数；i 为被评估数据资产所分解成的数据集的序号；Q_i 为参照数据集的价值；X_{i1} 为质量调整系数；X_{i2} 为供求调整系数；X_{i3} 为期日调整系数；X_{i4} 为容量调整系数；

X_{i5} 为其他调整系数。

质量调整系数是指在估算被评估数据资产价值时，综合考虑数据质量对其价值影响的调整系数，相关质量评价指标可以参考《数据资产评估指导意见》附 3 “三、市场法相关模型示例”；供求调整系数是指在估算被评估数据资产价值时，综合考虑数据资产的市场规模、稀缺性及价值密度等因素对其价值影响的调整系数；期日调整系数是指在估算被评估数据资产价值时，综合考虑各可比案例在其交易时点的居民消费价格指数、行业价格指数等与被评估数据资产交易时点同口径指数的差异情况对其价值影响的调整系数；容量调整系数指在估算被评估数据资产价值时，综合考虑数据容量对其价值影响的调整系数；其他调整系数主要指在估算被评估数据资产价值时，综合考虑其他因素对其价值影响的调整系数。例如，数据资产的应用场景不同、适用范围不同等也会对其价值产生相应影响，可以根据实际情况考虑可比案例差异，选择可量化的其他调整系数。

（2）前提条件。选择市场法的前提条件应包括：

1）数据资产的可比参照物具有公开活跃的市场。

2）有关交易的必要信息可以获得，如交易价格、交易时间和交易条件等。

3）数据资产与可比参照物在交易市场、数量、价值影响因素、交易时间和交易类型等方面具有可比性，且这些可比方面可量化。

4）存在足够数量的可比参照物，通常不少于 3 个。

5）数据质量能够达到应用场景下所要求的基准。

（3）案例解析。

案例一。A 企业从其他多家企业购买了一系列原始数据集，但后续分析发现，从数据质量上看，其中一些数据集在准确性、真实性、关联性等方面有严重欠缺；从所属领域看，这些数据集分别属于金融、医疗、通信、能源、消费等不同领域，难以进行进一步的整合、分析等加工。在该案例中，尽管 A 企业前期花费了数据集的外购成本，也获得了大量原始数据，但难以与企业其他资源相结合来支持经营活动，同时在其所在领域也无法找到市场情况相类似的案例。因此，可以判断该数据无法挖掘形成有价值的数据产品或对外出售实现经济利益。

案例二。B企业从事智能财务共享业务，过程中涉及客户企业的费用报销、合同台账等数据。在该案例中，尽管B企业认为，如果取得客户授权，对原始数据脱敏并加工处理后的数据存在挖掘潜力，但由于财务数据市场尚不成熟，应用场景无法形成规模效应。因此，不能将B企业的数据确认为预期能够带来经济利益的数据资产。

案例三。C企业从事数据产品开发服务，其对轨道交通领域某细分行业和相关区域数据进行汇聚，形成相关分析工具，用于出售给轨道交通行业企业。在该案例中，由于轨道交通领域的数据交易市场细分行业仍在发育初期，缺乏统一的行业规范标准，行业认可度也不够高，因此在相关成本发生时不能满足“与该资源有关的经济利益很可能流入企业”的资产确认条件。

5.7.3　操作步骤

数据资产评估的过程见图5-22。

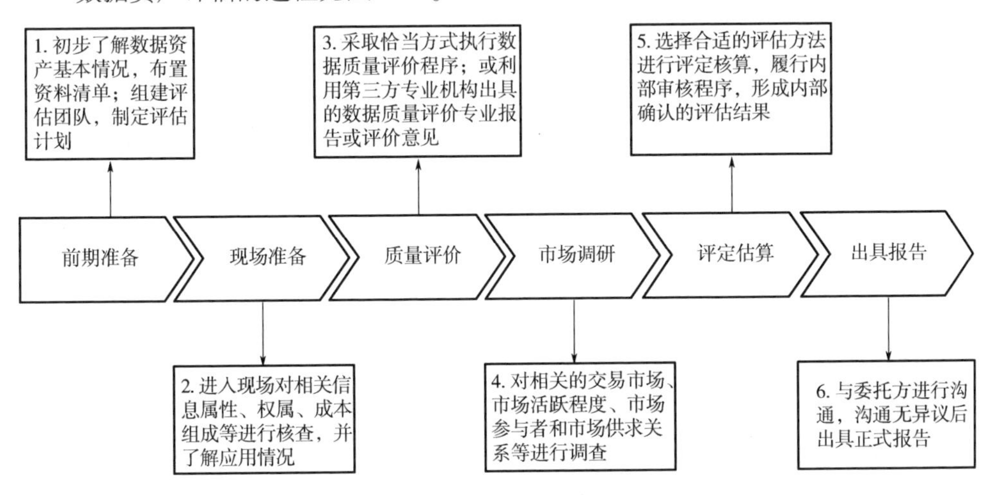

图5-22　数据资产评估过程

1. 前期准备

前期沟通交流首先应明确数据资产评估业务的基本事项，包括：

（1）委托人、产权持有人和委托人以外的其他资产评估报告使用人。

（2）评估目的。

（3）评估对象和评估范围。

（4）价值类型。

（5）评估基准日。

（6）资产评估项目所涉及的需要批准的经济行为的审批情况。

（7）资产评估报告使用范围。

（8）资产评估报告提交期限及方式。

（9）评估服务费及支付方式。

（10）委托人、其他相关当事人与资产评估机构及其资产评估专业人员工作配合和协助等需要明确的重要事项。

其次，在明确上述基本事项后，还需进一步明晰被评估数据资产的基本情况，如数据资产的信息属性、法律属性、价值属性等。信息属性主要包括数据名称、数据结构、数据字典、数据规模、数据周期、产生频率及存储方式等；法律属性主要包括授权主体信息、产权持有人信息，以及权利路径、权利类型、权利范围、权利期限、权利限制等权利信息；价值属性主要包括数据覆盖地域、数据所属行业、数据成本信息、数据应用场景、数据质量、数据稀缺性及可替代性等。

最后，在明确基本事项的基础上，评估人员与委托人、数据持有人及相关当事方共同协商制定评估工作方案，完成数据资产申报和数据资产评估资料准备。该阶段主要为初步了解数据资产基本情况，建立委托关系，布置资料清单。根据评估项目专业需求和工作量组建评估团队，制订评估计划，然后开展后续工作。

2. 现场准备

在掌握初步资料的基础上，进入现场对相关信息进行核查。核查内容主要包括：

（1）落实数据资产的信息属性，包括数据名称、数据结构、数据字典、数据规模、数据周期、产生频率及存储方式等。

（2）对数据资产权属核实，包括对数据资产的登记凭证及相关的专利权证书、软件著作权证书进行核实，核实方法包括凭证防伪标记验证或向登记中心查询核实，查阅与数据资产有关的数据购入合同、发票和付款凭证等。权属核实过程中应明确数据资产的法律属性，包括授权主体信息、产权持有人信息，以及权利路径、权利类型、权利范围、权利期限、权利限制等。

（3）对形成数据资产的前期费用、直接成本、间接成本、机会成本和相关税费等相关的原始记账凭证进行查实、汇总。

（4）与企业相关人员进行访谈，对数据资产的使用范围、应用场景、商业模式、市场前景、财务预测和应用风险等了解确认。

3. 质量评价

采取恰当方法执行数据质量评价程序，包括但不限于：层次分析法、模糊综合评价法和德尔菲法等，也可以利用第三方专业机构出具的数据质量评价专业报告或评价意见。

4. 市场调研

对与被评估数据资产相关的主要交易市场、市场活跃程度、市场参与者和市场供求关系等进行调查。同时通过市场调研，明确数据资产覆盖地域、所属行业、稀缺性及可替代性等价值属性。

5. 评定估算

评估人员根据收集的资料、现场调查及市场调研情况选择合适的评估方法进行评定估算，履行内部审核程序，形成内部确认的评估结果。

6. 出具报告

出具数据资产评估报告，并与委托方进行沟通，沟通无异议后出具正式报告。

5.7.4 操作要点

数据资产化的目标是促进数据要素充分使用和流通以发挥其经济社会价值，而这一价值创造过程需要科学公允的方式进行估计和记录。数据要素作为与土地、劳动力、资本、技术相并列的新型生产要素，其市场化尚处于起步阶段，因此，在进行数据资产评估的过程中，需要根据实际情况确定合适的评估思路，充分认识数据资产确权和价值确定方面存在的困难。

1. 确定合适的评估思路

企业初始获取数据资产和后续持有数据资产都需要对数据资产进行价值的评估，但数据的价值非常依赖商业场景，并且现阶段还没有公开活跃的市场决定其公允价值，使得数据资产的会计计量处于初始发展的状态。因此，在进行数据资产评估时，可以考虑以成熟市场为基本假设的公允估值思路，也要考察交易场景匮乏情况下相对可行的成本估值思路。但这两种思路都有各自的不足之处，需要加以注意。

基于公允价值的评估思路以成熟数据交易市场的存在性为假设，假定评估对象处于交易过程中，其交换价值由市场机制决定。考虑到数据具有价值易变的特征，其价值实现方式高度依赖场景，需要根据数据的典型应用场景和交易场景针对性地讨论估值方法。有研究提出采用现金流折现法。鉴于数据产品收益流的折现特征区别于传统产品，如数据产品更容易被盗版、转卖及免费获取，与此类似的技术风险、管理风险、市场风险等因素应在其折现率中体现。风险收益率的估计同样可运用专家打分法与层次分析法。如果数据资产可以直接交易，则可按买卖双方签订的数据交易协议的价格确定数据价值；也可考虑价格比较法，参考市场中相似数据的价格对评估对象进行定价。

采用成本思路进行估值主要存在以下问题：首先，数据资产的期望收益价值与生产成本有较大差距，成本法仅能保守地反映数据资产的价值下限，倾向于低估数据资产在财务报表上的价值；其次，在缺乏成熟数据市场的条件下，数据的质量与其成本往往并不对应，并非总是生产成本更高的数据资产使用价值更高；最后，由于数据资产不随使用而贬损，却因时间而降值，具有独特减值模式，在测算资产损耗时需做出特别评估。基于此，有研究提出对成本法进行调整，将数据的质量、减值、风险等特征作为影响因子来计算数据资产价值调整系数，对这3个影响因子的具体说明见表5-7。

表 5-7　企业数据资产价值影响因子

影响因子	评估指标	评估说明
数据质量	规范性	数据遵循命名、定义、结构等方面的基准，符合业务规则、元数据等的度量
	完整性	数据赋值和记录的完整程度
	准确性	数据内容是否符合预期、数据格式是否合规、数据重复率、唯一性等
	一致性	数据在多种场景下是否同步修改
数据减值	可访问性 时效性	1. 数据在有需求时是否能够及时获取，及在生命周期内是否可重复使用 2. 数据在评估期的价值创造能力是否折损
数据风险	技术风险 管理风险	1. 由黑客攻击、服务器宕机造成的数据泄露、数据损坏等风险 2. 由企业的数据管理水平决定的数据遗失、泄露等风险

目前数据生态处于萌发期，数据要素市场尚未成熟，大量企业数据资产应用场景和交易场景不足，数据资产核算准则仍处于探索期，应先谨慎按照历史成本法对数据资产进行计量。遵循基于成本的估值思路，结合对数据集质量、数据时效性及数据风险的评测，待数据要素的规制方案有所明确、交易基础设施建立健全、数据资产的应用场景进一步丰富、数据市场充分发展后，再采用公允价值法对数据资产进行后续持有时期的计量。具体而言：如果资产可直接交易，则按照成交价格估值；对于数据资产不可交易的情况，若经济收益路径清晰，则采用现金流折现法；若收益路径不清晰但数据标准化程度较高，且有历史交易案例可循，则采用价格比较法。

2. 充分认识数据资产确权面临的困境

1）保护数据产权方面的法律条文尚未完善。《中华人民共和国民法典》对数据的物权性质做了较为明确的规定，但是对数据的财产权问题却不明确。“数据就是资产”这一理念已经得到了行业的普遍认同，因此“资产”需要有归属权是必然的，但是“数据”的归属权至今仍是一个难题。《深圳经济特区数据条例（征求意见稿）》规定“自然人对其个人数据的处理享有知情权、决定权，有权限制或拒绝他人处理个人数据”，即个人享有个人数据的全部权属。这项规定存在一定的不合理之处，很难在实践过程中操作，因为数据的生产者不一定是数据的拥有者。例如，用户在上网的同时也留下了大量痕迹，这些痕迹在人们不知情的情况下被互联网公司收集后形成数据，并对这些数据进行分析后完善公司的软件，产生更高的收益，但作为数据来源方的用户并没有享受到切实的利益，所以仅对个人数据权属进行简单、笼统的规定并不恰当。

2）数据所有权无法进行有效区分。当一项资产面对多个主体时，产权剥离不彻底和划分标准不确定使得数据确权变得更为艰难。因为数据是以电子化形式存储的，数据在产生可利用价值的过程中，如果被不同的个人或企业复制并处理，最终被商业化以后，这个成果属于提供数据方还是处理方？数据所有权若归于单方主体，则难以产生整体上的产权意义；如果共同拥有，产生的价值如何保证公平划分？对于数据处理方而言，一项数据资产的完成往往需要多方人员的参与并发挥不同的作用，他们对于该项数据资产的重要程度也有所不同，这时又该如何进一步划分？如果数据所有权归于多个主体，就丧失了唯一性；而如果数据所有权归于单方主体，又会使数据活动中的其他主体丧失积极性和创造力。这些都不利于数据价值的开发。

3. 正确面对数据资产价值确定存在的困难

1）数据资产的价值无法明确体现在会计体系中。数据资产不完全符合会计准则中对于资产及无形资产的定义，因此部分数据资产目前尚未体现在企业的财务报表中。从数据资产有无载体来看，可以将其分为内化于资产的数据资产和可以单独交易的数据资产。对于可以单独交易的数据资产来说，该项资产相当于公司的一款产品，交易该产品获得的收入可以列入公司财务报表，公司所定的交易价格即为数据资产的价值，所以无须对这类数据资产进行评估。对于内化为资产的数据资产来说，这类数据资产要成为一项资产，在会计上需要符合两个条件：一是有权利产生经济利益；二是该数据资源属于企业，且企业可以对其进行成本与价值的衡量。但是，上文提到，数据资产的权属划分没有明确的法律界定，数据资产产生的价值融合于企业其他资产，很难将其与其他资产价值剥离，所以数据资产本身产生的价值很难体现在会计账簿中，在评估数据产生的合理利润时自然难以确定。只有解决数据资产归属权与利益分配问题，数据资产才可以顺利纳入会计核算体系，至于是列入“无形资产”科目还是单独列示为“数据资产”新科目，也是仍待讨论的问题。

2）数据资产的价值不稳定。数据资产价值中的一部分源于数据的流通和用户的使用，并且会随着数据规模变化而变化。这是由互联网的通用性决定的，数据不仅可以被无数不同用户使用，而且可以被同一用户无限制使用；可以在极短时间内产生无限多的数据。这加大了数据资产价值评估的难度。此外，同一项数据资产可以应用到不同场景之中，对应地，其价值也不相同，评估人员很难掌握全部应用场景；甚至可能应用到意想不到的领域，导致很难评估其潜在价值。

3）评估业务缺乏足够的案例参考，评估资料获得存在较大困难。当前，全球数据资产评估业务都处于起步阶段，其商业模式和交易体系也处于初步探索阶段，理论界和实务界对于数据资产的认知都较浅，会计准则也有待从定义、计量、估值、核算等方面对其进行规范，公开、有效的数据交易市场尚未建立，与数据资产评估相关的案例、数据较少，评估人员在进行数据资产的价值评估时，可参考的高质量数据资产评估资料非常有限。在数据的存储、传输、使用过程中，企业通常会采用一些比较先进的数据保护技术，如加密技术、脱敏技术等，特别是保密数据，由于这些数据是在企业内部和组织内共享的，企业要保证其数据库、文档管理系统、文件服务器在整个生命周期中都能对机密数据进行正确的分类并对其进行保护，并通过密钥来管理数据的访问权限。所以，综合来看，即使发生了数据资产评估业务类交易，评估人员也很难获取数据贸易价值信息和数据内容。

5.7.5　职能分工

数据资产评估具体实施需要企业内部数据部门、IT 部门、财务部门、业务部门和法务部门的共同参与，同时也需要会计师事务所、律师事务所协同参与。

（1）数据部门和 IT 部门：分析数据资源分布、产品市场供求，参与可行性分析、立项操作及开发阶段各项工作，负责开发人员与企业相关部门的业务及技术沟通。

（2）财务部门：建立财务模型，预测数据资源相关的收益和成本，进行现值计算。

（3）业务部门：提供业务数据和成本信息，协助财务部门进行经济效益预测。

（4）法务部门：分析数据来源及数据产品的合规性，参与购买数据产品的权属认证。

（5）会计师事务所：从独立第三方的角度审核评估财务模型和评估的合理性。

（6）律师事务所：从独立第三方的角度分析数据来源及数据产品的合规性，参与购买数据产品的权属认证。

5.7.6 相关专业服务资源

企业开展数据资源入表工作时，外部需要参与的机构主要有：

（1）数据交易机构（即数据交易中心）。为数据提供方、数据接受方提供交易渠道，是专门负责组织、协调和管理数据资产交易的机构；负责完成数据“三权”（数据资源持有权、数据加工使用权和数据产品经营权）的确权及交易撮合。数据产品能上架交易机构进行交易，一定程度上意味着数据已合规。

（2）数据治理机构（数据商）。完成数据治理及质量评估、数据业务及产品开发，快速输出数据产品。

（3）律师事务所。从数据权属和法律属性维度完成数据资源合规评估与审查，确保数据业务不触碰法律红线。

（4）会计师事务所。协助企业从财务角度完成入表的全流程，确保入表方式正确，符合审计要求。

（5）数据资产评估机构。在评估数据资产价值时，负责制定数据资产评估标准和方法，进行数据资产评估定价。

（6）银行等金融机构。在数据资源变现时，提供融资渠道，激活数据要素价值，实现数据资产资本化，如为企业提供数据资产质押服务。

（7）科研院校。提供数据要素规划与设计，推进数据资源入表研究，参与全流程的数据资源入表政策咨询和个性化案例服务工作。

第 6 章　企业数据资源保障操作指引

6.1　数据资源内部控制体系

6.1.1　体系搭建

基于 COSO 内部控制框架五要素（控制环境、风险评估、控制活动、信息与沟通、监督）形成数据资源内部控制体系的搭建思路，从营造良好的控制环境、管控层面和执行层面 3 个方面搭建数据资源内部控制体系。

1. 营造良好的内部控制环境

良好的内部控制环境是企业实施数据资源内部控制制度的关键，企业管理层应给予高度重视。应首先从认知的培养入手，通过宣传教育、人力资源培养、职业生涯规划、文化建设等多种方式，深化各级人员对数据管理重要性的认识。管理层要以身作则，在制度、技术、人才等方面加大支持力度，做好内部宣传工作，面向企业全体人员进行重要性宣贯。

在提升认知的基础上，建立完备的数据合规管理体系是营造良好内部控制环境的重要保障，包括组织、技术及人员 3 个方面。

（1）组织管理体系。从决策层、管理层、执行层 3 个层面，构建数据资源入表组织管理体系，见图 6-1，统筹数据资源入表相关工作，保障入表工作合规、高效推进。其中，合规管理是重中之重，要从 3 个方面加以保障。一是设立数据合规管理团队。企业可以组建专门的数据合规管理团队或设置数据合规负责人岗位，负责制定、执行和监督数据合规政策和流程。二是设立合规政策和流程。制定明确的数据合规政策和流程，包括数据收集、使用、存储、共享和销毁等方面的规定，确保数据处理活动符合法律法规和内部规定。三是建立合规文档和记录。合规文档和记录包括合规政策、合同、审计报告等，记录数据处理活动和合规措施，便于监督和审查。

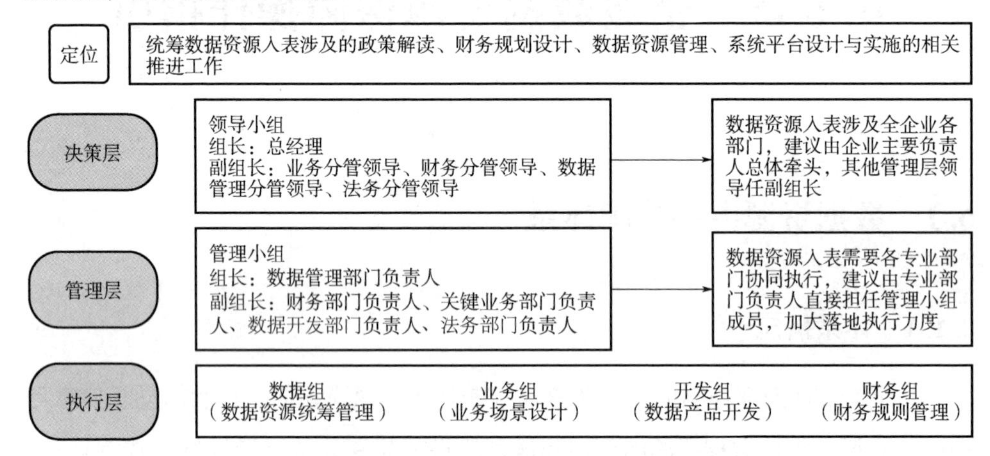

图 6-1　数据资源入表组织管理体系

（2）技术管理体系。一是数据安全技术措施。采取各种技术措施保护数据安全，包括加密、访问控制、身份认证、安全审计等，防止数据泄露、滥用和未经授权的访问。二是数据备份和恢复机制。建立完备的数据备份和恢复机制，确保数据的完整性和可用性，应对意外事件和灾难发生。三是数据分级分类管理。根据产业特点遵循法律法规要求对数据完成分级分类管理。

（3）人员管理体系。一是提升意识。为员工提供相关的数据合规培训，使他们了解合规政策和流程，掌握合规操作方法，提高数据安全意识和合规意识。二是明确责任。明确各个岗位的数据合规责任和权限，建立合适的审批和监督机制，确保数据处理活动的合规性和透明度。从效率成本等角度考量，企业设立数据合规管控平台是最有效的做法。数据合规检查见图 6-2。

2. 管控层面

（1）根据企业数据战略目标，制定财务部门数据使用计划。

（2）持续完善财务数据治理制度，保障数据治理工作规范运行。

（3）设立权责明确的财务数据治理组织，指导各项数据治理职能的执行。

（4）建立有效的沟通与协商机制，提升跨部门及部门内部数据治理能力。

数据产权“三权”分置	
数据资源持有权	自主管理权、数据流转权及数据持有或保存期限的权利
数据加工使用权	对数据资源进行收集、存储、使用、加工、传输、提供、公开等行为的权利
数据产品经营权	运营商对其研发的数据产品进行开发、使用、交易和支配的权利

对应数据合规梳理5个维度	
数据来源	企业获取数据行为不违反任何国家法律法规、政策规定和社会公共道德，不侵犯任何第三方合法权利
数据内容	企业存储数据的内容需真实、合法、合规，不得存储法律法规不允许采集或存储的违法数据
数据处理	企业处理数据行为不违反法律相关规定，符合“合法、正当、必要”原则
数据管理	企业需按照国家法律、法规、标准和企业等要求，建立数据合规相关管理制度，开展包括合规管理体系搭建、风险识别、风险评估处量等管理活动，对数据分类分级管理、数据跨境、个人信息保护等建立相应的全链条监督管理机制
数据经营	企业需依法开展数据经营业务，获得相应的资质、行政许可及充分授权，建立完善的内控体系，保障数据经营业务不危害国家安全、公共利益，以及侵犯个人、组织合法权益

图 6-2　数据合规检查

3. 执行层面

在执行层面可以通过数据的“盘、规、治、用”支撑维护良好的“数据生态”，全面提升数据质量。

（1）盘点财务数据资源。财务部门盘点与财务数据相关的系统、流程，理清各方数据需求，摸清现有数据的真实状况。

（2）建立统一数据标准规范。财务与各部门共同推进业财数据指标库梳理，制定主数据标准，实现业财数据贯通。

（3）基于 PDCA 循环持续改进数据质量。计划阶段，分析数据质量问题原因并制定解决方案；执行阶段，各部门共同合作解决关键问题；检查阶段，持续监控数据质量，总结方案执行结果；处理阶段，总结质量检查结果，定位未解决的数据问题以开始下一个循环。

（4）推进数据治理平台规划与建设。财务部门配合建立企业整体层面的数据治理平台，实现企业数据在各系统的调用，设置数据校验规则，保障数据质量持续提升。

6.1.2 制度建设

数据资源管理制度体系通常分层次设计，依据管理的颗粒度，制度体系可划分为总体规定、管理办法、实施细则和操作规范4个层次，见表6-1，基本内容如下：

（1）总体规定从决策层视角出发，从数据资源化、数据资产化、考核评估3个方面，阐述数据资源管理的目标、组织、责任等。

（2）管理办法是从管理层视角出发，规定数据资源管理各活动职能的管理目标、管理原则、管理流程、监督考核、评估优化等。

（3）实施细则是从管理层和执行层的视角出发，围绕管理办法相关要求，明确各项活动职能执行落实的标准、规范、流程等。

（4）操作规范是从执行层的视角出发，依据实施细则，进一步明确各项工作需遵循的工作规程、操作手册或模板类文件等。

数据资源全流程管理体系见图6-3。

表6-1 数据资源管理制度体系

总体规定	管理办法	实施细则	操作规范
数据资源化	1. 数据模型管理办法 2. 数据标准管理办法 3. 数据质量管理办法 4. 主数据管理办法 5. 数据安全与隐私管理办法 6. 元数据管理办法 7. 数据开发管理办法 8. 数据生命周期管理办法	1. 数据架构/分布/模型实施细则 2. 数据标准实施细则 3. 数据质量实施细则 4. 主数据实施细则 5. 数据安全与隐私实施细则 6. 元数据实施细则 7. 数据开发/数据仓库实施细则 8. 数据生命周期管理细则	1. 组织级数据模型 2. 数据架构/分布/模型设计与开发标准 3. 数据标准需求表、数据元目录与开发模板 4. 数据质量规则需求表、过程管理、质量分析模板、专项提升方案 5. 主数据分布表、开发标准 6. 数据安全需求表、分类分级清单 7. 元模型、元数据开发规范 8. 数据开发操作规范、数据仓库运维检查单 9. 数据资产管理平台用户手册

（续）

总体规定	管理办法	实施细则	操作规范
数据资产化	1. 数据需求管理办法 2. 数据服务/应用/产品管理办法 3. 数据共享/开放管理办法 4. 数据交易和外部数据管理办法 5. 数据资产价值管理办法 6. 数据资产运营管理办法	1. 数据服务/应用/产品实施细则 2. 数据共享/开放实施细则 3. 数据交易和外部数据实施细则 4. 数据资产价值评估实施细则 5. 数据资产运营实施细则	1. 数据服务/应用/产品申请表、开发规范 2. 外部数据需求申请表 3. 数据交易供应商与过程管理标准 4. 数据资产价值评估表 5. 数据资产运营指标表
考核评估	1. 数据资产管理考核与问责管理办法 2. 数据资产管理自评估管理办法 3. 数据资产管理审计管理办法 4. 数据素养与数字技能管理办法	1. 数据资产管理考核与问责实施细则 2. 数据资产管理自评估实施细则 3. 数据资产管理审计实施细则 4. 数据素养与数字技能提升实施细则	1. 数据资产管理责任清单、考校计分表 2. 数据资产管理自评估模板 3. 数据治理自评估工作流程 4. 数据治理审计模板 5. 数据素养与数字技能提升对比分析表

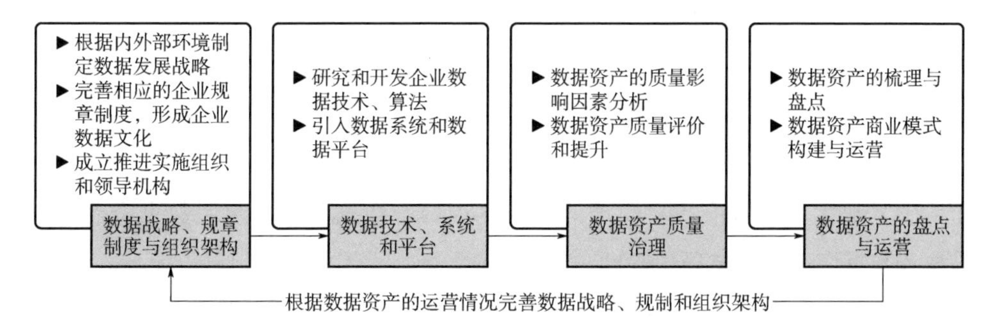

图 6-3 数据资源全流程管理体系

6.2 质量保障

数据资产质量的高低直接决定了数据资产使用的效率和最终成果的质量，对数据资产价值有重要影响。数据资产质量管理是指运用相关技术来衡量、提高和确保数据资产质量的规划、实施与控制等一系列活动。保障数据资产质量，需要企业运用相关技术来衡量、提高和确保数据资产质量，包括规划、实施与控制等一系列活动，通过数据资产质量相关管理办法、组织、流程、评价考核规则的制定，及时发现并解决数据资产质量问题，保障数据资产的完整性、及时性、准确性及一致性。

6.2.1 操作内容

保障数据资产质量的主要工作内容包括数据资产质量管理计划、执行、分析、改进。

1. 数据资产质量管理计划

(1) 确定数据资产质量管理相关负责人和质量问题涉及的相关方，明确数据资产质量的内部需求与外部要求。

(2) 制定相关工作流程、参考数据资产标准体系，定义数据资产质量规则库，构建数据资产质量评价指标体系。

(3) 制定数据质量管理策略。

2. 数据资产质量管理执行

(1) 依托平台工具，管理数据资产质量内外部要求、规则库、评价指标体系等。

(2) 确定数据资产质量管理的业务、项目、数据范畴，开展数据资产质量稽核和数据资产质量差异化管理。

3. 数据资产质量管理分析

(1) 记录数据资产质量稽核结果，分析问题数据产生原因，确定数据资产质量责任人，出具质量评估报告和整改建议。

(2) 持续测量全流程数据资产质量，监控数据资产质量管理操作程序和绩效。

(3) 配置数据资产质量监控阻断规则，数据资产质量出现差异可实时阻断下游作业运行，屏蔽错误结果链路扩散。

（4）数据资产质量出现预设偏差时，及时发出预警，通知及时修复。

（5）确定与评估数据资产质量服务水平。

4. 数据资产质量管理改进

（1）建立数据资产质量管理知识库，完善数据资产质量管理流程，提升数据资产质量管理效率。

（2）确定数据资产质量服务水平，持续优化数据资产质量管理策略。

6.2.2　操作步骤

企业可分 4 步保障数据资产质量，分别是：规范、分析、度量、审计。

1. 规范：建立数据资产质量管理规范

在开展保障数据资产质量的过程中，企业应遵循如下基本规范，以提高数据资产质量，包括：

（1）设立负责数据资产质量管理的岗位和工作人员。

（2）负责制定数据资产质量管理规范，以对数据资产质量进行管理和监控。数据资产质量管理规范中要包含但不限于数据格式要求、数据完整性要求、数据质量要素、数据源质量评价标准等内容。

（3）对数据资产的真实性、完整性、规范性、一致性、准确性、唯一性、关联性、及时性进行定义和监控。

（4）建立数据资产采集过程中的质量监控规则，明确数据资产质量监控范围及监控方式。

（5）设置数据资产质量校验和监控方法，如人工对比、程序对比、统计分析等。

（6）设置数据资产质量异常问题上报流程和操作规范，并持续跟踪每个已上报的异常问题的解决进展。

（7）根据实际情况，设置数据清洗的规则和方法。

2. 分析：数据资产清洗处理计划

数据资产清洗是检测数据集合中存在的不符合规范的数据，并进行数据修复，提高数据质量。数据资产清洗一般是自动完成的，只有在少数情况下才需要人工参与。对不同的数据问题进行分析，并采用对应的清洗方法，总体可分为如下 5 类：

（1）空值数据。解决空值数据的方法是进行估算填充，包括样本均值、中位数、众数、最大值/最小值填充。这种方法通常在没有更多信息可参考时使用，缺点是有一定误差，如果空值数量较多，则会对结果造成影响，使结果偏离实际情况。

（2）错误值数据。对于错误值数据，需要用一定的方法识别该错误值，通常用统计方法进行分析，如偏差分析、回归方程、正态分布等；也可以用简单的规则库检查数值范围，使用属性间的约束关系来识别和处理数据。

（3）重复数据。重复数据的判断需要借助于实体识别技术。完全相同的记录会指向相同的实体，而有一定相似度的数据也有可能指向同一实体，如对同一数据采用不同计量单位的情况，这就需要使用有效的技术进行诊断和识别。还可能存在一种极端的情况，即不相同的两条记录反映的可能是同一实体的不同观测点，清洗时需要对这两条记录进行数据合并。

（4）不一致数据。对于不一致数据，如果数据不满足完整性约束，则可以通过分析数据结构和元数据文档，得到数据之间的关联关系，并制定统一的标准。

（5）不规范数据。不同行业的数据规范各不相同，一般来说，可以通过自定义规则来制定不同行业的数据规范性要求。例如在某个表中，如果某列中的数据内容为手机号，就可以明确制定该列数据的规范格式为 11 个数字字符，这可以通过相关的正则表达式来实现，从而对该列内容进行自动化实时监控。

3. 度量：建立数据资产目录

数据资产目录本质上就是一个元数据的存储库，它提供特定范围内所有数据资产的清单，无论其位置或来源如何。数据资产目录包括有关数据资产的关键属性信息，如名称、存储位置、访问权限、业务含义、类型、大小、模式和其他相关属性等，为数据资产的统一管理和查询提供便利。

数据资产目录的建立分为 6 步，见图 6-4。

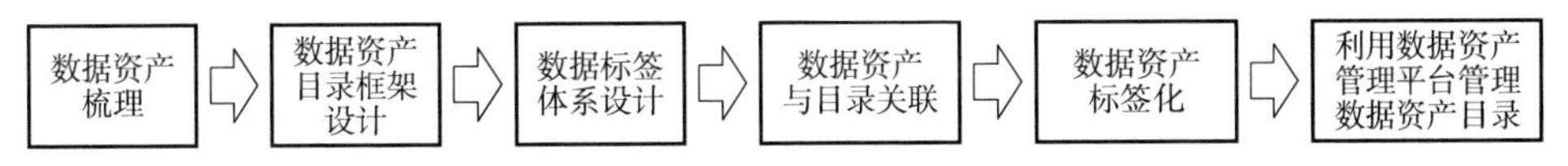

图 6-4　数据资产目录建立流程

（1）数据资产梳理。能够给企业带来效益和价值的资产才是有价值的数据资产。通过数据资产梳理，可进行数据资产盘点及补充完善数据资产信息，包括数据盘点、数据技术、业务信息补充、数据管理信息补充、元数据梳理模板。

（2）数据资产目录框架设计。可以从面向技术和面向业务两种视角来设计框架。例如，面向技术视角可以包括数据主题视角、信息系统视角等；面向业务视角可以包括业务主题视角、业务场景视角、业务流程视角、数据服务视角等。参考行业数据模型、数据分级分类标准、其他行业成功经验等，对数据资产进行分析，从而设计出重点数据资产优先、遵循企业数据战略的框架路线，支撑企业数据及业务运营。

（3）数据标签体系设计。结合业务战略目标，配合企业经营目标，参考行业数据分类分级体系，考虑数据分类分级、数据共享、数据认责、数据脱敏、数据质量、业务流程、业务实体等，形成具有企业特色的数据标签体系，见表 6-2。

表 6-2　数据标签体系

<table>
<tr><th>整合数据类、业务标签</th><th colspan="3">多级标签分类</th></tr>
<tr><td rowspan="12">数据分类分级
数据安全分级
数据共享分级
数据权属标签
用户画像标签
重点业务标签
重点业务流程
精准营销标签
……</td><td rowspan="4">数据安全</td><td colspan="2">外部公开</td></tr>
<tr><td colspan="2">普通数据</td></tr>
<tr><td colspan="2">敏感数据</td></tr>
<tr><td colspan="2">保密数据</td></tr>
<tr><td rowspan="5">用户画像</td><td colspan="2">年龄</td></tr>
<tr><td colspan="2">地区</td></tr>
<tr><td colspan="2">性别</td></tr>
<tr><td colspan="2">身份</td></tr>
<tr><td colspan="2">职业</td></tr>
<tr><td rowspan="3">运营</td><td rowspan="3">客户评价</td><td>客户重要性</td></tr>
<tr><td>客户购买意愿</td></tr>
<tr><td>客户满意度</td></tr>
</table>

（4）数据资产与目录关联。从数据资产价值化过程来看，以业务视角的数据资产目录设计能更好促进业务部门的参与，增强数据资产的共享交换能力，更快实现数据资产的价值化。关于业务视角的数据资产与目录关联建设目标，满足条件的业务目标有：

1）看得见。资产目录及相关数据可查可看。

2）看得懂。资产分类贴近业务事项。

3）管得了。可明确清晰地履行“三责”（标准、质量、安全）。

4）用得好。看懂数据分析或展示结果、可自主分析。信息技术部门需要满足的目标有实现数据共享和交换、数据治理、数据分析与整合、数据产品及可视化。

（5）数据资产标签化。数据资产目录与数据标签形成网状数据检索体系。通过给标签定义多种规则和算法，可以批量扫描数据，自动将数据进行标签分类。通过标签找到特定的数据，辅助自动盘点数据，节省大量人力。

（6）利用数据资产管理平台管理数据资产目录。登录企业数据资产管理平台，通过企业数据目录体系，可以灵活定制企业数据资产目录，通过搜索引擎和数据目录，用户快速查询到所需数据。

4. 审计：建立数据资产内部审计系统

在流动过程中，数据资产可能会因为各种原因丢失或者出现错误，对此，企业可以着手建立数据资产内部审计机制。数据资产内部审计可以监控数据资产总量或一些关键数据资产的汇总指标，也可以采用动态随机抽样的方式对数据资产质量进行实时判断和预警。企业还可以借助数据资产内部审计系统对数据资产在流动过程中的各种异常情况进行识别和处理。

6.2.3 操作要点

1. 数据资产质量标准

保障数据资产质量应该满足数据资产质量标准，具体见图 6-5，包括：

（1）准确性。汇总记录的信息和数据资产是否准确，是否存在异常或者错误，即数据资产正确表示“真实”实体的程度。判断标准为事实准确、数据值准确。

（2）合规性。数据资产是否以非标准格式存储，即数据资产模式符合预期的程度。从数据合规、数据格式标准两个方面判断。

（3）完整性。记录数据资产和信息是否完整，是否存在缺失情况。从数据无缺失、数据值无缺失两个方面判断。

（4）及时性。关键数据资产是否能够及时传递到目标位置，数据资产能及时产出和预警，即数据资产从产生到可用的时间延迟程度。以响应及时、告警及时为判断标准。

（5）一致性。关注数据资产冲突，即数据值在数据集内和数据集之间保持一致的程度。要求层级一致、库级一致。

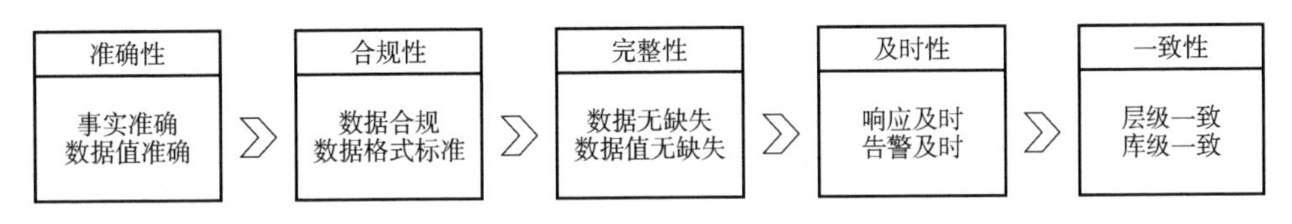

图6-5　数据资产质量标准

2. 数据资产质量管理原则

保障数据资产质量应该遵循数据资产质量管理原则，包括：

（1）源头治理、闭环管理原则。源头治理方面，主要指采用“数据开发管理一体化”的理念，在新建业务或IT系统过程中，明确数据资产质量标准，并与数据生产方和数据使用方确认，常见于对于数据时效性要求不高或核心业务增量数据等场景；闭环管理方面，主要指形成覆盖数据资产质量需求、问题发现、问题检查、问题整改的良性闭环，对数据资产的采集、流转、加工、使用全流程进行质量校验管控，持续根据业务部门数据资产质量需求优化质量管理方案、调整质量规则库，构建数据资产质量和管理过程的度量指标体系，不断改进数据资产质量管理策略。

（2）战略重视和组织支持原则。战略重视和组织支持是决定数据资产质量管理工作成败的关键。数据资产质量管理规划是数据资产管理的重要一环，需要从企业战略层面规划长期数据资产质量管理路线图，规划权责明确的组织架构，包含业务、管理、技术等相关岗位及人员，明确数据资产质量管理部门与其他部门之间的职责边界及交互的内容和方式，及时掌握主导部门和辅助部门的工作情况，监督各项任务执行情况，解决部门间的矛盾，调整规划内容。

（3）可持续发展原则。保障数据资产质量是一项系统且长期的工程，需要物质资源和人力资源等的持续投入。数据资产质量的战略规划与实际执行均应遵守可持续发展原则，企业级数据资产质量保障流程可分为规范、分析、度量、审计 4 个阶段，各阶段逐级推进，前一阶段是后一阶段的基础，后一阶段是前一阶段的成果保障。全过程是一个完整的体系，不可分割，不可间断。

（4）服务提供原则。保障数据资产质量的目的是为数据资产应用提供可用和可信的数据，并为业务赋能。利用数据资产质量管理手段，将高质量的数据资产提供给数据需求方，以便数据需求方获取所需要的数据资产，并将其应用于业务和管理。因此，在保障数据质量的过程中，必须以明确的数据资产服务目标为导向，以数据资产需求方的需求为驱动力，不断扩大各类、各级数据资产的服务内容及范围，挖掘数据资产服务应用场景。

6.2.4 职能分工

企业是否从真正意义上重视数据资产质量，最主要的表现在于能否设置以保障数据资产质量为中心的部门或组织，配以相应的岗位，并提高数据资产质量管理部门的等级，赋予其明确的职责和权利。保障数据资产质量需要多方参与，涉及数据生产者、使用者、管理者和所有者。从组织管理角度将这四者关联起来，建立一套可持续有效执行的执行体系，保障企业的数据资产质量。各方职能分工见图 6-6。

具体而言：

（1）数据生产者产生数据并满足企业的数据需求。

（2）数据使用者使用数据并且根据使用情况提出数据需求。

（3）数据管理者负责数据管理核验和数据需求落地工作。

（4）数据所有者负责数据规则诠释及数据需求的搜集和确认。

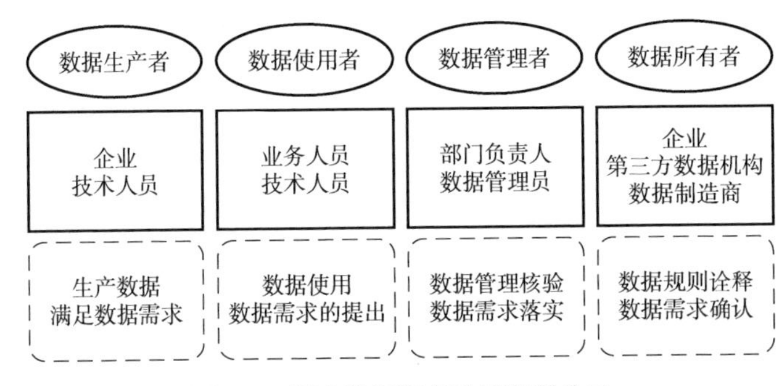

图 6-6　保障数据资产质量职能分工

6.3　安全保障

随着企业数据开放和共享程度的深化，数据安全问题至关重要，安全是价值实现的前提。从数据生命周期安全的角度来看，企业数据在采集、传输、存储、处理、交换和删除等各个环节都面临不同程度的安全隐患，来自外部的攻击、内部人员利用机密数据非法牟利、数据意外丢失等安全问题不可忽视。因此，保障企业数据资产安全具有重要意义。

6.3.1　操作内容

保障数据资产质量的主要工作内容包括数据资产安全管理、数据资产安全技术和数据资产安全运营。

1. 数据资产安全管理

数据资产安全管理应从人员配备、数据资产安全能力评估和数据资产安全管理制度 3 个方面展开。

（1）人员配备。高层参与建设组织，建立开发团队，形成“决策层—管理层—执行层—监督层”四位一体的管理组织架构。具体内容在“6.3.4 职能分工”介绍。

（2）数据资产安全能力评估。从数据资产安全战略、基础安全、跨境数据安全和个人信息保护等方面，客观量化评估企业数据资产安全能力，为实现数据资产安全工作目标和建立防御保障提供支撑。

（3）数据资产安全管理制度。覆盖数据资产全生命周期，形成数据资产安全总体要求、实施细则、第三方安全管理、个人信息保护等方面的管理制度。数据资产安全管理制度设置为4级，其中，一级文件明确数据资产安全工作的目标和基本原则，主要包括数据资产安全相关责任的划分、数据资产安全工作范围、决策机制、数据资产安全工作技术路线；二级文件在总体方针的框架下，形成基于数据场景的制度规范，明确相关角色的权利和义务；三级文件是基于二级文件提出的要求，也是指导技术落地的基础；四级文件是具体表单。见图6-7。

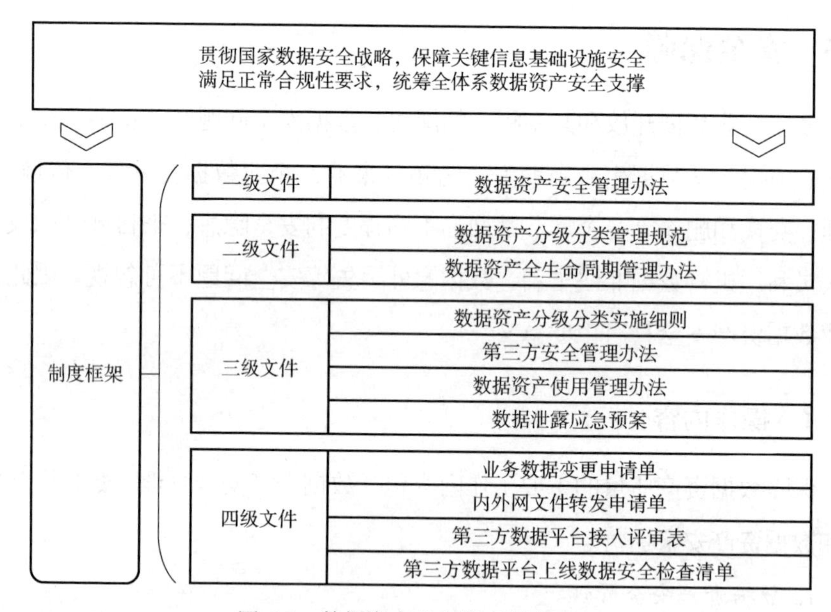

图6-7　数据资产安全管理制度

2. 数据资产安全技术

数据资产安全技术体系的建设，主要围绕数据资产全生命周期的关键环节，技术工具可以是独立的系统平台、工具、功能或算法技术等，在规划设计时建议不是单独针对某个安全域，而是需要整体考虑。见图 6-8。

图 6-8　数据资产安全技术

3. 数据资产安全运营

数据资产安全建设是一个长期持续的过程，需要在组织内持续性地落实数据安全的相关制度和流程，并基于组织的业务变化和技术发展不断调整和优化。安全也是一个不断螺旋上升的过程，因此需要做好数据资产安全运营工作。数据资产安全运营工作分为 4 个层级：数据监测、常态管控、风险预警和持续改进。

第一层级：数据监测。数据资产从哪里来，存在哪里，到哪里去。

第二层级：常态管控。建设规范化、标准化、集中化、常态化的管控机制，落实全流程运营闭环管理。

第三层级：风险预警。从分散向集中，从模糊向精准，从静态向动态转变，处置多层的纵深防御，增强抵御能力，实现可管、可视、可控。

第四层级：持续改进。执行动态调整策略，动态调整威胁分析工具、方法论等，形成可持续迭代更新的良性循环。

6.3.2 操作步骤

企业层面的防护目标是满足国家相关法律法规及企业、个人信息保护等要求，同时明确制度要求、履行企业的义务，确保企业生产经营中涉及的数据、信息，以及客户数据使用过程中的安全性、机密性和完整性。保障数据资产安全具体分为数据梳理与分类分级、数据传输安全、数据存储安全、数据处理安全、数据交换安全、数据销毁安全6个步骤。

1. 数据梳理与分类分级

在数据采集阶段，要识别核心数据、重要数据，分析其影响程度，根据识别结果进行分类分级评审，出台数据安全分级保护策略，实现全流程数据处理分级保护。数据资产分类分级是数据资产安全治理实践过程中的关键场景，是数据资产安全工作的重中之重。本操作手册结合行业实践，提出7步数据资产分类分级建设思路。

（1）建立组织保障。对组织而言，数据资产分类分级工作是一项复杂的长期性工作，是业务知识、数据知识和安全知识的交叉应用领域，需要相关部门协作开展。这就需要通过明确数据分类分级工作的组织架构，划分各部门职责分工，为数据资产分类分级工作的协同开展提供支撑。

（2）进行数据资源梳理。在进行数据资产分类分级之前，需要对组织内的全部数据资源进行识别、梳理，明确当前组织内部存储了哪些数据、数据存储的格式、数据范围、数据流转形式、数据访问控制方式、数据价值高低等问题，并形成数据资源清单。

（3）明确分类分级方法和策略。数据资产分类分级的方法、策略是指导此项工作开展的重要依据。组织需要参考国家及行业相关数据分类分级要求及规范，并结合自身业务属性与管理特点，明确数据资产分类分级的方法、策略，如明确数据分类与定级的基本原则、基本方法等。

（4）完成数据资产分类。组织应根据已制定的数据资产分类原则，定义包含多个层级的数据类别清单，再对数据资源清单中的数据逐个进行分类。

（5）逐类完成定级。数据资产分级主要从数据资产安全保护的角度，考虑影响对象、影响程度两个要素对数据资产所在的安全级别进行判定。不同行业分级标准在影响对象和影响程度的划分上有所不同。

（6）形成分类分级目录。基于上述工作，组织还需形成整体的数据资产分类分级目录，明确数据资产类别和级别的对应关系，为各部门落实数据资产分类分级工作提供依据。

（7）制定数据资产安全策略。在完成数据资产分类定级的基础上，还需要依据国家及行业领域给出的安全保护要求，建立数据资产分类分级保护策略，对数据资产实施全流程分类分级管理和保护。

2. 数据传输安全

数据传输安全包括建立数据传输安全管理规范和保证数据传输的安全性。

（1）建立数据传输安全管理规范，如数据传输通道加密、数据内容加密、签名验签、身份鉴别和数据传输接口安全。

（2）保证数据传输的安全性，包括保密性、完整性和可用性，可以采用的技术包括：

1）数据还原，通过协议识别和协议交互过程进行监控，完整地还原协议中携带的原始数据。

2）实时防护，提供审计、告警、拦截、证据留存等多种实时防护手段。

3）流量监控，对网络中的流量进行监控，支持多种部署模式，方便部署。

4）内容识别，对传输的收发地址、内容进行完整性检查，识别出包含敏感数据的异常流量。

3. 数据存储安全

数据存储安全，主要是应对数据存储过程中的保密性、完整性和可用性受到的破坏进行检测，在检测到数据被破坏时，及时告警并采取必要的恢复措施。数据存储安全包括存储媒介安全、逻辑存储安全、数据备份和恢复。

（1）存储媒介安全。通过制定存储媒介使用、购买、标记的安全制度，记录通过移动存储媒介拷贝敏感数据的行为等方式，保证存储媒介安全。

（2）逻辑存储安全。常见的隐患有数据库被入侵、存储媒体丢失、处置不当导致的全量数据外泄，可利用数据库审计、漏洞扫描、数据库加密等方式进行防护。

（3）数据备份和恢复。使用存储服务器负责接收和存储备份数据，使用备份服务器提供备份管理平台，由备份服务器进行统一操作管理；提供异地数据备份功能，利用通信网络，将数据定时或实时批量传输至备份场地；对于数据备份，要严格执行各相关管理规定，每年制订数据备份计划，并严格执行备份计划。

4. 数据处理安全

数据处理稍有不慎就会使数据受到污染与缺失，企业可以实施如下几种安全防护方法：

（1）数据脱敏。对某些敏感信息通过脱敏规则进行数据的变形，实现敏感隐私数据的可靠保护。

（2）数据分析安全。对监控数据、监测数据和响应数据进行多角度分析。

（3）数据正当使用。依托控制访问、审计操作、管理制度，防止数据被不正当使用。

（4）数据处理环境安全。可信的环境和主机加固都能进一步确保使用过程中数据无误。

（5）数据导入/导出安全。线上导出终端一般使用即时通信，服务器使用接口，线下使用安全无病毒的U盘或打印机。

5. 数据交换安全

数据交换安全由数据共享安全与数据发布安全组成。

数据共享是对特定外部组织提供数据的过程中，使用数据脱敏、数据加密、链路加密、数据水印等技术完成数据共享；数据发布是通过数据资产分类分级、发布制度、规范发布流程等方式完成数据资产共享。

在数据交换共享与公开披露前，对数据进行安全评估，并根据评估情况采取相应的保护措施，确保数据交换共享与公开披露安全；数据共享时，对共享数据使用过程进行监控与审计，采取应用程序编程接口（Application Programming Interface，API）管控方式，统一管理所有API，监测与审计数据流向。

6. 数据销毁安全

采用可靠技术手段，销毁个人信息、敏感数据和重要数据，确保信息不可还原；对存储数据的介质或物理设备，采取无法恢复的方式进行数据销毁与删除，如物理粉碎、消磁、多次擦写等。

6.3.3 操作要点

1. 建立科学完善的管理制度和规范

企业需要建立数据资产管理制度，包括数据采集、存储、备份、恢复、销毁等全生命周期管理，明确责任人和管理流程。为了满足业务需求和系统特性，应建立数据资产目录，并制定源端数据录入规则、录入标准及明确录入责任。同时，根据“谁提供、谁使用、谁负责”的原则，建立“数据质量责任制”制度，全面推进数据资产质量的源头治理。

2. 建立数据资产分类标准

根据企业的业务需求和数据特点，对不同类别数据资产进行区别管理，同时加强数据管理人员的安全意识教育和技能培训。此外，企业的所有数据资产都应建立备份、恢复机制，应对数据丢失或损坏的情况，定期开展数据安全审计，以确保数据资产保护策略的有效性，并及时发现和解决潜在的安全风险。

3. 建立全面健全的安全响应机制和应急预案

企业作为一个复杂的组织，拥有大量重要的信息资源，如业务机密、上下游客户信息、研发数据等。这些信息资源的管理、存储、共享，需要借助诸如人工智能、云计算、大数据等信息技术来提高管理和使用效率。但是信息化建设也会产生安全漏洞增加数据泄露的风险，需要建立完善的安全响应机制和应急预案，根据不同的安全事件采取不同的安全处置级别和应急预案，将安全风险和安全事件带来的危害降到最低，确保数据安全。

4. 提升数据安全知识和技能

首先，企业可以针对不同业务和不同部门的员工，制定不同的数据安全培训计划，内容涵盖数据安全基础知识、常见的网络攻击方式、密码保护措施及社交网络安全等领域。其次，企业可以通过开展数据安全培训课程，让员工了解数据安全的重要性，学习并掌握保护电脑、手机等设备系统安全的技能，以及如何防范网络攻击等知识。再次，企业可以通过组织数据安全演练，让员工了解如何应对网络攻击，提高其应急响应能力。最后，可以通过定期开展宣传活动，让员工了解最新的数据安全威胁，强化数据安全意识。

5. 加大人力和技术等方面的支持力度

数据安全管理是一个复杂的系统工程，需要多方面的支持才能够顺利实现。首先，企业需要投入足够的人力，负责数据安全管理工作，包括制定安全策略、监控数据流动、应对安全事件等。其次，企业需要拥有先进的技术设备和工具，加强对数据的监控和保护，如数据加密、防火墙、入侵检测等。最后，还需要加强对技术人员的培训和安全意识教育，提高其安全意识和保密意识，减少人为因素对数据安全的影响。

6.3.4 职能分工

数据安全治理以“让数据使用更安全”为目的，对企业内部的数据进行规范化管理和保护，以确保数据的完整性、保密性和可用性。其本质是以数据为中心设计和实施安全保护措施，以数据安全能力成熟度为抓手的体系化方法论。保障数据安全不仅仅是使用一套技术加持的产品级解决方案，而是从决策层到技术层，从管理制度到工具支撑，自上而下贯穿整个组织架构的安全链条。因此，保障企业数据安全涉及多元主体，应形成决策层—管理层—执行层—监督层自上而下协同共治的良好局面（见图6-9）。

1. 决策层

企业应成立与数据安全保障相关的部门或组织，如在董事会层面设置数据决策委员会、设立首席信息官（CIO）、聘请数据安全专家等，形成以数据决策委员会为主导的数据安全保障决策组织。

数据安全决策委员会制定保障数据安全相关的目标、方针和意愿，发布数据安全保护相关策略、规划、制度规范等，并且提供信息技术资源为数据安全提供保障，当发生重大数据安全事件时，起到协调和管理的作用。

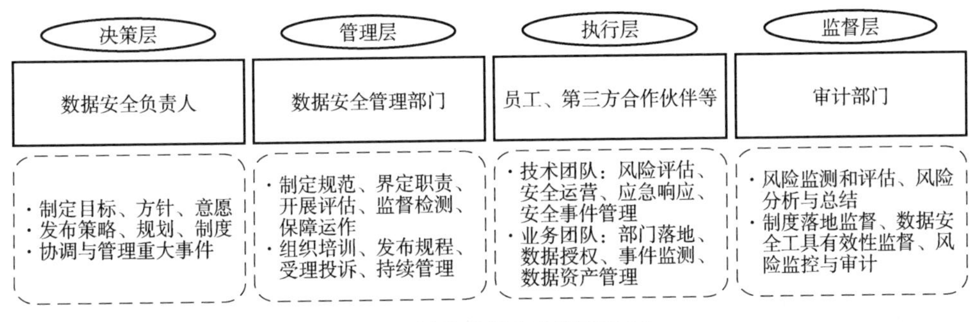

图 6-9　保障数据安全职能分工

2. 管理层

企业应成立数据安全管理小组，全力保障企业数据安全管理工作。数据安全管理小组应通过分析企业的数据安全现状和数据安全需求，制定数据安全规范，界定各负责人的数据安全职责，并定时开展数据安全评估，监督数据安全工作的执行情况，从而保障企业数据安全的正常运作。此外，管理层应在企业内部营造一种重视数据安全的文化氛围，提高员工的数据安全意识，定期组织员工数据安全知识和技能培训，发布具体数据安全操作规程，并设置独立部门负责受理数据安全违规投诉，持续加强企业的数据安全管理工作。

3. 执行层

数据安全工作的执行情况对于保障企业数据安全具有重要影响。数据安全执行团队可以分设为数据安全技术团队和数据安全业务团队。数据安全技术团队负责对企业面临的来自内外部的数据安全风险进行分析，并做出风险评估。在企业日常经营中，保障企业信息技术基础设施的安全运营，建立应急响应机制，落实数据安全事件的应对和管理等工作。数据安全业务团队负责将数据安全真正落实到企业业务中，谨慎执行数据授权，检测数据安全事件，与合作伙伴协同开展数据资产管理和维护工作。

4. 监督层

在数字化背景下，董事会和监事会具有对公司的业务活动进行监督和检查，确保企业数据安全、经营业务稳定的职责。此外，企业审计部门也对保障数据安全起到重要作用。一是对企业面临的内外部数据安全风险进行监测并评估，进而分析和总结数据安全相关风险；二是监督数据安全相关制度的落地、数据安全工具的有效性，以及数据安全风险监控和审计工作。

6.4 风险防控

6.4.1 操作内容

1. 数据风险

数据风险可根据其来源整体上分为两大类：一是利用管理制度流程的漏洞及安全保障能力的脆弱性，越权访问、非法爬取、脱库、撞库、非法拷贝、拒绝服务攻击、数据污染、数据过载、人员有意或无意操作，加上设备故障、自然灾害等安全威胁，影响数据的保密性、完整性、可用性、可控性而造成的数据泄露、篡改、破坏、丢失、伪造、滥用等，主要包括数据资产质量风险、技术和安全风险、管理和运营风险。二是因企业数据资产处理活动违反国家相关法律法规（如违法违规开展数据收集、存储、使用、加工、传输、提供、公开、交易等）引起的合规风险；市场因素导致的风险；以及其他可能对国家安全、公共利益或组织、个人合法权益造成影响的数据安全风险。主要包括合规风险、估值风险、市场不确定性、竞争和替代品风险、监管环境变化。各类数据风险具体如下：

（1）数据资产质量风险。数据资产的价值取决于数据的质量和可靠性。如果数据存在错误、不完整或过时等问题，可能会导致数据资产不完整或过时甚至数据资产估值不准确的风险。

（2）技术和安全风险。数据资产的管理和保护需要技术支持，包括数据存储、加密、备份和恢复等。企业若在技术能力或安全措施任一方面出现失误，都会面临数据泄露和财产损失的风险。

（3）管理和运营风险。数据资产的管理和运营需要专业知识和经验，若企业缺乏有效的数据管理体系，可能导致数据的有效利用和价值难以实现，面临较高的管理和运营风险。

（4）合规风险。数据资产涉及个人隐私、数据安全和法律法规等方面的问题。企业在数据的收集、使用和处理等过程中，若不符合相关法律法规，则会面临潜在的法律纠纷或合规风险。

（5）估值风险。数据资产的估值具有一定的复杂性，因为其价值可能受多种因素的影响，如数据的独特性、市场需求、应用场景等。因此，数据资产面临估值不准确的风险。

（6）市场不确定性。数据资产的市场价值可能受市场需求、竞争环境和技术发展等因素的影响。市场的不确定性可能使企业数据资产面临的风险增加。

（7）竞争和替代品风险。数据资产市场竞争激烈，可能存在替代品或竞争对手。

（8）监管环境变化。法规和监管环境的变化可能影响数据资产的确认和融资模式。企业需要及时了解并适应相关变化，确保合规运营。

2. 数据资产风险防控

从用户管理、访问控制、数据保护和监控 4 个方面实现数据资产风险防控，见表 6-3。

表 6-3　数据资产风险防控

用户管理	访问控制	数据保护	监控
设置安全的密码	加强对特权用户的控制	数据资产加密	启动数据资产审计
集中式用户管理	控制谁、什么时间、什么地点、如何（3W1H）访问了数据库、数据和应用系统	网络加密	细粒度审计
强认证	行级别和列级别的多角度安全控制	对外发数据进行屏蔽	对审计的数据资产进行集中管理、生成报表和监控

（续）

用户管理	访问控制	数据保护	监控
代理认证	对数据资产进行分类管理	对导出的数据资产进行加密	定时进行安全配置扫描
安全的基本配置		对备份的数据资产进行加密	

6.4.2 操作步骤

数据资产风险管控要着眼全生命周期。数据资产风险由企业面临的内外部威胁、数据资产的脆弱性和已有安全措施的相互作用引发。将数据资产风险防控分为4步：风险识别、风险评估、风险应对和风险监控改进。

1. 风险识别

风险识别阶段需要明确各类数据资产在不同数据处理活动场景下的已有防控措施、脆弱性和数据资产威胁。

（1）数据资产应用场景识别。针对各数据资产，识别其涉及的各类数据资产应用场景，并进一步识别与业务应用场景相关的数据资产生命周期及网络环境。

（2）已有防控措施识别。企业应该判断已有防控措施是否得到正确使用、安全策略是否设置合理、策略是否得到有效执行。防控措施可以分为预防性措施和保护性措施两种。预防性措施能够降低利用脆弱性导致危险事件发生的概率，如行为监测系统、入侵检测系统；保护性措施能够减少因危险事件发生后对数据、业务造成的影响，如数据脱敏、数据加密。

（3）脆弱性识别。脆弱性识别可以分为安全技术脆弱性识别和安全合规脆弱性识别。通过多种手段对安全技术脆弱性进行识别，并根据脆弱性可被数据安全威胁利用的难度及现有安全措施有效性，综合判断安全技术脆弱性的高低。对于安全合规脆弱性，可依据各项法律、法规、规范等，参考合规文件中的合规要求进行识别。

（4）数据资产威胁识别。对于数据资产全生命周期来说，不同阶段面临的威胁和脆弱性见表6-4。

表6-4 不同阶段面临的威胁和脆弱性

数据资产生命周期	威胁	脆弱性
采集	违规采集、管理混乱或质量低下、账号操控等	是否风险评估/分类分级/采集防护/数据源密别管理/质量管理等
传输	非法篡改、网络或终端拒绝、资源劫持等	是否密钥管理/冗余建设/加密传输管理等
存储	存储设备故障、存储数据丢失、SQL注入、权限滥用等	是否介质分类分级/审计/安全配置/数据备份与恢复等
处理	错误处理敏感数据、分析结果滥用、违规使用、恶意授权或盗取等	是否数据脱敏/权限管理/使用者安全责任制/处理环境安全/正当使用审计等
共享	攻击监听、违规传播、数据篡改、恶意加密等	是否导入导出或共享审核/接口管理/共享审计等
销毁	残余数据介质利用、资源劫持等	是否具备数据销毁流程/技术等

2. 风险评估

风险评估是为了判断数据资产安全风险发生的概率与影响程度。风险评估的关键活动包括关联已识别的风险要素、进行定性或定量分析、开展风险评估活动等。风险评估分5个阶段，各阶段具体工作及主要产出物见图6-10。

第一阶段，评估准备。评估准备是数据资产安全风险评估的前期预备阶段，在评估实施前应完成评估准备工作，形成调研表、数据资产安全风险评估方案等。

第二阶段，信息调研。主要用于识别数据处理者的基本情况、厘清其与业务和信息系统的关系、掌握开展的数据资产应用情况、分析采取的数据资产安全防护措施，形成数据资产使用者基本情况介绍、业务清单、信息系统清单、数据资产清单、数据资产应用清单、安全措施清单等，具备条件的，可绘制数据流图。

第三阶段，风险识别。针对各个评估对象，从数据资产安全管理、数据资产应用、数据安全技术、个人信息保护等方面，通过多种评估手段识别可能存在的数据资产安全风险隐患，形成文档查阅记录文档、人员访谈记录文档、安全核查

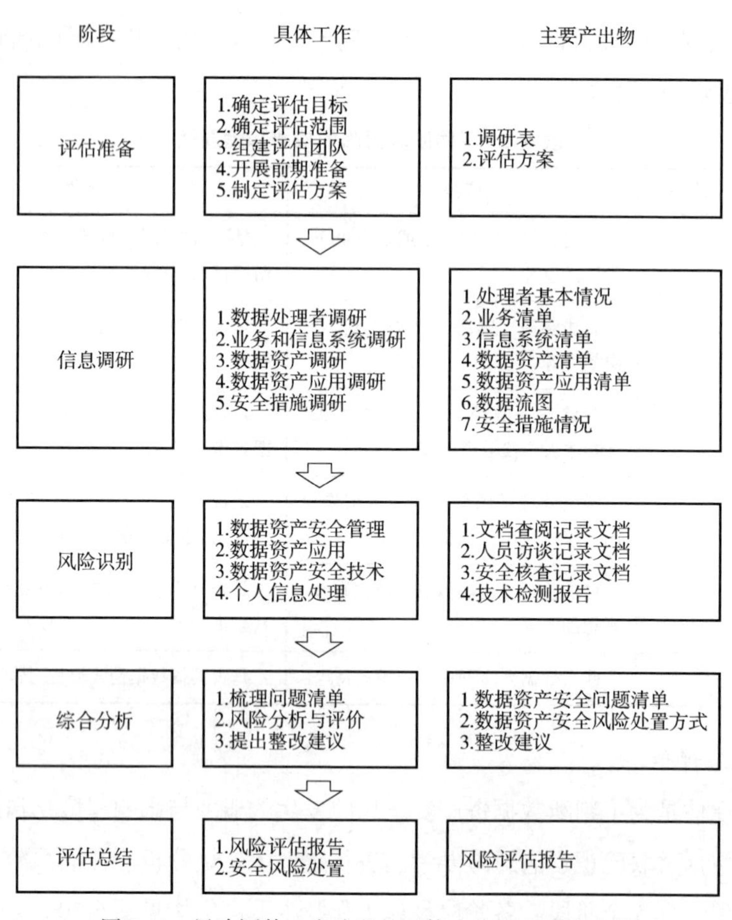

图 6-10 风险评估 5 个阶段的具体工作和主要产出物

记录文档、技术检测报告等。

第四阶段，综合分析。在风险识别基础上开展风险分析，并视情况对风险进行评价，最后提出整改建议。形成数据资产安全风险源清单、数据安全风险列表、整改建议等。

第五阶段，评估总结。编制数据资产安全风险评估报告，开展风险处置。

3. 风险应对

风险应对流程包括数据备份与恢复、系统灾备与应急、安全通报与协调、合规自查与整改、缺陷监测与修复、舆情消除与引导、事件关闭与验收。数据资产风险处置措施应包括风险级别、风险描述、风险值、风险处置方式、风险处置步骤、相关责任人、预计时间等要素，常见的风险处置方式见表6-5。

表6-5 常见的风险处置方式

风险处置方式	说明	方法与措施
控制风险	利用各种技术手段和管理措施，降低威胁发生的概率和造成的影响，或将风险降低到可以接受的等级，即通过有效实施风险控制措施，避免威胁发生，从而保护数据资产	采取适当的技术措施，对员工实施安全教育培训；强化员工的安全意识和安全操作能力；重要信息备份；制订业务连续性计划
转嫁风险	风险全部或部分地转移给其他责任方	购买网络安全保险；将不擅长的领域外包给专业第三方
避免风险	利用各种技术手段，使数据远离风险环境或采取与风险环境相隔离的措施	将有高安全要求的数据或业务活动设置在高安全区中，通过技术或其他数据防护手段防止数据或业务活动遭受威胁的影响
接受风险	对风险不采取任何措施和技术手段	

4. 风险监控改进

风险监控改进从流程优化、技能提升和意识提升3个方面着手。这3个方面相互影响、相互促进，推动建立风险治理改进机制、加强培训与考核、规范资源规划与项目管理等活动。从监控对象来看，围绕审计工作流程，依次展开系统风险审计、数据流程审计、文档传递审计、业务操作审计、终端安全审计和合规监控审计。从监控流程来看，依次为审计策略部署、日志归类分析、日志定期审核、趋势统计分析和数据追踪溯源。

6.4.3 操作要点

1. 多规管理融合加强数据资产安全合规

基于国家和行业数据安全监管要求，开展数据资产合规测评，针对风险提出改进建议，帮助企业完成合规整改。强化数据资产安全风险评估，对数据资产全生命周期进行风险识别和评估，提升数据资产安全保障能力和风险发现能力，确保数据资产安全风险可控。

2. 数据资产治理咨询保障数据平台的落地

通过数据治理体系建设，不断开发创新的数据服务，融合目标、流程、方法、工具，建立覆盖数据资产全生命周期的“数据管理机制、数据管理平台、数据开放平台”框架，实现数据资产的可视化和服务化，保障数据资产的核心价值。

3. 构建数据资产安全技术体系

针对数据资产安全风险，建立数据资产安全技术框架，遵循主动防御思想，从空间维度实现纵深防御，从时间维度实现全链条防护，形成统一管理、分层部署的数据资产安全技术体系。对全部纵深防护环节进行整体控制，实现环境感知、可信控制。

6.4.4 职能分工

数据资产风险防控涉及治理机构、最高管理者、数据资产风险防控团队、中层管理者和员工 5 个方面组织和人员，见图 6-11。

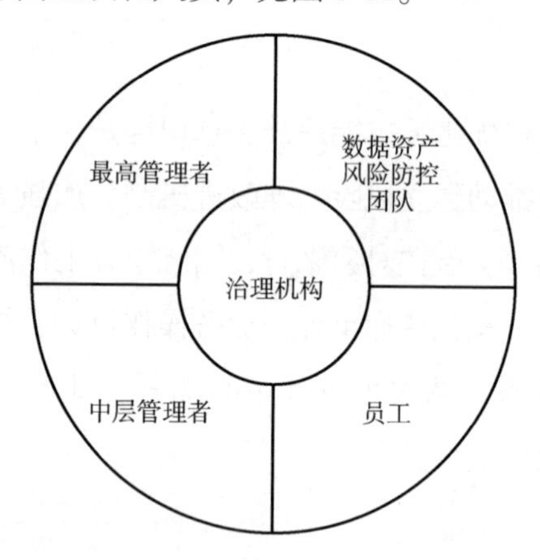

图 6-11 防控数据资产风险职能分工

1. 治理机构

治理机构的职能应包括：

（1）确保最高管理者的管理绩效可以根据防控数据资产安全风险目标的实现程度进行测量。

（2）对最高管理者防控数据资产风险的情况进行监督。

2. 最高管理者

最高管理者或其授权委托人应通过下列方式对数据资产风险防范工作负责：

（1）确保战略和运行目标与数据资产风险防范相协同。

（2）确保数据资产风险管理体系符合国家法律法规要求。

（3）确保为建立、制定、实施、评价、维护和改进数据资产风险管理体系配置足够且适宜的资源，特别是数据资产风险防控团队。

（4）确保建立及时有效的数据资产风险绩效报告制度。

（5）确保建立和维护问责机制，包括纪律处分和结果。

（6）确保数据资产风险防范绩效与人员绩效考核挂钩。

3. 数据资产风险防控团队

数据资产风险防控团队应负责数据资产风险防控管理体系的运行，包括：

（1）识别数据资产面临的风险。

（2）编制数据资产风险评估文件。

（3）使数据资产风险防控管理体系与数据资产风险管理目标保持一致。

（4）监视和测量数据资产风险防控绩效。

（5）分析和评估数据资产风险防控管理体系的绩效，以确认是否需要采取纠正措施。

（6）建立数据资产风险防控报告和记录制度。

（7）确保按策划的时间间隔对数据资产风险防控管理体系进行评审。

（8）建立举报机制。

（9）监督已识别的数据资产风险防控的职责在整个组织内的有效分配。

（10）监督数据资产风险防控与战略、过程和程序的整合。

（11）监督所有相关人员按要求接受培训。

（12）监督确立数据资产风险防控绩效指标。

（13）使人员可获得与数据资产风险防控战略、过程和程序有关的资源。

（14）就数据资产风险防控相关事项向组织提供建议。

需要指出的是，其他人员的风险防范责任并不会因数据资产风险防控团队的具体职责而免除。

4. 中层管理者

中层管理者应通过下列方式对其职责范围内的数据资产风险防控管理工作负责：

（1）持续推进分管领域内所有员工遵守组织的资产风险防控理念、目标和相关程序。

（2）满足员工培训需求，培养员工的数据资产风险防控意识，提升数据资产风险防控能力。

（3）鼓励并支持员工对企业内可能违反数据资产风险防控相关规定的事项进行内部举报，并防止任何形式的打击报复。

（4）确保纠正措施一经确定，能够得到采纳并实施。

5. 员工

组织应关注关键岗位或风险级别较高岗位的员工。所有员工行为应符合如下要求：

（1）遵守企业的数据资产风险防控理念、目标和相关程序。

（2）报告与数据资产风险防控相关的疑虑、问题和漏洞。

（3）根据要求参加数据资产风险防控培训。

第7章　数据资源入表实操案例

选取北京易华录信息技术股份有限公司（以下简称“易华录”）承接的浙江省交通投资集团有限公司（以下简称“浙江交投”）和中国经济信息社有限公司（以下简称“中经社”）数据资源入表案例进行分析。另外，在本书《附录5　我国主要行业数据资源入表案例摘录（截至2024年一季度）》中，整理了截至2024年一季度披露的一些数据资源入表的公开案例，供读者参考。

7.1　浙江交投数据资源入表案例

从项目背景、建设目标、实施过程和建设成果4个方面详细介绍。

7.1.1　项目背景

浙江交投是浙江省省级交通投融资主平台和综合交通体系建设主力军，2023年实现营业总收入3 240亿元、资产总额9 353亿元，在“《财富》世界500强”中列第310位。集团产业链完整，业务覆盖公路、轨道、工程、商业、贸易、金融6大板块、横跨30余个行业，各产业间的关联生态形成了数据要素流通的天然土壤。多年来，浙江交投按照“承担好责任、发挥好功能、发展好企业、提升好队伍”的总要求，加快布局发展“一体两翼”业务，推进实施“数字交投”战略，目前已基本实现业务数据化，数字化应用群基本建成，上线覆盖人、财、物全业务链条的统建系统36个，形成了综合交通产业链全、标准化程度高、潜在应用价值大的数据资源，并以“交投云湖”为数据底座逐步推进各分（子）公司与集团总部各部门的数据资源汇聚、编目、共享，为释放数据要素乘数效能奠定了基础，为集团业务创新和二次创业提供了强劲的驱动力。

为抢抓数字经济发展机遇，深入挖掘数据价值，浙江交投科技数据部（数字中心）与易华录以数据资产化体系建设为目标，就数据业务路径、数据资产管理、数据价值挖掘及会计处理持续深入探讨，并联合集团财务管理部、相关分（子）公司、外部审计单位，共同组成“业数财”融合专班，于2023年12月正式启动数据资源入表项目。基于浙江交投数据管理现状，重点围绕实施数据资源入表和数据资产管理与流通过程中面临的数据资产权属辨析难、预期经济利益流入论证难、成本归集难、减值与摊销等后续计量难、数据资产收益分配难等难题进行攻关，建立一套涵盖流程制度、平台工具、实施规范等的多维度数据资产化管理体系，基于项目维度建立了“入表场景辨析、入表项目立项、入表项目实施及成本归集、入表项目验收、会计计量及列示披露”的数据资源入表“5步法”，突破数据资源入表的实务难题，并以此为基础开展数据资源入表和数据流通交易等数据资产化工作，实现从“数据资源管理”到“数据资产运营”的变革。

7.1.2 建设目标

1. 数据资产管理体系建设

以数据资源入表为契机，完善浙江交投数据资产管理体系，建立数据资源入表实施规范，夯实数据资产开发、应用、流通基础。

2. 数据资源入表试点示范

以2024年数据资源入表工作为试点，面向相关数字化人员、财务人员提供数据资产确认、数据资产成本归集与会计计量、数据资产列示与披露等全流程数据资源入表工作培训辅导，完成第一批数据资源入表工作，培养了团队数据资源入表管理和实施能力。

3. 数据资产管理平台规划

基于浙江交投数据资产管理现状和管理需求，规划数据资产管理平台，以平台工具形式将数据资产登记、入表与流通等相关数据资产化内控体系落地。

4. 数据资产价值变现拓展

针对浙江交投高速公路运营数据、客商数据等高价值数据，建立数据流通场景库，打通数据对外交易链路，进一步完善数据流通规范，推动数据资源的开发利用和合规经营。

7.1.3 实施过程

1. 数据资产化内控体系建设阶段

数据资产化链条长，涉及数据采集、存储、治理、建模、分析等多个环节，需要将原始数据资源通过数据汇聚、治理并加工成企业自用数据应用或对外数据产品，相关成本内容复杂，存在数据资产成本归集难等问题，需要以项目维度对数据资产化工作进行管理，并对数据资产化过程中的相关成本项、佐证材料及项目过程管理、数据资源入表、数据流通与交易进行规范，形成浙江交投数据资产化内控体系。

（1）数据资产化成本归集管理体系建设。首先，对数据资产形成过程中的成本项进行梳理，包括其所处的研发阶段、具体工作、相关成本、成本说明；其次，从财务角度出发，数据资产的成本核算方式遵循无形资产准则和存货准则，其相关成本应同样分为人工费用、外采费用、间接费用分摊等几大类；最后，结合浙江交投现有会计科目体系和会计政策，完善集团数据资源相关会计科目体系，明确相关成本项佐证材料，使数据资产化相关成本合理并有依据地进行会计计量。

（2）数据资产化项目过程管理体系建设。以项目维度对数据资产化工作进行管理，并建立数据资源入表项目过程管理规范，包括项目立项、项目研发过程、项目结项等项目过程管理，为数据资产化过程中的数据来源合规论证、数据权属辨析、预期经济利益流入、成本归集提供依据。

（3）数据资源入表管理体系建设。针对数据资产确认、数据资产会计计量（初始计量、后续计量）、数据资产列示与披露建立一套财务管理规范，明确哪些类型数据资源可以入表，以及入表要求和在财务报表中的处置要求。

（4）数据流通管理体系建设。针对内外部数据流通过程中的数据权属、数据安全、收益分配等问题建立一套数据流通管理规范，明确数据流通相关组织与职责、数据权属规定、数据流通要求、收益分配原则，为内部数据共享与价值挖掘、外部数据交易变现等数据资产化路径奠定基础。

2. 数据资源入表试点实施阶段

以完成2024年度数据资源入表试点示范工作为目标，对集团及各分（子）公司2024年一季度和年度可以完成数据资产化的项目进行盘点梳理，形成4个可以在2024年一季度入表的项目和24个可以在2024年度入表的项目，并指导相关财务人员、数字化人员对所涉及数据的来源合规性、数据权属问题，以及对企业经济利益流入情况进行辨析，完成数据资产初始确认，同时对项目成本归集情况按月进行核查指导，最终在2024年一季度报和年报中进行列示、披露。

（1）数据资产化场景识别。数据资产形成的过程是把数据作为生产资料投入社会生产经营活动，为使用者或所有者带来经济效益的过程，其形态包括数据集、数据信息服务、数据应用等。概括起来主要有对内赋能数据应用开发、对外数据产品交易变现、数据持有权有偿转让3种业务模式。

1）对内赋能数据应用开发。主要是将数据资源与其他资源结合使用，从而对内赋能，服务、支持其他生产经营或管理活动，达到提质、降本、增效等目的，如风控分析工作台、经营分析驾驶舱、精准营销客户画像等。

2）对外数据产品交易变现。主要是运用数据资源为其他主体提供有关服务，通过将相关数据资源进行汇总、分析等，形成其他主体所需要的新数据，如分析结果、信用评级的结果等，并通过调用数据应用程序编程接口（Application Programming Interface，API）、使用数据应用等方式提供查询或者验证服务，如车辆信用报告、集装箱车流量查询、路段拥堵查询等，供需双方并不是直接转移相关数据的控制权。

3）数据持有权有偿转让。主要是直接交易原始数据或者是加工后的数据，供需双方数据持有权会发生转移（实务中较少，目前也较少涉及）。

本项目通过线上调研和线下访谈相结合的形式，按对各分（子）公司和集团各部门2024年3种模式的数据资产化工作进行摸排，对建设内容、建设模式（自研、外购等）、涉及数据来源、涉及数据项、数据加工过程、成果物服务对象、预计开发开始时间、预计开发结束时间等进行梳理，形成数据资产化场景清单，包括经营管控类、高速运营类、工程建设类、金融与商业运营类 4 类数据资产化场景。

（2）数据确权与合规辨析。首先，基于梳理的数据资产化场景清单，确保入表主体对项目所涉及数据拥有数据资源持有权、数据加工使用权或数据产品经营权；其次，对相关数据来源、内容、处理过程等进行辨析，确认获取、处理数据的行为不违反国家相关法律法规、政策要求和社会公共道德，不侵犯第三方合法权利。

（3）预期经济利益流入论证。针对运用数据资源为其他的主体提供有关服务的数据资产化场景，通过对数据应用的目标客群、同类产品定价、市场空间等分析对预期经济利益流入情况进行论证；针对对内赋能的数据资产化场景，可以通过定量分析或定性分析两种模式对预期经济利益流入情况进行论证，其中，定量分析预期收益方式为提质、降本、增效、流程再造、促进销售等，可通过合理方式对其节省的相关成本、促销带来的收入增加进行量化预测。例如，项目建设完成后预期可减少 2 人/年的人力，按人工成本每人 20 万元/年，则每年可节省成本 40 万元；针对无法量化的情况，可通过定性描述严谨论证预计经济价值流入，包括但不限于降低人力成本、降低风险发生概率、提高企业内部运营效率、辅助精准决策和精准营销等。

（4）数据资产成本归集与初始计量。在完成数据资产确认之后，以项目形式对数据资产化工作进行管理，辅导各分（子）公司和业务部门完成数据资产化项目立项，并按月对各项目人工费用、外采费用、其他直接费用、间接费用等支出进行归集，计入“研发支出——资本化支出——数据资源”科目，并在项目完成之后将相关支出转结为数据资产，计入“无形资产——数据资源”科目。

（5）数据资产列示与披露。在相关支出转结为数据资产之后，按照数据资产化内控体系的数据资产列示与披露要求，在季度或者年度财务报表中进行列示与披露。

（6）数据资产后续计量。在完成数据资产初次入表工作之后，针对数据资产的后续摊销与减值准备工作，因为数据资产价值与应用场景高度相关，且一些数据具有较强的时效性，在确定使用寿命时应额外考虑这些因素，对数据的使用年限、数据产品的未来竞争力等进行判断，确定摊销年限。每年年终对数据资产的使用年限进行复核，如果有明确证据证明使用年限发生重大变化，应当按照会计估计结果对使用年限进行调整；如果数据时效性逐年递减，可考虑加速折旧的方法进行摊销，同时每年进行减值测试，从外部信息来源和内部信息来源两个方面判断资产是否可能发生减值。

3. 平台工具建设需求规划阶段

基于浙江交投数据资产化相关流程制度和实施规范，结合集团项目管理系统、财务系统、“交投云湖”进行数据资产管理平台建设业务需求梳理和规划设计，将数据资产化相关内控体系以平台形式进行落地，为后续集团数据资产管理及运营提供指导。

4. 数据资产流通交易变现阶段

对浙江交投现有数据资源进行盘点梳理，形成客商数据、高速公路事件高精数据、GIS 数据、“双碳”能耗数据、高速公路营运数据、高速公路事故及救援数据、高速服务区数据、铁路轨道营运数据等多类高价值数据，以数据资源入表为起点，推动数据链与产业链深度融合，探索“交通+”产业发展路径，加快业务数字化转型，实现数据市场化流通交易和价值变现。

7.1.4 建设成果

浙江交投此次入表工作的开展是响应国家关于数据要素新质生产力和数据资产管理最新要求的第一步，是集团全面开展数据要素融通运营的开端和基础。通过实施数据资源入表，2024 年一季度成功完成“交投大脑・驾驶舱”、风控分析工作台、智能车险定价系统、分包商数据管理及应用平台 4 个数据资产化项目入表工作，合计金额 253.71 万元，打通了数据链、业务链，管理上实现了数据赋能风险管理、实时预警、综合智治，业务上降低了车险赔付率和分包商实施风险，体现了数据作为“生产资料新要素”的应用价值，对后续入表项目起到了以点带面的示范作用。同时，建立了一个涵盖流程制度、平台工具、实施规范等多维度的数据资产化管理体系，并以数据资产流通交易推动集团多业态数据资产开发利用，实现了从“数据资源管理”向“数据资产运营”的转变。

7.2　中经社数据资源入表案例

经济信息服务业是以信息为核心，以提供经济信息服务为主要业务的行业。其主要职能是整合、加工、分析和发布各类经济信息，为政府、企业、投资者等提供决策支持和市场分析等服务。其主要业务包括宏观经济分析、行业研究、市场调查、投资咨询、财务分析、信用评估、数据分析等，服务对象涵盖政府、企业、金融机构、研究机构、投资者等多个领域。随着信息技术的不断发展，经济信息服务业的服务方式也在不断创新，如数据挖掘、人工智能、云计算等技术的应用，使得经济信息服务能力更加高效、智能和精准。

中经社是典型的经济信息服务企业，其数据资源涵盖宏观行业数据、金融市场数据、企业全景数据、特色主题数据等。当前，围绕服务国家战略，中经社建成了国家金融信息平台“新华财经”、“一带一路”综合信息服务平台“新华丝路”、国家信用信息平台“新华信用”、集成型指数编制发布综合服务体系“新华指数”，以及涵盖政务、能源、农业、房地产、海洋、智能制造、烟草、舆情等领域的“中经智库”五大重点产品。此外，中经社还承担了全国一体化政务服务和监管平台、中国一带一路网等政府项目运营工作，打造了国际化能源交易平台上海石油天然气交易中心。

目前，中经社已经成为国内权威性强、服务领域广、信息种类全的经济信息服务机构。

7.2.1　数据资源的特点

与其他行业相比，经济信息服务业的数据资源呈现以下特点，见图 7-1：

（1）海量性。经济信息服务业务处理的数据量通常较大，需要进行大数据处理和分析，以提供准确的信息服务。

（2）多样性。经济信息服务涉及多个领域，数据资源种类丰富，包括宏观行业数据、企业数据、金融市场数据、主题特色数据等。

（3）时效性。经济信息服务需要及时获取最新数据，因此数据资源具有较高的时效性和较快的更新频率。

（4）高价值性。经济信息对企业和决策者具有重要参考价值，数据资源的准确性和可靠性对业务成功至关重要。

（5）多维性。经济信息服务需要对数据进行多维度分析，以揭示潜在的商业机会和风险，数据资源需要支持多种分析方法和工具。

（6）高敏感性。由于经济信息可能涉及商业机密和个人隐私，数据资源需要具备高度的安全性和隐私保护机制，确保数据的安全性和合规性。

图 7-1 经济信息服务业数据资源特点

7.2.2 数据产品的特点

一般而言，可根据需求特征和服务方式、预期使用寿命两个维度对经济信息服务业数据产品进行分类。见图 7-2。

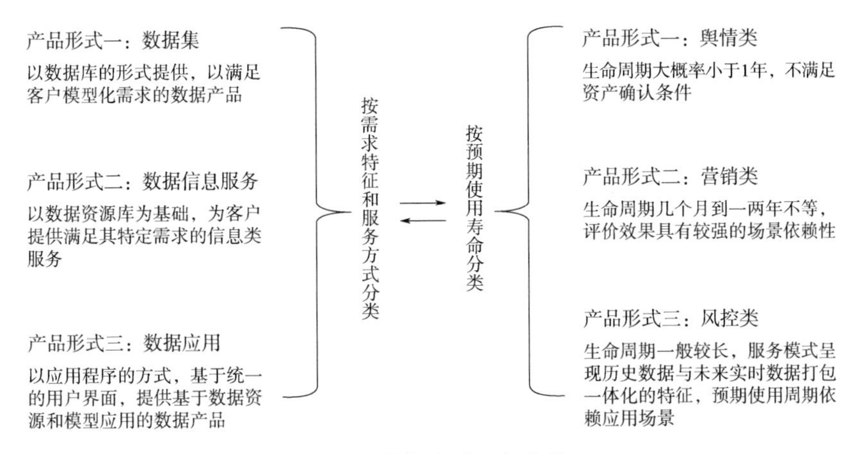

图 7-2　数据产品一般分类

基于需求特征和服务方式不同，经济信息服务业数据产品形式可大致分为以下 3 类：

（1）形式一，数据集。即以数据库的形式提供，以满足客户模型化需求的数据产品。

（2）形式二，数据信息服务。即以数据资源库为基础，为客户提供满足其特定需求的信息类服务。

（3）形式三，数据应用。即以应用程序的方式，基于统一的用户界面，提供基于数据资源和模型应用的数据产品。

根据预期使用寿命不同，经济信息服务业的数据产品形式一般可分为：

（1）形式一，舆情类。主要是帮助客户了解社会舆情动态、监测舆情风险、评估舆情影响等，有助于企业、政府和个人做出正确决策和应对舆情危机。常见的舆情类数据产品包括舆情监测系统、舆情分析报告、舆情预测工具等。该类产品的定制性较强，数据采集范围大，具有时效性强的特点，且一般会采用情感分析技术判断舆情信息中的情绪倾向。

（2）形式二，营销类。主要用于帮助客户更好地了解目标用户群体、优化营销策略、提高营销效率等，有助于企业实现精准营销、提升市场竞争力。常见的营销类数据产品包括用户画像分析工具、市场趋势预测系统、营销评估报告等。该类产品个性化较强，能够基于用户行为数据和偏好信息，实现个性化营销推送，通常支持多渠道整合，帮助客户及时了解市场动态和用户反馈。

（3）形式三，风控类。主要用于帮助客户识别潜在风险、降低风险损失、提高风险管理效率等，有助于企业建立健全的风险管理体系，保障业务的稳健运行。常见的风控类数据产品包括反欺诈系统、信用评分模型、交易风险监测工具等。该类产品具有一定预测能力，能够实时监测数据变化，及时发现异常情况和风险信号，帮助客户快速做出反应和采取应对措施。

7.2.3 数据资产的特点

从数据资产角度来看，舆情类数据产品生命周期大概率小于 1 年，一般不满足资产确认条件；营销类和风控类属于生命周期大于 1 年可以计入数据资源无形资产的数据产品。

具体来看，营销类产品，由于消费者的偏好持续变化，支持精准营销或者其他营销策略的数据产品往往在使用初期对于新用户获取或者老用户复购的效果较好，但随着时间的推移，企业研发的营销类数据产品的使用效果会出现明显的边际效用递减的特征，此时就需要企业优化营销模型甚至开发新的营销产品。基于此，营销类数据产品的预计使用寿命为几个月或一两年不等，很少有持续且集中为企业带来经济利益流入超过 3 年的营销类数据产品。

风控类数据产品的使用寿命则一般都较长。以银行为企业用户提供授信的场景为例，一般情况下，银行会考察企业过去几年的经营情况，也会同时请数据产品供应商提供企业舆情追踪的企业监测授信期内该用户的风险事件，即某个时点新进入的银行客户会至少使用某企业用户的数据 3 年，有些甚至在 5 年以上。

营销类和风控类数据产品一般都有管理难度大、数据使用寿命判断难、数据资产摊销年限和方法选择难的问题。

7.2.4 经济信息服务业数据资源入表流程

2024 年可以说是企业数据资源入表元年，当前各界对数据资源入表仍存在一些认知误区。首先需要明确“不是所有的数据都可以称为要素，也不是所有的数据都能入表”。数据资源会计入账过程中存在边界不清楚、场景不明确、计量困难的客观事实。因此，应基于数据资源的使用价值，挖掘数据产品的交换价值之后，再以数据产品作为确认资产的载体确认入表，是较为可行的路径。其次，数据资源入表入的是实际投入，入表其实是将数据从计算机语言转化成会计语言的过程。经营主体投入人力、设备、资金对数据资源进行实质性加工和创新性劳动，最终形成数据产品的过程，也就是开发数据资产的过程。最后，“资产评估不作为资产入表的前提”。数据资源是中经社在过去 20 多年信息化、数字化过程中积累下来的，不能将评估得出的市场价值计入财务报表。在此认知基础上，数据资源入表的“核心”其实在于数据产品设计与应用场景开发。

7.2.4.1　资产确认

经济信息服务业数据资产一般属于无形资产，因此重点研究作为无形资产的数据资产的确认、初始计量、后续计量及处置报废情况。

根据《暂行规定》和现有会计准则，企业数据资源如果满足资产的定义和确认条件，则可以作为数据资产入表。其中，资产指企业过去的交易或者事项形成的，企业拥有或者控制的，预期会给企业带来经济利益的资源。此外，欲将一项资源确认为资产，除需要符合资产的定义，还应同时满足以下两个条件：一是与该资源有关的经济利益很可能流入企业；二是该资源的成本或者价值能够可靠地计量。数据资源要确认为一项资产亦应满足上述条件。

《暂行规定》还指出，企业使用的数据资源，符合无形资产准则的定义和确认条件的，应当确认为无形资产；企业日常活动中持有、最终目的用于出售的数据资源，符合存货准则的定义和确认条件的，应当确认为存货。通俗而言，企业持有的数据资源如果最终目的是用于出售，即出售过程伴随权利转移，导致出售数据资源后，企业无法再对其进行控制或施加重大影响的，则确认为存货，否则确认为无形资产。见图 7-3。

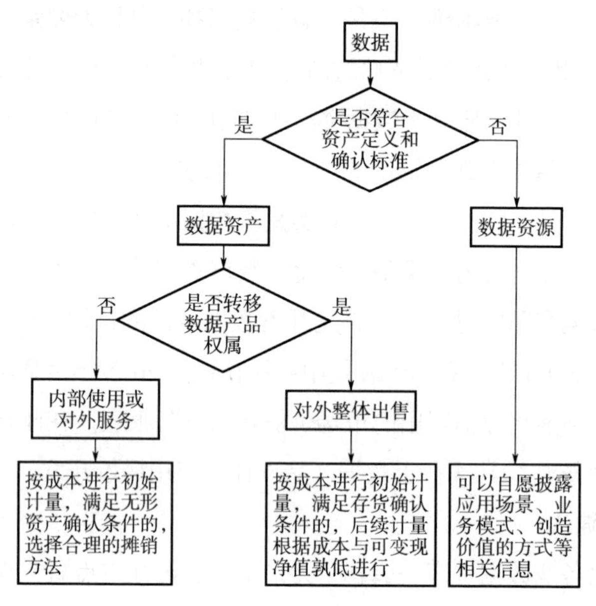

图 7-3 数据资产确认指引

7.2.4.2 初始计量

《暂行规定》根据取得方式不同，对外购及企业内部研发取得的可确认为无形资产的数据资源分别规定相关会计处理。根据《暂行规定》，会计主体通过外购方式取得确认为无形资产的数据资源，应当按照取得时实际支付的价格入账，以取得该项资产而支付的全部费用作为数据资产的历史成本，包括购买价款、相关税费、直接归属于该无形资产达到预定用途所发生的数据脱敏、清洗、标注、整合、分析、可视化等加工过程所发生的有关支出，以及数据权属鉴证、质量评估、登记结算、安全管理等费用。对于数据采集、脱敏、清洗、标注、整合、分析、可视化等服务所发生的有关支出，不符合无形资产定义和确认条件的，计入当期损益。特别需要强调的是，外部获取的数据资产，若在交易过程中出现所有权或者部分所有权转移，可以确认为资产，计入“无形资产”科目下的“数据资产”项目；若不涉及所有权转移，但在获得数据使用权的同时，拥有一定的代理、分销、转售等可以通过交易该数据资产获得利益的权利，会计主体可确认为资产；若仅获得数据使用权，如使用许可证，且企业无法通过外部交易等方式获取未来利益，则不涉及“数据资产”的转移，会计主体只能将其计入成本或费用。

企业内部数据资源研究开发形成的数据资产，依据形成方式可以分为主动研发的数据资产和随生产经营等产生的伴生数据资产。企业通过投入技术、人力、物力主动搜集、整理分析得到的数据资产，类似无形资产研发，可参照无形资产会计处理方法进行确认。具体而言，依据会计准则中关于无形资产研究与开发的规定，企业内部数据资源研究开发项目的支出，应当区分研究阶段支出和开发阶段支出。其中，研究阶段的支出费用化计入当期损益，开发阶段的支出符合特定条件的可以资本化，计入无形资产的成本；无法对象化区分研究和开发支出的，全部费用化，计入当期损益。实务中，由于研发活动的复杂性和相关性，要清晰区分研究和开发阶段难度较大。本书建议，数据的获取、确认、预处理阶段，数据价值不确定性及风险较大，发生的成本支出应全部费用化，计入当期损益；数据的分析、挖掘、应用带来经济利益的确定性较高，该步骤的支出满足资本化条件的可资本化，计入数据资产成本。

除主动研发数据资产，企业内部自有数据还包含企业生产、经营等活动伴生的数据。这一部分数据作为数据资产的初始计量，需要在不同的阶段进行不同会计处理：在数据获取、确认、预处理等阶段，处理数据所产生的各项成本处理方式类似于主动研发数据资产的研究阶段，应进行费用化处理并计入当期损益；在数据分析、挖掘、应用等阶段，符合条件的支出则应进行资本化处理。

目前《暂行规定》关于数据资源无形资产的初始确认和计量与《国际会计准则第 38 号——无形资产》（以下简称《国际准则 38 号》）规定的以成本进行初始计量一致。

7.2.4.3　后续计量

1. 后续计量的方法

对于满足无形资产确认条件的数据资源，根据《暂行规定》按成本模式进行后续计量。在实务中，不同行业对数据资源的管理类型多样，其业务模式、应用场景、价值创造等方面不尽相同，数据资源技术、数据容量、数据价值密度等因素对数据资产价值的影响也不同，仅按照数据资源的投入成本进行后续计量，部分数据资源的价值可能会被严重低估，从而无法反映企业真实的财务信息。

《国际准则38号》对无形资产后续计量方法包括基准处理方法，即成本模式，该方法与我国《暂行规定》基本一致。此外，《国际准则38号》也允许使用重估价模式对无形资产进行后续计量。根据其第75段，无形资产如果选择适用重估价模式，需要该无形资产的公允价值能够参考活跃交易市场中的价格信息进行计量。可见，《国际准则38号》中对于有活跃交易市场的无形资产，可以使用重估价模式进行后续计量。

《中共中央 国务院关于构建数据基础制度更好发挥数据要素作用的意见》（业内称“数据二十条”）提出数据产权“三权分置”，即建立数据资源持有权、数据加工使用权、数据产品经营权分离的数据产权制度框架。根据该框架，企业可将数据资源按权利类别进行核算，随着数据产品经营权的认可，数据交易活动越来越频繁，数据产品的交易价格也更加被市场认可。基于此，业内研究者提出对于数据产品经营权可采用重估模式进行后续计量。例如，光大银行发布的《商业银行数据资产会计核算研究报告》中指出：“应根据数据资产的价值运动规律指定适配的数据资产后续计量方案，对于数据使用权资产和数据经营权资产分别使用成本模式和重估模式进行后续计量。数据使用权资产可考虑在公允价值基础上进行后续计量，在每个资产负债表日以公允价值为基础调整账面价值，其差额计入其他综合收益，数据资产终止确认时转入损益。”该计量模式借鉴了《国际准则38号》中无形资产采用重估模式的计量方法。

《暂行规定》使用成本模式进行计量，其投资成本较客观、容易验证、可靠性强，强调资产价值能够可靠计量，但无法动态反映数据资产的价值变化。而《商业银行研究报告》提出的计量模式可动态反映数据资产价值变动情况，缺点是当前数据安全、数据确权、数据估值等问题在一定程度上影响了数据流通效率，导致数据交易市场缺乏标准化产品、数据产品交易价格不具备公允性等问题，不满足以公允价值进行后续计量的条件。随着数据管理的一系列配套措施逐项落地，如出台数据产权相关的法律法规、相关行业主管部门出台具有操作指导性的数据资产评估准则，使得数据评估标准化，数据资产交易将更为活跃。

2. 数据资源无形资产的摊销

在成本模式下，根据《暂行规定》，企业在持有确认为无形资产的数据资源期间，利用数据资源对客户提供服务的，应当按照无形资产准则、无形资产准则应用指南等的规定，自取得当月起在预计使用年限内分期平均摊销，摊销金额计入当期损益或相关资产成本。

会计主体应根据各类数据反映的与该数据资产有关的经济利益的预期消耗方式选择摊销方法。如数据工具技术迭代升级较快，可使用加速折旧/摊销法；无法可靠确定预期实现方式的，应当采用直线法摊销。估计无形资产数据资源的使用寿命时，应当考虑无形资产准则应用指南规定的因素，若取得数据资产的合同有约定受益年限或法律规定有效年限的，摊销年限不应超过受益年限与有效年限两者之中较短者。此外，还需重点关注数据资源相关业务模式、权利限制、更新频率和时效性、有关产品或技术迭代、同类竞品等因素。

对于使用寿命不确定的数据资源无形资产，不应摊销，应当在每个会计期间对其使用寿命进行复核，如果有证据表明该无形资产的使用寿命是有限的，应当估计其使用寿命进行摊销。针对使用寿命不确定的数据资源无形资产每年应进行减值测试。

3. 数据资源无形资产减值准备

在成本模式下，当数据资源无形资产出现减值迹象时应进行减值测试，按照《企业会计准则第 8 号——资产减值》处理。根据减值测试结果，发生减值的，计提资产减值准备。

4. 数据资源无形资产计量的发展趋势

综上，企业对符合确认条件的数据资源入表时，应选择恰当的计量方法确认其价值。随着世界经济一体化、资本流动全球化的推进，与国际会计准则趋同是未来发展和适应经济全球化的必然选择。2010 年 4 月 9 日，财政部发布《中国企业会计准则与国际财务报告准则持续趋同路线图》，表示支持国际会计准则理事会（IASB）建立一套全球统一的高质量会计准则，同时强调始终坚持会计准则趋同互动原则。未来随着数据资源入表工作的逐步开展，各行各业积极投入其中，建立规范标准化的管理制度，在实践中寻求适用数据资源的核算方法，提供更高质量的会计信息，帮助财务报告使用者做出合适的投资或信贷决策。

与此同时，数据资源会计也对各企业的数据资源管理和财务管理提出了更高要求。企业应按照全面性、合法性、清晰性等原则进行会计核算，如根据会计信息相关程度等，按照数据资源相关业务活动的细分类别进行核算。将数据资产科目与其生命周期管理相结合，设计数据资产计量规则，应用于数据采集、传输、存储、使用、交易、删除和销毁等环节。此外，还要完善财务管理部门与数据业务部门的协同机制，对业务人员开展数据资产化相关培训，为数据资产核算、会计处理等提供合法合规的依据，推动企业数据资源全面准确入表。

7.2.4.4 处置报废

当数据资源无形资产预期无法为企业带来经济利益时，应将无形资产的账面价值予以转销，终止确认该项无形资产。例如，当企业将其数据资源无形资产的删除、销毁、登记权进行变更，权属转移至受让人，不再拥有数据资源无形资产的一切权利，包括但不限于数据资源持有权、数据加工使用权、数据产品经营权等，将数据资源无形资产的全部相关风险和报酬完全转移。企业终止确认数据资源无形资产的，应将取得的价款与该数据资源无形资产账面价值的差额计入当期损益。

7.2.4.5 中经社数据资源模拟入表

由于符合资产定义和确认条件的数据资源才可作为数据资产进行入表，中经社在此次模拟入表过程中，根据资产的定义和确认条件，梳理总结出实践操作层面的入表“五步法”，见图 7-4。第一步，梳理数据资源，全面梳理企业拥有的数据资源情况；第二步，数据合规判断，判断企业对现有数据资源的权利及合规情况；第三步，产品盈利分析，分析与数据资源相关的数据产品盈利的可能性和持续性；第四步，成本归集，按照历史成本逐项归集数据资产相关历史成本；第五步，列报与披露，在财务报表和报表附注中进行相关披露。

图 7-4 中经社数据资源入表“五步法”

1. 梳理数据资源

中经社多年来深耕金融信息服务领域，具备良好的数据治理基础。目前拥有覆盖全球 238 个国家和地区的行业宏观数据、全面的金融市场数据，以及国内 9 300 多万家企业的全景数据，并通过专业研究团队深入各地区调研整理、国家部委数据的直连，形成了与市场差异化服务的特色主题数据，包括县域数据、“双碳”数据、产业链数据等。

此次模拟入表按照数据来源方式，对中经社自采及第三方引进的数据进行了全面梳理。其中，自采类数据梳理内容包括数据名称、内容介绍、来源、产品情况、采集方式等。第三方引进类数据梳理了数据来源、数据内容、合同权利及限制、合同金额、数据产品情况等内容。

2. 数据合规判断

数据资源要符合资产定义条件之“企业合法拥有或控制”，因此，数据来源及加工治理方式合规是数据资源入表的前提。

对于自采类数据，重点需要关注数据来源是否合法，以及加工治理方式是否合规。例如，个人行为或消费数据可能涉及侵权，用电量、税务数据等公共数据可能涉及权利不清，需要得到合法授权。中经社自主采集的数据资源，一般来源为政府公开网站、交易所、各地统计局等官方公开渠道，数据来源及加工治理方式经专业判断不涉及违规侵权等情况。

对于第三方引进的数据资源，则需重点关注数据资源引进合同中相关权利及限制条款的约定。假如合同条款有使用限制，比如明确列出“仅供内部研究使用”“不得用于除展示外其他用途”等限制条款，则认为不符合资产定义中“企业合法拥有或控制”的条件，该项数据资源及与之相关的成本支出不适宜作为数据资产进行入表。

因此，经济信息服务行业相关数据要素型企业在未来引进数据资源过程中，应充分重视合同条约中的相关权利限制事项，在合约谈判过程中应对合同条约有充分认知，避免出现权责瑕疵导致的数据资产认定问题。

3. 产品盈利分析

（1）按盈利模式对数据产品和服务进行分类。数据资产定义要求与资源相关的经济利益很可能流入企业，而数据资源经济利益实现方式离不开数据产品，因此在模拟入表过程中，中经社全面梳理了与数据资源强相关的数据产品和服务清单，并按照盈利模式对现有数据产品和服务进行了归类，见图 7-5，包括：

第一类，Saas 类产品。包括新华财经终端、“一带一路”综合信息服务平台、企业信用管理服务系统、中国天然气信息终端 E-Gas、数字经济智能决策支持平台等 10 余项产品。该类产品的盈利模式为账号按年计费，客户开通账号后，用户可下载软件并申请开通账号后登录专业终端或平台网站。若客户需要产品终端、数据流接口、本地化部署服务，公司根据用户具体定制化需求商议价格。

第二类，数据服务。可通过数据库同步、接口等方式提供宏观行业、金融市场、企业、主题特色数据四大维度的数据服务，目标用户主要为银行、券商等金融机构，以及地方政府、园区、大型企业，收费模式为按照客户实际需求商议价格。

第三类，智库服务。涵盖经济分析报告、政务智库报告、国别营商环境与投

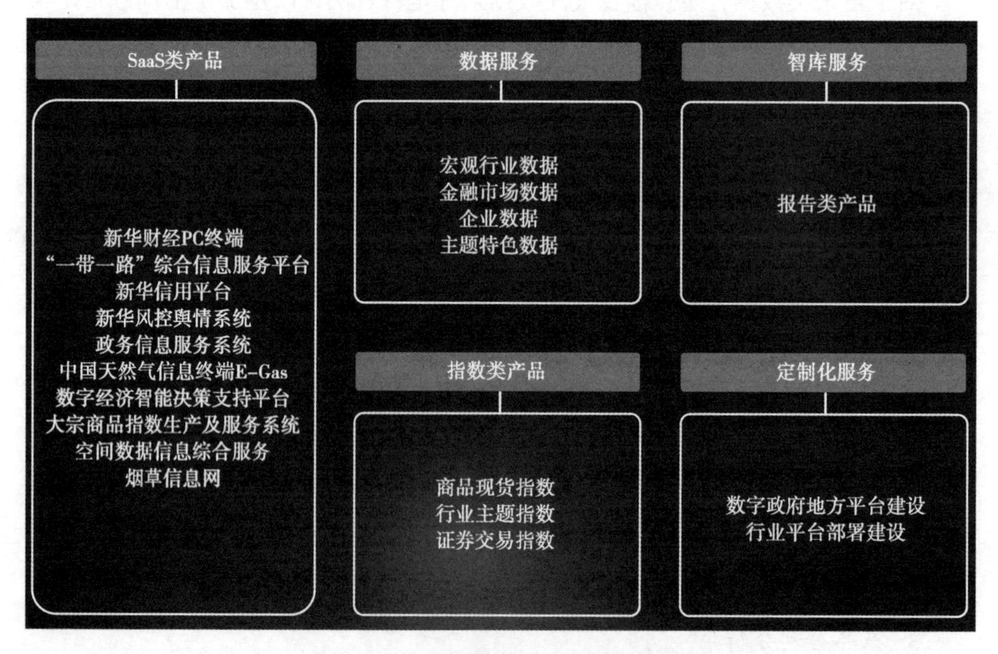

图 7-5　中经社数据产品及服务体系

资风险分析报告、信用报告等。该类产品主要用户为各级政府单位、大型企业集团、上市公司等。经济分析报告、政务智库报告等盈利模式为按年计费；国别营商环境与投资风险分析报告的收费模式为按照国别数量收费。

第四类，指数类产品。包括商品现货指数、行业主题指数、证券交易指数等。该类产品主要与地方特色优势产业或行业管理部门联合合作，为推动当地优势产业发展，联合编制发布相关指数，打造地方产业影响力。其中，商品现货指数用户主要为地方政府特色优势工业或农业相关管理部门，行业龙头/代表性企业、现货交易中心；行业主题指数目标用户主要为发展改革委、交通、金融、工信、科技、商务等政府系统，产业园区、枢纽港区等公共服务主体，以及龙头企业、金融机构等；证券交易指数的目标用户主要为基金公司、券商公司、银行理财子公司等金融机构，主要盈利模式为根据客户数据采集范围、研发资源及运营服务需求商议价格。

第五类，定制化服务。如数字政府地方平台、行业平台等。

（2）确定可入表的产品类别。由于中经社数据产品销售不伴随权利实质转移，因此符合资产确认条件的数据产品均为无形资产。无形资产属于长期资产，其要求相应资源带来的经济利益流入超过 1 年。对于经济信息服务行业企业，其隐含的要求即历史数据依然具有经济价值。

对于 Saas 类产品，以新华财经为例，用户使用终端查询股票、基金、债券数据时，其关注点往往不局限这些金融资产此时此刻的数据，而是更加关注以往多年的历史数据。那么，站在当下时点来看，2023 年乃至 2022 年甚至更早期的历史数据依然在为公司产生经济价值。同样地，以数据服务中的上市公司数据服务为例，客户付费购买上市公司数据服务时，其合同购买价款往往包含上市公司全部数据，即最新上市公司数据和历史数据，也就是说，历史数据带来的经济利益的流入持续至今。据此，本书认为这两类产品符合无形资产的判断条件，适宜作为数据资产入表。

对于智库报告类产品，一般认为，智库分析报告时效性较强，对于一份特定报告是否能在 1 年后依然有付费客户，即经济利益流入能否超过 1 年较为存疑。

此外，与中央国债登记结算有限责任公司的中债收益率指数不同，中经社指数类产品多为与地方优势产业或行业管理部门合作联合打造的特色行业和价格指数，主要为当地优势产业打造全国影响力，因而积累的指数数据资源定制化特征明显，复用性较弱，一般认为经济利益流入也难以超过 1 年。为防止数据资产泡沫引发系列问题，基于审慎原则，建议智库报告类产品和指数类产品暂时不宜作为数据资产入表。

4. 成本归集

由于数据资源入表的初始计量原则为历史成本法，因而，确定可入表的数据产品范围后，下一步就是与其相关的历史成本的归集。一般而言，与数据资产相关的成本包括数据采购成本、人工成本、软件成本、硬件成本 4 类，这 4 类成本的合计金额即数据资产入账的初始金额。

（1）数据采购成本。主要有两个方面：

1）数据采购成本的归集。与数据资产相关的数据采购成本为引进数据的合同金额加相关税费。在数据资源入表“五步法”“第一步，梳理数据资源”中，第三方引进的数据资源中已经体现具体合同金额、服务数据产品情况的详细信息，“第二步，合规判断”过程中也已将不符合资产定义和确认条件的数据资源筛选排除，此时进行数据采购成本的归集，只需把剩余符合资产定义和确认条件的数据资源引进合同金额加总，即构成数据资源入账成本之一的数据采购成本。

2）数据采购成本的分摊。一般而言，一项数据会服务于不同数据产品。以中经社为例，其采购的上市公司数据既服务于新华财经系列产品，又用于数据服务，因而归属于上市公司数据的采购成本需要在新华财经和数据服务两类产品间进行分摊。如果一项数据仅用于某一具体数据产品，则不涉及分摊问题。在实操过程中，数据资源在不同产品之间的分摊是入表的难点之一。由于是模拟入表，中经社对于数据采购成本分摊的处理方法是简化处理为按照产品收入占比在不同产品间进行分配。其他经济信息服务行业企业在 2024 年实际入表操作时建议采用更为科学合理的分摊方法，如数据调用次数、对外提供服务频次等，结合实际业务模式综合考虑确定更加合理的分摊方法。

（2）人工成本。主要有两个方面：

1）人工成本的归集。与数据资产相关的人工成本，即为形成数据资产所必须投入的数据规划、采集、加工、开发等相关人员成本。由于中经社过往财务核算围绕内部各事业部、分公司进行，并未建立全成本核算体系，而内设部门大数据中心人员承担了大部分的数据采集、加工、开发等工作，结合中经社业务实际，在归集人工成本时，简化处理为把大数据中心全体人员成本作为数据资产的人工成本。

2）人工成本的分摊。人工成本在不同产品之间进行分摊比较科学合理的方法是按工时进行分摊。建议相关企业对数据产品全链条进行科学规划，合理布局数据加工链条中涉及的部门并落实工时管理系统，为数据产品开发流程中人工成本投入的可靠计量提供科学依据。

（3）软、硬件成本。主要有两个方面：

1）软、硬件成本的归集。数据资产成本构成中的软件成本主要为开发数据产品所必需的软件的摊销部分，硬件成本主要为开发数据产品所必需的机器的折旧部分。中经社开发数据资产过程中使用的硬件主要为服务器，主要使用的软件为智能采集平台、智能生产加工平台等专用类软件和部分通用类办公软件。

由于模拟入表期间中经社尚未采用全成本核算体系，准确辨认数据资产开发过程中直接使用的服务器和软件都较困难，此次模拟入表的硬件成本为登记在大数据中心部门的两台服务器的折旧部分，软件成本为智能采集平台、智能生产加工平台等专用类软件的摊销部分，当然这个成本是不太准确和完整的。

基于中经社实践，建议经济信息服务行业的相关企业尽快完善企业资产管理制度，固定资产及无形资产台账应明确资产唯一识别码，并登记资产具体用途，以便对数据产品成本进行合理区分和管理，从而提高数据产品开发过程中使用的软、硬件的辨识度，使其能够可靠计量。

2）软、硬件成本的分摊。软、硬件成本如何在不同数据产品之间进行分摊，是数据资产这一新兴资产类型的通用难题。模拟入表期间，中经社采用了收入占比法在不同数据产品间进行分配，但并不能体现各项数据产品的真实情况，因此建议业界探索更加科学合理的成本分摊模式，寻找数据产品与软硬件成本之间强相关的、可量化联系，如硬件成本按照机器、软件作为形成数据产品所必要的直接支出，其相关的折旧摊销费用构成产品成本的一部分。数据产品占用服务器的存储空间按占比进行分配，软件成本按照使用频次进行分配，或者在数据产品间进行均等分配等。

（4）成本合计。归集数据采购成本、人工成本、软件成本、硬件成本后，这 4 项成本的合计即数据资产的初始入账成本。各类成本在不同数据产品之间分摊后，各项数据产品的成本也能加总合计。

5. 列报与披露

（1）模拟入表前后资产负债表对比见表 7-1。

表 7-1 模拟入表前后资产负债表对比 （单位：万元）

科目	2023-06-30 数据		差异	2022-12-31 数据		差异
	模拟入表后	模拟入表前		模拟入表后	模拟入表前	
流动资产合计	***	***	—	***	***	—
无形资产	***	***	3 733.57	***	***	2 442.79
递延所得税资产	***	***	125.80	***	***	53.88
其他非流动资产小计	***	***	—	***	***	—
非流动资产合计	***	***	3 859.37	***	***	2 496.67
资产总计	***	***	3 859.37	***	***	2 496.67
应交税费	***	***	785.83	***	***	519.09
其他负债小计	***	***	—	***	***	—
负债合计	***	***	785.83	***	***	519.09
未分配利润	***	***	3 073.54	***	***	1 977.58
其他股东权益小计	***	***	—	***	***	—

注：应案例企业要求，相关具体数据以“***”代替。下同。

经济信息服务业数据资源入表实践操作见表 7-2。

表 7-2　经济信息服务业数据资源入表实践操作　（单位：万元）

科目	2023-06-30 数据		差异	2022-12-31 数据		差异
	模拟入表后	模拟入表前		模拟入表后	模拟入表前	
股东权益合计	* * *	* * *	3 073. 54	* * *	* * *	1 977. 58
负债和股东权益总计	* * *	* * *	3 859. 37	* * *	* * *	2 496. 67

以 2022 年为例，从表 7-1 可以看出，模拟数据资源入表后，公司总资产（表中“资产总计”项）增加 2 496. 67 万元，净资产（表中“未分配利润”项）增加 1 977. 58 万元。

（2）模拟入表前后利润表对比见表 7-3。

表 7-3　模拟入表前后利润表对比

科目	2023-06-30 数据		差异	2022-12-31 数据		差异
	入表后	入表前		入表后	入表前	
营业成本	* * *	* * *	−210. 67	* * *	* * *	−609. 09
管理费用	* * *	* * *	−384. 46	* * *	* * *	−442. 42
研发费用	* * *	* * *	−695. 65	* * *	* * *	−1 391. 28
营业利润	* * *	* * *	1 290. 78	* * *	* * *	2 442. 79
利润总额	* * *	* * *	1 290. 78	* * *	* * *	2 442. 79
所得税费用	* * *	* * *	194. 82	* * *	* * *	465. 21
净利润	* * *	* * *	1 095. 96	* * *	* * *	1 977. 58

以 2022 年为例，从表 7-3 可以看出，模拟数据资源入表之前，与数据资产相关的成本费用直接计入当期费用，进而减少了当年利润；模拟入表后这部分成本作为数据资产组成部分计入“无形资产——数据资产”，使净利润增加 1 977. 58 万元。

（3）模拟入表前后现金流量对比见表 7-4。

表 7-4　模拟入表前后现金流量对比

科目	2023-06-30 数据		差异	2022-12-31 数据		差异
	入表后	入表前		入表后	入表前	
经营活动现金流入小计	* * *	* * *	—	* * *	* * *	—
购买商品、接受劳务支付的现金	* * *	* * *	−787. 84	* * *	* * *	−1 542. 27

（续）

科目	2023-06-30 数据		差异	2022-12-31 数据		差异
	入表后	入表前		入表后	入表前	
经营活动现金流出小计	* * *	* * *	-787.84	* * *	* * *	-1 542.27
经营活动产生的现金流量净额	* * *	* * *	787.84	* * *	* * *	1 542.27
投资活动现金流入小计	* * *	* * *	—	* * *	* * *	—
购建固定资产、无形资产和其他长期资产支付的现金	* * *	* * *	787.84	* * *	* * *	1 542.27
投资活动现金流出小计	* * *	* * *	787.84	* * *	* * *	1 542.27
投资活动产生的现金流量净额	* * *	* * *	-787.84	* * *	* * *	-1 542.27
筹资活动产生的现金流量净额	—	—	—	* * *	* * *	—
汇率变动对现金及现金等价物的影响			—	* * *	* * *	—
现金及现金等价物净增加额	* * *	* * *	—	* * *	* * *	—
加：期初现金及现金等价物余额	* * *	* * *	—	* * *	* * *	—
期末现金及现金等价物余额	* * *	* * *	—	* * *	* * *	—

以 2022 年为例，从表 7-4 可以看出，模拟数据资源入表前，相关现金流计入经营活动现金流量；模拟数据资源入表后，这部分现金流转记为投资活动现金流量。

7.2.5 经济信息服务业数据资源入表难点及建议

1. 数据资源合规与确权

“数据二十条”创新性地提出了数据资源持有权、数据加工使用权、数据产品经营权“三权分置”的确权路径。但在实践中，企业如何对通过公开渠道自主采集的数据、企业业务中积累但涉及顾客个人信息的数据，甚至企业采购的数据等进行确权，如何明确说明其由“企业拥有或控制”，依然是数据资源入表工作过程中的第一大难题。

建议社会各界继续加强关于“三权分置”的研究，为“三权分置”的实践路径提供制度保障；企业从自身角度出发应该规范化、合规化数据加工相关流程，尤其是采集方式、购买合同、数据内容、加工流程等可能产生合规风险的环节，必要时可以聘请律师事务所等机构协助确权。数据资源开发利用的前提是合法合规，保护公共安全和相关市场主体的隐私安全，是促进数据高效流通使用，赋能实体经济的重要保障。

2. 数据资产成本归集

数据资源入表是对满足资产确认条件的数据产品进行会计核算，并在资产负债表列示与披露的过程。但多数企业在数据产品的管理过程中，常以满足客户特定需求为出发点，对数据采集、清洗加工、应用开发、安全存储等环节的成本管控较为粗放，且数据业务部门和财务部门之间存在较大信息不对称，导致数据产品成本归集困难，进而导致“入表难”。

建议经济信息服务业相关企业首先按照数据产品价值链重新规划业务流程，从数据产品研究、开发、设计、生产到产品发布、交易流通、销毁处置等各环节涉及的部门和人员做合理分配，制定部门管理制度、建立数据资产核算内部控制流程，明确人员工作职责及权限，针对人员兼职的情形，结合公司内部组织结构采用自下而上的形式，完善工时的填报及审核流程，提高项目管理的效率和准确性，为成本归集提供合理依据。

增加或完善企业资产管理制度，如固定资产及无形资产台账，明确资产唯一识别码，并登记资产具体使用用途，以便对数据产品成本进行合理区分和管理，从而提高数据产品开发过程中使用的软、硬件的辨识度，使其能够可靠计量。此外，还应对上述涉及部门人员进行专业培训，加强对数据资源入表规范要求的培训讲解。

3. 数据产品成本分摊

企业开发不同形态的数据产品的投入存在高度重合的情形，如数据资源重复调用，导致数据资源成本难以在不同类别产品间进行合理分配。

对经济信息服务业相关企业建议如下：一方面，建立数据产品管理目录，对商业模式相似的同类数据产品进行统一管理，尤其是调用同一基础数据资源库的产品；另一方面，形成数据产品投入产出评价体系，科学合理分析不同类别数据产品的实际价值，为内部产品研发、营销策略等决策提供支持。

在分摊方法的选择上，建议相关企业结合数据产品特征，探索数据调用的频次、对外提供服务的频次等，并结合具体业务模式综合确定更加合理的分摊方法。

4. 数据资产摊销方法及年限选择

一般来说，数据资产的摊销方法可以选择直线摊销法或者加速摊销法，如年数总和法。具体摊销方法应当结合数据资产反映的与该数据资产有关的经济利益的预期实现方式进行选择。但当前数据资产交易市场并不活跃，对数据资产未来经济利益的预期消耗方式难以合理判断。此外，各类数据产品价值的时效性也存在不确定性，导致很难判断其使用寿命。现阶段数据资产的使用寿命很大程度依赖企业会计估计，且各企业估计的标准不统一，反映出的财务信息可比性较弱。

建议经济信息服务业相关企业各相关部门加强联动以提高数据产品管理能力，加强数据产品从研发端到市场端完整价值链的管理，并结合企业自身的业务模式、数据产品类别及特征、市场情况等选择适当的摊销方法及摊销年限，并一贯地应用在不同会计期间。

5. 数据资产研究阶段与开发阶段时点的确认

数据产品大多基于特定需求场景进行研发，也有部分数据产品是企业在对积累的数据资源进行治理时发掘部分需求，进而继续加大投入力度进行数据资源商业化运营。在这种情况下，对于满足资产确认条件的数据产品，如何区分研究阶段和开发阶段就显得至关重要，将直接影响企业数据资产的初始规模。

建议经济信息服务业相关企业对满足长期需求、符合数据资产确认条件的数据产品，在研究阶段结束时通过立项的方式确认开发时点，并最大限度量化后续开发阶段的人力和设备投入，即为数据资产成本或价值可靠计量提供依据。

附　　录

附录1　《中共中央 国务院关于构建数据基础制度更好发挥数据要素作用的意见》

中共中央 国务院关于构建数据基础制度更好发挥数据要素作用的意见

（2022年12月2日）

数据作为新型生产要素，是数字化、网络化、智能化的基础，已快速融入生产、分配、流通、消费和社会服务管理等各环节，深刻改变着生产方式、生活方式和社会治理方式。数据基础制度建设事关国家发展和安全大局。为加快构建数据基础制度，充分发挥我国海量数据规模和丰富应用场景优势，激活数据要素潜能，做强做优做大数字经济，增强经济发展新动能，构筑国家竞争新优势，现提出如下意见。

一、总体要求

（一）指导思想。以习近平新时代中国特色社会主义思想为指导，深入贯彻党的二十大精神，完整、准确、全面贯彻新发展理念，加快构建新发展格局，坚持改革创新、系统谋划，以维护国家数据安全、保护个人信息和商业秘密为前提，以促进数据合规高效流通使用、赋能实体经济为主线，以数据产权、流通交易、收益分配、安全治理为重点，深入参与国际高标准数字规则制定，构建适应数据特征、符合数字经济发展规律、保障国家数据安全、彰显创新引领的数据基础制度，充分实现数据要素价值、促进全体人民共享数字经济发展红利，为深化创新驱动、推动高质量发展、推进国家治理体系和治理能力现代化提供有力支撑。

（二）工作原则

——遵循发展规律，创新制度安排。充分认识和把握数据产权、流通、交易、使用、分配、治理、安全等基本规律，探索有利于数据安全保护、有效利用、合规流通的产权制度和市场体系，完善数据要素市场体制机制，在实践中完善，在探索中发展，促进形成与数字生产力相适应的新型生产关系。

——坚持共享共用，释放价值红利。合理降低市场主体获取数据的门槛，增强数据要素共享性、普惠性，激励创新创业创造，强化反垄断和反不正当竞争，形成依法规范、共同参与、各取所需、共享红利的发展模式。

——强化优质供给，促进合规流通。顺应经济社会数字化转型发展趋势，推动数据要素供给调整优化，提高数据要素供给数量和质量。建立数据可信流通体系，增强数据的可用、可信、可流通、可追溯水平。实现数据流通全过程动态管理，在合规流通使用中激活数据价值。

——完善治理体系，保障安全发展。统筹发展和安全，贯彻总体国家安全观，强化数据安全保障体系建设，把安全贯穿数据供给、流通、使用全过程，划定监管底线和红线。加强数据分类分级管理，把该管的管住、该放的放开，积极有效防范和化解各种数据风险，形成政府监管与市场自律、法治与行业自治协同、国内与国际统筹的数据要素治理结构。

——深化开放合作，实现互利共赢。积极参与数据跨境流动国际规则制定，探索加入区域性国际数据跨境流动制度安排。推动数据跨境流动双边多边协商，推进建立互利互惠的规则等制度安排。鼓励探索数据跨境流动与合作的新途径新模式。

二、建立保障权益、合规使用的数据产权制度

探索建立数据产权制度，推动数据产权结构性分置和有序流通，结合数据要素特性强化高质量数据要素供给；在国家数据分类分级保护制度下，推进数据分类分级确权授权使用和市场化流通交易，健全数据要素权益保护制度，逐步形成具有中国特色的数据产权制度体系。

（三）探索数据产权结构性分置制度。建立公共数据、企业数据、个人数据的分类分级确权授权制度。根据数据来源和数据生成特征，分别界定数据生产、流通、使用过程中各参与方享有的合法权利，建立数据资源持有权、数据加工使用权、数据产品经营权等分置的产权运行机制，推进非公共数据按市场化方式“共同使用、共享收益”的新模式，为激活数据要素价值创造和价值实现提供基础性制度保障。研究数据产权登记新方式。在保障安全前提下，推动数据处理者依法依规对原始数据进行开发利用，支持数据处理者依法依规行使数据应用相关权利，促进数据使用价值复用与充分利用，促进数据使用权交换和市场化流通。审慎对待原始数据的流转交易行为。

（四）推进实施公共数据确权授权机制。对各级党政机关、企事业单位依法履职或提供公共服务过程中产生的公共数据，加强汇聚共享和开放开发，强化统筹授权使用和管理，推进互联互通，打破“数据孤岛”。鼓励公共数据在保护个人隐私和确保公共安全的前提下，按照“原始数据不出域、数据可用不可见”的要求，以模型、核验等产品和服务等形式向社会提供，对不承载个人信息和不影响公共安全的公共数据，推动按用途加大供给使用范围。推动用于公共治理、公益事业的公共数据有条件无偿使用，探索用于产业发展、行业发展的公共数据有条件有偿使用。依法依规予以保密的公共数据不予开放，严格管控未依法依规公开的原始公共数据直接进入市场，保障公共数据供给使用的公共利益。

（五）推动建立企业数据确权授权机制。对各类市场主体在生产经营活动中采集加工的不涉及个人信息和公共利益的数据，市场主体享有依法依规持有、使用、获取收益的权益，保障其投入的劳动和其他要素贡献获得合理回报，加强数据要素供给激励。鼓励探索企业数据授权使用新模式，发挥国有企业带头作用，引导行业龙头企业、互联网平台企业发挥带动作用，促进与中小微企业双向公平授权，共同合理使用数据，赋能中小微企业数字化转型。支持第三方机构、中介服务组织加强数据采集和质量评估标准制定，推动数据产品标准化，发展数据分析、数据服务等产业。政府部门履职可依法依规获取相关企业和机构数据，但须约定并严格遵守使用限制要求。

（六）建立健全个人信息数据确权授权机制。对承载个人信息的数据，推动数据处理者按照个人授权范围依法依规采集、持有、托管和使用数据，规范对个人信息的处理活动，不得采取"一揽子授权"、强制同意等方式过度收集个人信息，促进个人信息合理利用。探索由受托者代表个人利益，监督市场主体对个人信息数据进行采集、加工、使用的机制。对涉及国家安全的特殊个人信息数据，可依法依规授权有关单位使用。加大个人信息保护力度，推动重点行业建立完善长效保护机制，强化企业主体责任，规范企业采集使用个人信息行为。创新技术手段，推动个人信息匿名化处理，保障使用个人信息数据时的信息安全和个人隐私。

（七）建立健全数据要素各参与方合法权益保护制度。充分保护数据来源者合法权益，推动基于知情同意或存在法定事由的数据流通使用模式，保障数据来源者享有获取或复制转移由其促成产生数据的权益。合理保护数据处理者对依法依规持有的数据进行自主管控的权益。在保护公共利益、数据安全、数据来源者合法权益的前提下，承认和保护依照法律规定或合同约定获取的数据加工使用权，尊重数据采集、加工等数据处理者的劳动和其他要素贡献，充分保障数据处理者使用数据和获得收益的权利。保护经加工、分析等形成数据或数据衍生产品的经营权，依法依规规范数据处理者许可他人使用数据或数据衍生产品的权利，促进数据要素流通复用。建立健全基于法律规定或合同约定流转数据相关财产性权益的机制。在数据处理者发生合并、分立、解散、被宣告破产时，推动相关权利和义务依法依规同步转移。

三、建立合规高效、场内外结合的数据要素流通和交易制度

完善和规范数据流通规则，构建促进使用和流通、场内场外相结合的交易制度体系，规范引导场外交易，培育壮大场内交易；有序发展数据跨境流通和交易，建立数据来源可确认、使用范围可界定、流通过程可追溯、安全风险可防范的数据可信流通体系。

（八）完善数据全流程合规与监管规则体系。建立数据流通准入标准规则，强化市场主体数据全流程合规治理，确保流通数据来源合法、隐私保护到位、流通和交易规范。结合数据流通范围、影响程度、潜在风险，区分使用场景和用途用量，建立数据分类分级授权使用规范，探索开展数据质量标准化体系建设，加快推进数据采集和接口标准化，促进数据整合互通和互操作。支持数据处理者依法依规在场内和场外采取开放、共享、交换、交易等方式流通数据。鼓励探索数据流通安全保障技术、标准、方案。支持探索多样化、符合数据要素特性的定价模式和价格形成机制，推动用于数字化发展的公共数据按政府指导定价有偿使用，企业与个人信息数据市场自主定价。加强企业数据合规体系建设和监管，严厉打击黑市交易，取缔数据流通非法产业。建立实施数据安全管理认证制度，引导企业通过认证提升数据安全管理水平。

（九）统筹构建规范高效的数据交易场所。加强数据交易场所体系设计，统筹优化数据交易场所的规划布局，严控交易场所数量。出台数据交易场所管理办法，建立健全数据交易规则，制定全国统一的数据交易、安全等标准体系，降低交易成本。引导多种类型的数据交易场所共同发展，突出国家级数据交易场所合规监管和基础服务功能，强化其公共属性和公益定位，推进数据交易场所与数据商功能分离，鼓励各类数据商进场交易。规范各地区各部门设立的区域性数据交易场所和行业性数据交易平台，构建多层次市场交易体系，推动区域性、行业性数据流通使用。促进区域性数据交易场所和行业性数据交易平台与国家级数据交易场所互联互通。构建集约高效的数据流通基础设施，为场内集中交易和场外分散交易提供低成本、高效率、可信赖的流通环境。

（十）培育数据要素流通和交易服务生态。围绕促进数据要素合规高效、安全有序流通和交易需要，培育一批数据商和第三方专业服务机构。通过数据商，为数据交易双方提供数据产品开发、发布、承销和数据资产的合规化、标准化、增值化服务，促进提高数据交易效率。在智能制造、节能降碳、绿色建造、新能源、智慧城市等重点领域，大力培育贴近业务需求的行业性、产业化数据商，鼓励多种所有制数据商共同发展、平等竞争。有序培育数据集成、数据经纪、合规认证、安全审计、数据公证、数据保险、数据托管、资产评估、争议仲裁、风险评估、人才培训等第三方专业服务机构，提升数据流通和交易全流程服务能力。

（十一）构建数据安全合规有序跨境流通机制。开展数据交互、业务互通、监管互认、服务共享等方面国际交流合作，推进跨境数字贸易基础设施建设，以《全球数据安全倡议》为基础，积极参与数据流动、数据安全、认证评估、数字货币等国际规则和数字技术标准制定。坚持开放发展，推动数据跨境双向有序流动，鼓励国内外企业及组织依法依规开展数据跨境流动业务合作，支持外资依法依规进入开放领域，推动形成公平竞争的国际化市场。针对跨境电商、跨境支付、供应链管理、服务外包等典型应用场景，探索安全规范的数据跨境流动方式。统筹数据开发利用和数据安全保护，探索建立跨境数据分类分级管理机制。对影响或者可能影响国家安全的数据处理、数据跨境传输、外资并购等活动依法依规进行国家安全审查。按照对等原则，对维护国家安全和利益、履行国际义务相关的属于管制物项的数据依法依规实施出口管制，保障数据用于合法用途，防范数据出境安全风险。探索构建多渠道、便利化的数据跨境流动监管机制，健全多部门协调配合的数据跨境流动监管体系。反对数据霸权和数据保护主义，有效应对数据领域“长臂管辖”。

四、建立体现效率、促进公平的数据要素收益分配制度

顺应数字产业化、产业数字化发展趋势，充分发挥市场在资源配置中的决定性作用，更好发挥政府作用。完善数据要素市场化配置机制，扩大数据要素市场化配置范围和按价值贡献参与分配渠道。完善数据要素收益的再分配调节机制，让全体人民更好共享数字经济发展成果。

（十二）健全数据要素由市场评价贡献、按贡献决定报酬机制。结合数据要素特征，优化分配结构，构建公平、高效、激励与规范相结合的数据价值分配机制。坚持“两个毫不动摇”，按照“谁投入、谁贡献、谁受益”原则，着重保护数据要素各参与方的投入产出收益，依法依规维护数据资源资产权益，探索个人、企业、公共数据分享价值收益的方式，建立健全更加合理的市场评价机制，促进劳动者贡献和劳动报酬相匹配。推动数据要素收益向数据价值和使用价值的创造者合理倾斜，确保在开发挖掘数据价值各环节的投入有相应回报，强化基于数据价值创造和价值实现的激励导向。通过分红、提成等多种收益共享方式，平衡兼顾数据内容采集、加工、流通、应用等不同环节相关主体之间的利益分配。

（十三）更好发挥政府在数据要素收益分配中的引导调节作用。逐步建立保障公平的数据要素收益分配体制机制，更加关注公共利益和相对弱势群体。加大政府引导调节力度，探索建立公共数据资源开放收益合理分享机制，允许并鼓励各类企业依法依规依托公共数据提供公益服务。推动大型数据企业积极承担社会责任，强化对弱势群体的保障帮扶，有力有效应对数字化转型过程中的各类风险挑战。不断健全数据要素市场体系和制度规则，防止和依法依规规制资本在数据领域无序扩张形成市场垄断等问题。统筹使用多渠道资金资源，开展数据知识普及和教育培训，提高社会整体数字素养，着力消除不同区域间、人群间数字鸿沟，增进社会公平、保障民生福祉、促进共同富裕。

五、建立安全可控、弹性包容的数据要素治理制度

把安全贯穿数据治理全过程，构建政府、企业、社会多方协同的治理模式，创新政府治理方式，明确各方主体责任和义务，完善行业自律机制，规范市场发展秩序，形成有效市场和有为政府相结合的数据要素治理格局。

（十四）创新政府数据治理机制。充分发挥政府有序引导和规范发展的作用，守住安全底线，明确监管红线，打造安全可信、包容创新、公平开放、监管有效的数据要素市场环境。强化分行业监管和跨行业协同监管，建立数据联管联治机制，建立健全鼓励创新、包容创新的容错纠错机制。建立数据要素生产流通使用全过程的合规公证、安全审查、算法审查、监测预警等制度，指导各方履行数据要素流通安全责任和义务。建立健全数据流通监管制度，制定数据流通和交易负面清单，明确不能交易或严格限制交易的数据项。强化反垄断和反不正当竞争，加强重点领域执法司法，依法依规加强经营者集中审查，依法依规查处垄断协议、滥用市场支配地位和违法实施经营者集中行为，营造公平竞争、规范有序的市场环境。在落实网络安全等级保护制度的基础上全面加强数据安全保护工作，健全网络和数据安全保护体系，提升纵深防护与综合防御能力。

（十五）压实企业的数据治理责任。坚持“宽进严管”原则，牢固树立企业的责任意识和自律意识。鼓励企业积极参与数据要素市场建设，围绕数据来源、数据产权、数据质量、数据使用等，推行面向数据商及第三方专业服务机构的数据流通交易声明和承诺制。严格落实相关法律规定，在数据采集汇聚、加工处理、流通交易、共享利用等各环节，推动企业依法依规承担相应责任。企业应严格遵守反垄断法等相关法律规定，不得利用数据、算法等优势和技术手段排除、限制竞争，实施不正当竞争。规范企业参与政府信息化建设中的政务数据安全管理，确保有规可循、有序发展、安全可控。建立健全数据要素登记及披露机制，增强企业社会责任，打破“数据垄断”，促进公平竞争。

（十六）充分发挥社会力量多方参与的协同治理作用。鼓励行业协会等社会力量积极参与数据要素市场建设，支持开展数据流通相关安全技术研发和服务，促进不同场景下数据要素安全可信流通。建立数据要素市场信用体系，逐步完善数据交易失信行为认定、守信激励、失信惩戒、信用修复、异议处理等机制。畅通举报投诉和争议仲裁渠道，维护数据要素市场良好秩序。加快推进数据管理能力成熟度国家标准及数据要素管理规范贯彻执行工作，推动各部门各行业完善元数据管理、数据脱敏、数据质量、价值评估等标准体系。

六、保障措施

加大统筹推进力度，强化任务落实，创新政策支持，鼓励有条件的地方和行业在制度建设、技术路径、发展模式等方面先行先试，鼓励企业创新内部数据合规管理体系，不断探索完善数据基础制度。

（十七）切实加强组织领导。加强党对构建数据基础制度工作的全面领导，在党中央集中统一领导下，充分发挥数字经济发展部际联席会议作用，加强整体工作统筹，促进跨地区跨部门跨层级协同联动，强化督促指导。各地区各部门要高度重视数据基础制度建设，统一思想认识，加大改革力度，结合各自实际，制定工作举措，细化任务分工，抓好推进落实。

（十八）加大政策支持力度。加快发展数据要素市场，做大做强数据要素型企业。提升金融服务水平，引导创业投资企业加大对数据要素型企业的投入力度，鼓励征信机构提供基于企业运营数据等多种数据要素的多样化征信服务，支持实体经济企业特别是中小微企业数字化转型赋能开展信用融资。探索数据资产入表新模式。

（十九）积极鼓励试验探索。坚持顶层设计与基层探索结合，支持浙江等地区和有条件的行业、企业先行先试，发挥好自由贸易港、自由贸易试验区等高水平开放平台作用，引导企业和科研机构推动数据要素相关技术和产业应用创新。采用“揭榜挂帅”方式，支持有条件的部门、行业加快突破数据可信流通、安全治理等关键技术，建立创新容错机制，探索完善数据要素产权、定价、流通、交易、使用、分配、治理、安全的政策标准和体制机制，更好发挥数据要素的积极作用。

（二十）稳步推进制度建设。围绕构建数据基础制度，逐步完善数据产权界定、数据流通和交易、数据要素收益分配、公共数据授权使用、数据交易场所建设、数据治理等主要领域关键环节的政策及标准。加强数据产权保护、数据要素市场制度建设、数据要素价格形成机制、数据要素收益分配、数据跨境传输、争议解决等理论研究和立法研究，推动完善相关法律制度。及时总结提炼可复制可推广的经验和做法，以点带面推动数据基础制度构建实现新突破。数字经济发展部际联席会议定期对数据基础制度建设情况进行评估，适时进行动态调整，推动数据基础制度不断丰富完善。

附录 2 《企业数据资源相关会计处理暂行规定》

关于印发《企业数据资源相关会计处理暂行规定》的通知

财会〔2023〕11 号

国务院有关部委、有关直属机构，各省、自治区、直辖市、计划单列市财政厅（局），新疆生产建设兵团财政局，财政部各地监管局，有关单位：

为规范企业数据资源相关会计处理，强化相关会计信息披露，根据《中华人民共和国会计法》和相关企业会计准则，我们制定了《企业数据资源相关会计处理暂行规定》，现予印发，请遵照执行。

执行中如有问题，请及时反馈我部。

附件：企业数据资源相关会计处理暂行规定

财政部

2023 年 8 月 1 日

附件

企业数据资源相关会计处理暂行规定

为规范企业数据资源相关会计处理，强化相关会计信息披露，根据《中华人民共和国会计法》和企业会计准则等相关规定，现对企业数据资源的相关会计处理规定如下：

一、关于适用范围

本规定适用于企业按照企业会计准则相关规定确认为无形资产或存货等资产类别的数据资源，以及企业合法拥有或控制的、预期会给企业带来经济利益的、但由于不满足企业会计准则相关资产确认条件而未确认为资产的数据资源的相关会计处理。

二、关于数据资源会计处理适用的准则

企业应当按照企业会计准则相关规定，根据数据资源的持有目的、形成方式、业务模式，以及与数据资源有关的经济利益的预期消耗方式等，对数据资源相关交易和事项进行会计确认、计量和报告。

1. 企业使用的数据资源，符合《企业会计准则第6号——无形资产》（财会〔2006〕3号，以下简称无形资产准则）规定的定义和确认条件的，应当确认为无形资产。

2. 企业应当按照无形资产准则、《〈企业会计准则第62号——无形资产〉应用指南》（财会〔2006〕18号，以下简称无形资产准则应用指南）等规定，对确认为无形资产的数据资源进行初始计量、后续计量、处置和报废等相关会计处理。

其中，企业通过外购方式取得确认为无形资产的数据资源，其成本包括购买价款、相关税费，直接归属于使该项无形资产达到预定用途所发生的数据脱敏、清洗、标注、整合、分析、可视化等加工过程所发生的有关支出，以及数据权属鉴证、质量评估、登记结算、安全管理等费用。企业通过外购方式取得数据采集、脱敏、清洗、标注、整合、分析、可视化等服务所发生的有关支出，不符合无形资产准则规定的无形资产定义和确认条件的，应当根据用途计入当期损益。

企业内部数据资源研究开发项目的支出，应当区分研究阶段支出与开发阶段支出。研究阶段的支出，应当于发生时计入当期损益。开发阶段的支出，满足无形资产准则第九条规定的有关条件的，才能确认为无形资产。

企业在对确认为无形资产的数据资源的使用寿命进行估计时，应当考虑无形资产准则应用指南规定的因素，并重点关注数据资源相关业务模式、权利限制、更新频率和时效性、有关产品或技术迭代、同类竞品等因素。

3. 企业在持有确认为无形资产的数据资源期间，利用数据资源对客户提供服务的，应当按照无形资产准则、无形资产准则应用指南等规定，将无形资产的摊销金额计入当期损益或相关资产成本；同时，企业应当按照《企业会计准则第14号——收入》（财会〔2017〕22号，以下简称收入准则）等规定确认相关收入。

除上述情形外，企业利用数据资源对客户提供服务的，应当按照收入准则等规定确认相关收入，符合有关条件的应当确认合同履约成本。

4. 企业日常活动中持有、最终目的用于出售的数据资源，符合《企业会计准则第1号——存货》（财会〔2006〕3号，以下简称存货准则）规定的定义和确认条件的，应当确认为存货。

5. 企业应当按照存货准则、《〈企业会计准则第1号——存货〉应用指南》（财会〔2006〕18号）等规定，对确认为存货的数据资源进行初始计量、后续计量等相关会计处理。

其中，企业通过外购方式取得确认为存货的数据资源，其采购成本包括购买价款、相关税费、保险费，以及数据权属鉴证、质量评估、登记结算、安全管理等所发生的其他可归属于存货采购成本的费用。企业通过数据加工取得确认为存货的数据资源，其成本包括采购成本，数据采集、脱敏、清洗、标注、整合、分析、可视化等加工成本和使存货达到目前场所和状态所发生的其他支出。

6. 企业出售确认为存货的数据资源，应当按照存货准则将其成本结转为当期损益；同时，企业应当按照收入准则等规定确认相关收入。

7. 企业出售未确认为资产的数据资源，应当按照收入准则等规定确认相关收入。

三、关于列示和披露要求

（一）资产负债表相关列示。

企业在编制资产负债表时，应当根据重要性原则并结合本企业的实际情况，在“存货”项目下增设“其中：数据资源”项目，反映资产负债表日确认为存货的数据资源的期末账面价值；在“无形资产”项目下增设“其中：数据资源”项目，反映资产负债表日确认为无形资产的数据资源的期末账面价值；在“开发支出”项目下增设“其中：数据资源”项目，反映资产负债表日正在进行数据资源研究开发项目满足资本化条件的支出金额。

（二）相关披露。

企业应当按照相关企业会计准则及本规定等，在会计报表附注中对数据资源相关会计信息进行披露。

1. 确认为无形资产的数据资源相关披露。

（1）企业应当按照外购无形资产、自行开发无形资产等类别，对确认为无形资产的数据资源（以下简称数据资源无形资产）相关会计信息进行披露，并可以在此基础上根据实际情况对类别进行拆分。具体披露格式如下：

项 目	外购的数据资源无形资产	自行开发的数据资源无形资产	其他方式取得的数据资源无形资产	合 计
一、账面原值				
1. 期初余额				
2. 本期增加金额				
其中：购入				
内部研发				
其他增加				
3. 本期减少金额				
其中：处置				
失效且终止确认				
其他减少				
4. 期末余额				
二、累计摊销				
1. 期初余额				
2. 本期增加金额				
3. 本期减少金额				
其中：处置				
失效且终止确认				
其他减少				

（续）

项 目	外购的数据资源无形资产	自行开发的数据资源无形资产	其他方式取得的数据资源无形资产	合 计
4. 期末余额				
三、减值准备				
1. 期初余额				
2. 本期增加金额				
3. 本期减少金额				
4. 期末余额				
四、账面价值				
1. 期末账面价值				
2. 期初账面价值				

（2）对于使用寿命有限的数据资源无形资产，企业应当披露其使用寿命的估计情况及摊销方法；对于使用寿命不确定的数据资源无形资产，企业应当披露其账面价值及使用寿命不确定的判断依据。

（3）企业应当按照《企业会计准则第 28 号——会计政策、会计估计变更和差错更正》（财会〔2006〕3 号）的规定，披露对数据资源无形资产的摊销期、摊销方法或残值的变更内容、原因以及对当期和未来期间的影响数。

（4）企业应当单独披露对企业财务报表具有重要影响的单项数据资源无形资产的内容、账面价值和剩余摊销期限。

（5）企业应当披露所有权或使用权受到限制的数据资源无形资产，以及用于担保的数据资源无形资产的账面价值、当期摊销额等情况。

（6）企业应当披露计入当期损益和确认为无形资产的数据资源研究开发支出金额。

（7）企业应当按照《企业会计准则第 8 号——资产减值》（财会〔2006〕3 号）等规定，披露与数据资源无形资产减值有关的信息。

（8）企业应当按照《企业会计准则第42号——持有待售的非流动资产、处置组和终止经营》（财会〔2017〕13号）等规定，披露划分为持有待售类别的数据资源无形资产有关信息。

2. 确认为存货的数据资源相关披露。

（1）企业应当按照外购存货、自行加工存货等类别，对确认为存货的数据资源（以下简称数据资源存货）相关会计信息进行披露，并可以在此基础上根据实际情况对类别进行拆分。具体披露格式如下：

项 目	外购 的数据资源 存货	自行加工 的数据资源 存货	其他方式取得 的数据资源 存货	合 计
一、账面原值				
1. 期初余额				
2. 本期增加金额				
其中：购入				
采集加工				
其他增加				
3. 本期减少金额				
其中：出售				
失效且终止确认				
其他减少				
4. 期末余额				
二、存货跌价准备				
1. 期初余额				
2. 本期增加金额				
3. 本期减少金额				
其中：转回				

（续）

项 目	外购的数据资源存货	自行加工的数据资源存货	其他方式取得的数据资源存货	合 计
转销				
4. 期末余额				
三、账面价值				
1. 期末账面价值				
2. 期初账面价值				

（2）企业应当披露确定发出数据资源存货成本所采用的方法。

（3）企业应当披露数据资源存货可变现净值的确定依据、存货跌价准备的计提方法、当期计提的存货跌价准备的金额、当期转回的存货跌价准备的金额，以及计提和转回的有关情况。

（4）企业应当单独披露对企业财务报表具有重要影响的单项数据资源存货的内容、账面价值和可变现净值。

（5）企业应当披露所有权或使用权受到限制的数据资源存货，以及用于担保的数据资源存货的账面价值等情况。

3. 其他披露要求。

企业对数据资源进行评估且评估结果对企业财务报表具有重要影响的，应当披露评估依据的信息来源，评估结论成立的假设前提和限制条件，评估方法的选择，各重要参数的来源、分析、比较与测算过程等信息。

企业可以根据实际情况，自愿披露数据资源（含未作为无形资产或存货确认的数据资源）下列相关信息：

（1）数据资源的应用场景或业务模式、对企业创造价值的影响方式，与数据资源应用场景相关的宏观经济和行业领域前景等。

（2）用于形成相关数据资源的原始数据的类型、规模、来源、权属、质量等信息。

（3）企业对数据资源的加工维护和安全保护情况，以及相关人才、关键技术等的持有和投入情况。

（4）数据资源的应用情况，包括数据资源相关产品或服务等的运营应用、作价出资、流通交易、服务计费方式等情况。

（5）重大交易事项中涉及的数据资源对该交易事项的影响及风险分析，重大交易事项包括但不限于企业的经营活动、投融资活动、质押融资、关联方及关联交易、承诺事项、或有事项、债务重组、资产置换等。

（6）数据资源相关权利的失效情况及失效事由、对企业的影响及风险分析等，如数据资源已确认为资产的，还包括相关资产的账面原值及累计摊销、减值准备或跌价准备、失效部分的会计处理。

（7）数据资源转让、许可或应用所涉及的地域限制、领域限制及法律法规限制等权利限制。

（8）企业认为有必要披露的其他数据资源相关信息。

四、附则

本规定自2024年1月1日起施行。企业应当采用未来适用法执行本规定，本规定施行前已经费用化计入损益的数据资源相关支出不再调整。

附录 3 《数据资产评估指导意见》

中评协关于印发《数据资产评估指导意见》的通知

中评协〔2023〕17 号

各省、自治区、直辖市、计划单列市资产评估协会（有关注册会计师协会）：

为规范数据资产评估执业行为，保护资产评估当事人合法权益和公共利益，在财政部指导下，中国资产评估协会制定了《数据资产评估指导意见》，现予印发，自 2023 年 10 月 1 日起施行。

请各地方协会将《数据资产评估指导意见》及时转发资产评估机构，组织学习和培训，并将执行过程中发现的问题及时上报中国资产评估协会。

附件：数据资产评估指导意见

中国资产评估协会

2023 年 9 月 8 日

附件

数据资产评估指导意见

第一章 总则

第一条 为规范数据资产评估行为，保护资产评估当事人合法权益和公共利益，根据《资产评估基本准则》及其他相关资产评估准则，制定本指导意见。

第二条 本指导意见所称数据资产，是指特定主体合法拥有或者控制的，能进行货币计量的，且能带来直接或者间接经济利益的数据资源。

第三条 本指导意见所称数据资产评估，是指资产评估机构及其资产评估专业人员遵守法律、行政法规和资产评估准则，根据委托对评估基准日特定目的下的数据资产价值进行评定和估算，并出具资产评估报告的专业服务行为。

第四条 执行数据资产评估业务，应当遵守本指导意见。

第二章 基本遵循

第五条 执行数据资产评估业务，应当遵守法律、行政法规和资产评估准则，坚持独立、客观、公正的原则，诚实守信，勤勉尽责，谨慎从业，遵守职业道德规范，自觉维护职业形象，不得从事损害职业形象的活动。

第六条 执行数据资产评估业务，应当独立进行分析和估算并形成专业意见，拒绝委托人或者其他相关当事人的干预，不得直接以预先设定的价值作为评估结论。

第七条 执行数据资产评估业务，应当具备数据资产评估的专业知识和实践经验，能够胜任所执行的数据资产评估业务。缺乏特定的数据资产评估专业知识、技术手段和经验时，应当采取弥补措施，包括利用数据领域专家工作成果及相关专业报告等。

第八条 执行数据资产评估业务，应当关注数据资产的安全性和合法性，并遵守保密原则。

第九条 执行企业价值评估中的数据资产评估业务，应当了解数据资产作为企业资产组成部分的价值可能有别于作为单项资产的价值，其价值取决于它对企业价值的贡献程度。数据资产与其他资产共同发挥作用时，需要采用适当方法区分数据资产和其他资产的贡献，合理评估数据资产价值。

第十条 执行数据资产评估业务，应当根据评估业务具体情况和数据资产的特性，对评估对象进行针对性的现场调查，收集数据资产基本信息、权利信息、相关财务会计信息和其他资料，并进行核查验证、分析整理和记录。

核查数据资产基本信息可以利用数据领域专家工作成果及相关专业报告等。资产评估专业人员自行履行数据资产基本信息相关的现场核查程序时，应当确保具备相应专业知识、技术手段和经验。

第十一条 执行数据资产评估业务，应当合理使用评估假设和限制条件。

第三章 评估对象

第十二条 执行数据资产评估业务，可以通过委托人、相关当事人等提供或者自主收集等方式，了解和关注被评估数据资产的基本情况，例如：数据资产的信息属性、法律属性、价值属性等。信息属性主要包括数据名称、数据结构、数据字典、数据规模、数据周期、产生频率及存储方式等。法律属性主要包括授权主体信息、产权持有人信息，以及权利路径、权利类型、权利范围、权利期限、权利限制等权利信息。价值属性主要包括数据覆盖地域、数据所属行业、数据成本信息、数据应用场景、数据质量、数据稀缺性及可替代性等。

第十三条 执行数据资产评估业务，应当知晓数据资产具有非实体性、依托性、可共享性、可加工性、价值易变性等特征，关注数据资产特征对评估对象的影响。

非实体性是指数据资产无实物形态，虽然需要依托实物载体但决定数据资产价值的是数据本身。数据资产的非实体性也衍生出数据资产的无消耗性，即其不会因为使用而磨损、消耗。

依托性是指数据资产必须存储在一定的介质里，介质的种类包括磁盘、光盘等。同一数据资产可以同时存储于多种介质。

可共享性是指在权限可控的前提下，数据资产可以被复制，能够被多个主体共享和应用。

可加工性是指数据资产可以通过更新、分析、挖掘等处理方式，改变其状态及形态。

价值易变性是指数据资产的价值易发生变化，其价值随应用场景、用户数量、使用频率等的变化而变化。

第十四条 执行数据资产评估业务，应当根据数据来源和数据生成特征，关注数据资源持有权、数据加工使用权、数据产品经营权等数据产权，并根据评估目的、权利证明材料等，确定评估对象的权利类型。

第四章 操作要求

第十五条 执行数据资产评估业务，应当明确资产评估业务基本事项，履行适当的资产评估程序。

第十六条 执行数据资产评估业务，需要关注影响数据资产价值的成本因素、场景因素、市场因素和质量因素。

成本因素包括形成数据资产所涉及的前期费用、直接成本、间接成本、机会成本和相关税费等。

场景因素包括数据资产相应的使用范围、应用场景、商业模式、市场前景、财务预测和应用风险等。

市场因素包括数据资产相关的主要交易市场、市场活跃程度、市场参与者和市场供求关系等。

质量因素包括数据的准确性、一致性、完整性、规范性、时效性和可访问性等。

第十七条 资产评估专业人员应当关注数据资产质量，并采取恰当方式执行数据质量评价程序或者获得数据质量的评价结果，必要时可以利用第三方专业机构出具的数据质量评价专业报告或者其他形式的数据质量评价专业意见等。

数据质量评价采用的方法包括但不限于：层次分析法、模糊综合评价法和德尔菲法等。

第十八条 同一数据资产在不同的应用场景下，通常会发挥不同的价值。资产评估专业人员应当通过委托人、相关当事人等提供或者自主收集等方式，了解相应评估目的下评估对象的具体应用场景，选择和使用恰当的价值类型。

第五章 评估方法

第十九条 确定数据资产价值的评估方法包括收益法、成本法和市场法三种基本方法及其衍生方法。

第二十条 执行数据资产评估业务，资产评估专业人员应当根据评估目的、评估对象、价值类型、资料收集等情况，分析上述三种基本方法的适用性，选择评估方法。

第二十一条 采用收益法评估数据资产时应当：

（一）根据数据资产的历史应用情况及未来应用前景，结合应用或者拟应用数据资产的企业经营状况，重点分析数据资产经济收益的可预测性，考虑收益法的适用性；

（二）保持预期收益口径与数据权利类型口径一致；

（三）在估算数据资产带来的预期收益时，根据适用性可以选择采用直接收益预测、分成收益预测、超额收益预测和增量收益预测等方式；

（四）区分数据资产和其他资产所获得的收益，分析与之有关的预期变动、收益期限，与收益有关的成本费用、配套资产、现金流量、风险因素；

（五）根据数据资产应用过程中的管理风险、流通风险、数据安全风险、监管风险等因素估算折现率；

（六）保持折现率口径与预期收益口径一致；

（七）综合考虑数据资产的法律有效期限、相关合同有效期限、数据资产的更新时间、数据资产的时效性、数据资产的权利状况以及相关产品生命周期等因素，合理确定经济寿命或者收益期限，并关注数据资产在收益期限内的贡献情况。

第二十二条 采用成本法评估数据资产时应当：

（一）根据形成数据资产所需的全部投入，分析数据资产价值与成本的相关程度，考虑成本法的适用性；

（二）确定数据资产的重置成本，包括前期费用、直接成本、间接成本、机会成本和相关税费等；

（三）确定数据资产价值调整系数，例如：对于需要进行质量因素调整的数据资产，可以结合相应质量因素综合确定调整系数；对于可以直接确定剩余经济寿命的数据资产，也可以结合剩余经济寿命确定调整系数。

第二十三条 采用市场法评估数据资产时应当：

（一）考虑该数据资产或者类似数据资产是否存在合法合规的、活跃的公开交易市场，是否存在适当数量的可比案例，考虑市场法的适用性；

（二）根据该数据资产的特点，选择合适的可比案例，例如：选择数据权利类型、数据交易市场及交易方式、数据规模、应用领域、应用区域及剩余年限等相同或者近似的数据资产；

（三）对比该数据资产与可比案例的差异，确定调整系数，并将调整后的结果汇总分析得出被评估数据资产的价值。通常情况下需要考虑质量差异调整、供求差异调整、期日差异调整、容量差异调整以及其他差异调整等。

第二十四条 对同一数据资产采用多种评估方法时，应当对所获得的各种测算结果进行分析，说明两种以上评估方法结果的差异及其原因和最终确定评估结论的理由。

第六章　披露要求

第二十五条　无论是单独出具数据资产的资产评估报告，还是将数据资产评估作为资产评估报告的组成部分，都应当在资产评估报告中披露必要信息，使资产评估报告使用人能够正确理解评估结论。

第二十六条　单独出具数据资产的资产评估报告，应当说明下列内容：

（一）数据资产基本信息和权利信息；

（二）数据质量评价情况，评价情况应当包括但不限于评价目标、评价方法、评价结果及问题分析等内容；

（三）数据资产的应用场景以及数据资产应用所涉及的地域限制、领域限制及法律法规限制等；

（四）与数据资产应用场景相关的宏观经济和行业的前景；

（五）评估依据的信息来源；

（六）利用专家工作或者引用专业报告内容；

（七）其他必要信息。

第二十七条　单独出具数据资产的资产评估报告，应当说明有关评估方法的下列内容：

（一）评估方法的选择及其理由；

（二）各重要参数的来源、分析、比较与测算过程；

（三）对测算结果进行分析，形成评估结论的过程；

（四）评估结论成立的假设前提和限制条件。

第七章　附则

第二十八条　本指导意见自 2023 年 10 月 1 日起施行。

附：1. 术语和定义（供参考）

2. 基于质量要素的指标体系设计示例（供参考）

3. 评估方法相关模型示例（供参考）

附 1

术语和定义

（供参考）

1. 数据

数据是指任何以电子或者其他方式对信息的记录。

2. 数据资源

数据资源是指经过加工后，在现时或者未来具有经济价值的数据。

3. 数据规模

数据规模通常包含数据量、增长率和更新率等指标。数据量是指数据集元素的总数量；增长率是指数据集元素增加量与原数据集元素总数量之比；更新率是指单位时间内数据集的变更元素数量。

4. 数据质量

数据质量是指数据在指定条件下使用时，其特性能够满足明确的或者隐含的要求的程度。

附 2

基于质量要素的指标体系设计示例

（供参考）

质量要素特性	指标	确定方法
准确性：即数据资产准确表示其所描述事物和事件的真实程度。	内容准确率	数据集内容表述正确的元素数量与元素总数量之比。数据集是指数据记录汇聚的数据形式。元素是组成数据源中记录或者数据项的最小单元。 $X=A/B$ 式中： A=数据集内容表述正确的元素数量 B=数据集元素总数量
	精度准确率	数据项精度符合标准规范的元素数量与元素总数量之比。数据项是指对应于数据源中一列信息的一组完整的内容。 $X=A/B$ 式中： A=数据项精度符合标准规范的元素数量 B=数据项元素总数量

（续）

质量要素特性	指标	确定方法
准确性： 即数据资产准确表示其所描述事物和事件的真实程度。	记录 重复率	数据集重复记录条数与记录总条数之比。数据记录是指对应于数据源中一行信息的一组完整的内容。 $X=A/B$ 式中： A=数据集重复记录条数 B=数据集记录总条数
	脏数据 出现率	数据集无效数据（非法字符和业务含义错误的数据）元素数量与元素总数量之比。 $X=A/B$ 式中： A=数据集无效数据（非法字符和业务含义错误的数据）元素数量 B=数据集元素总数量
一致性： 即不同数据资产描述同一个事物和事件的无矛盾程度。	元素赋值 一致率	数据集具有相同含义数据（同一时点、存储在不同位置）赋值一致的元素数量与元素总数量之比。 $X=A/B$ 式中： A=数据集具有相同含义数据（同一时点、存储在不同位置）赋值一致的元素数量 B=数据集元素总数量
完整性： 即构成数据资产的数据元素被赋予数值程度。	元素 填充率	数据集赋值的元素数量与元素总数量之比。 $X=A/B$ 式中： A=数据集赋值的元素数量 B=数据集元素总数量
	记录 填充率	数据集赋值完整的记录条数与记录总条数之比。 $X=A/B$ 式中： A=数据集赋值完整的记录条数 B=数据集记录总条数
	数据项 填充率	数据集赋值完整的数据项数量与数据项总数量之比。 $X=A/B$ 式中： A=数据集赋值完整的数据项数量 B=数据集数据项总数量

（续）

质量要素特性	指标	确定方法
规范性： 即数据符合数据标准、业务规则和元数据等要求的规范程度。	值域 合规率	数据项值域符合标准规范的元素数量与元素总数量之比。值域也可以认为是数据值，数据值就是数据项的内容，即通过进行测量对目标实体的属性所赋予的数值或者类别。 $X=A/B$ 式中： A=数据项值域符合标准规范的元素数量 B=数据项元素总数量
	元数据 合规率	数据集符合元数据规范的元素数量与元素总数量之比。元数据是指定义和描述其他数据的数据，主要用来指示数据类型、内容概要、存储路径、数据访问权、资源查找、信息记录等，其基本功能是描述数据的内容，便于更准确地识别、存取利用的数据。 $X=A/B$ 式中： A=数据集符合元数据规范的元素数量 B=数据集元素总数量
	格式 合规率	数据集格式符合标准规范的元素数量与元素总数量之比。 $X=A/B$ 式中： A=数据集格式符合标准规范的元素数量 B=数据集元素总数量
	安全 合规率	数据集符合适用法律法规和行业安全规范的元素数量与元素总数量之比。 $X=A/B$ 式中： A=数据集符合适用法律法规和行业安全规范的元素数量 B=数据集元素总数量
时效性： 即数据真实反映事物和事件的及时程度。	周期 及时性	数据集赋值满足业务周期频率要求的元素数量与元素总数量之比。 $X=A/B$ 式中： A=数据集赋值满足业务周期频率要求的元素数量 B=数据集元素总数量

（续）

质量要素特性	指标	确定方法
时效性： 即数据真实反映事物和事件的及时程度。	实时 及时性	数据集赋值延迟时间满足业务要求的元素数量与元素总数量之比。 $X=A/B$ 式中： A=数据集赋值延迟时间满足业务要求的元素数量 B=数据集元素总数量
可访问性： 即数据能被正常访问的程度。	可访问度	数据集请求访问成功的元素数量与请求访问元素总数量之比。 $X=A/B$ 式中： A=数据集请求访问成功的元素数量 B=数据集请求访问元素总数量

附 3

评估方法相关模型示例

（供参考）

一、收益法相关模型示例

（一）直接收益预测

1. 技术思路

直接收益预测是对利用被评估数据资产直接获取的收益进行预测的方式。

2. 参考公式

$$F_t=R_t$$

式中 F_t——预测第 t 期数据资产的收益额；

R_t——预测第 t 期数据资产的息税前利润。

3. 适用场景

直接收益预测通常适用于被评估数据资产的应用场景及商业模式相对独立，且数据资产对应服务或者产品为企业带来的直接收益可以合理预测的情形。

例如：拥有用户数据的某公司建立数据资产管理中心，经用户授权后，提供数据调用服务并收取费用。

（二）分成收益预测

1. 技术思路

分成收益预测是采用分成率计算数据资产预期收益的方式。具体思路是，首先计算总收益，然后将其在被评估数据资产和产生总收益过程中作出贡献的其他资产之间进行分成。分成率通常包括收入提成率和利润分成率两种。

2. 参考公式

采用收入提成率时：

$$F_t = R_t \times K_{t1}$$

采用利润分成率时：

$$F_t = R_t \times K_{t2}$$

式中 F_t——预测第 t 期数据资产的收益额；

R_t——预测第 t 期总收入或者息税前利润；

K_{t1}——预测第 t 期数据资产的收入提成率；

K_{t2}——预测第 t 期数据资产的净利润分成率。

3. 适用场景

分成收益预测通常适用于软件开发服务、数据平台对接服务、数据分析服务等数据资产应用场景，当其他相关资产要素所产生的收益不可单独计量时可以采用此方法。

例如：对第一手数据进行加工利用并与软件开发服务等传统 IT 项目结合为完整的解决方案，实现数据持续不断地在未来预测期间间接变现。

在确定分成率时，需要对被评估数据资产的成本因素、场景因素、市场因素和质量因素等方面进行综合分析。

（三）超额收益预测

1. 技术思路

超额收益预测是将归属于被评估数据资产所创造的超额收益作为该项数据资

产预期收益的方式。具体思路是，首先测算数据资产与其他相关贡献资产共同创造的整体收益，然后在整体收益中扣除其他相关贡献资产的贡献，将剩余收益确定为超额收益。除数据资产以外，相关贡献资产通常包括流动资产、固定资产、无形资产和组合劳动力等。

2. 参考公式

$$F_t = R_t - \sum_{i=1}^{n} C_{ti}$$

式中 F_t——预测第 t 期数据资产的收益额；

R_t——数据资产与其他相关贡献资产共同产生的整体收益额；

n——其他相关贡献资产的种类；

i——其他相关贡献资产的序号；

C_{ti}——预测第 t 期其他相关贡献资产的收益额。

3. 适用场景

超额收益预测通常适用于被评估数据资产可以与资产组中的其他数据资产、无形资产、有形资产的贡献进行合理分割，且贡献之和与企业整体或者资产组正常收益相比后仍有剩余的情形。尤其是数据资产产生的收益占整体业务比重较高，且其他资产要素对收益的贡献能够明确计量的数据服务公司。

例如：对自有及公开数据进行加工整合后通过提供可供查询、自助分析的数据产品实现较明确的预期收益。

在确定超额收益时，首先将被评估数据资产与其他共同发挥作用的相关资产组成资产组，然后调整溢余资产，进而对资产组的预期收益进行估算。在此基础上剔除非正常项目的收益和费用，以便预测折旧摊销和资本性支出等，从而确定贡献资产及其贡献率，并估计贡献资产的全部合理贡献。最后将预期收益扣除被评估数据资产以外的其他资产的贡献，得到超额收益。

（四）增量收益预测

1. 技术思路

增量收益预测是基于未来增量收益的预期而确定数据资产预期收益的方式。

该增量收益来源于对被评估数据资产所在的主体和不具有该项数据资产的主体的经营业绩进行对比，即通过对比使用该项数据资产所得到的利润或者现金流量，与没有使用该项数据资产所得到的利润或者现金流量，将二者的差异作为被评估数据资产所对应的增量收益。

2. 参考公式

$$F_t = RY_t - RN_t$$

式中 F_t——预测第 t 期数据资产的增量收益额；

RY_t——预测第 t 期采用数据资产的息税前利润；

RN_t——预测第 t 期未采用数据资产的息税前利润。

3. 适用场景

增量收益预测通常适用于以下两种情形下的数据资产评估：一是可以使应用数据资产主体产生额外的可计量的现金流量或者利润的情形，如通过启用数据资产能够直接有效地开辟新业务或者赋能提高当前业务所带来的额外现金流量或者利润；二是可以使应用数据资产主体获得可计量的成本节约的情形，如通过嵌入大数据分析模型带来的成本费用的降低。

增量收益预测是假定其他资产因素不变的情况下，为获取数据资产收益预测而进行人为模拟的预测途径。在实务中，应用数据资产产生的收益是各种资产共同发挥作用的结果。资产评估专业人员应当根据实际情况，进行综合性的核查验证并合理运用数据资产的增量收益预测。

采用收益法评估数据资产时，可以通过以上四种方法获得收益预测，也可以结合数据资产的实际情况，对上述方法进行调整或者拓展。

二、成本法相关模型示例

$$P = C \times \delta$$

式中 P——被评估数据资产价值；

C——数据资产的重置成本，主要包括前期费用、直接成本、间接成本、机会成本和相关税费等。前期费用包括前期规划成本，直接成本包括数据从采集至加工形成资产过程中持续投入的成本，间接成本包括与数据资产直接相关的或者可以进行合理分摊的软硬件采购、基础设施成本及公共管理成本；

δ——价值调整系数。价值调整系数是对数据资产全部投入对应的期望状况与评估基准日数据资产实际状况之间所存在的差异进行调整的系数，例如：对数据资产期望质量与实际质量之间的差异等进行调整的系数。

三、市场法相关模型示例

（一）模型

市场法可以采用分解成数据集后与参照数据集进行对比调整的方式，具体模型如下：

$$P = \sum_{i=1}^{n} (Q_i \times X_{i1} \times X_{i2} \times X_{i3} \times X_{i4} \times X_{i5})$$

式中 P——被评估数据资产价值；

n——被评估数据资产所分解成的数据集的个数；

i——被评估数据资产所分解成的数据集的序号；

Q_i——参照数据集的价值；

X_{i1}——质量调整系数；

X_{i2}——供求调整系数；

X_{i3}——期日调整系数；

X_{i4}——容量调整系数；

X_{i5}——其他调整系数。

（二）系数说明

1. 质量调整系数是指在估算被评估数据资产价值时，综合考虑数据质量对其价值影响的调整系数，相关质量评价指标可以参考附 2；

2. 供求调整系数是指在估算被评估数据资产价值时，综合考虑数据资产的市场规模、稀缺性及价值密度等因素对其价值影响的调整系数；

3. 期日调整系数是指在估算被评估数据资产价值时，综合考虑各可比案例在其交易时点的居民消费价格指数、行业价格指数等与被评估数据资产交易时点同口径指数的差异情况对其价值影响的调整系数；

4. 容量调整系数是指在估算被评估数据资产价值时，综合考虑数据容量对其价值影响的调整系数；

5. 其他调整系数主要是指在估算被评估数据资产价值时，综合考虑其他因素对其价值影响的调整系数，例如：数据资产的应用场景不同、适用范围不同等也会对其价值产生相应影响，可以根据实际情况考虑可比案例差异，选择可量化的其他调整系数。

附录 4 《关于加强数据资产管理的指导意见》

关于印发《关于加强数据资产管理的指导意见》的通知

财资〔2023〕141 号

各省、自治区、直辖市、计划单列市财政厅（局），新疆生产建设兵团财政局：

为深入贯彻落实党中央关于构建数据基础制度的决策部署，规范和加强数据资产管理，更好推动数字经济发展，根据《中华人民共和国网络安全法》《中华人民共和国数据安全法》《中华人民共和国个人信息保护法》等，我们制定了《关于加强数据资产管理的指导意见》。现印发给你们，请遵照执行。

附件：关于加强数据资产管理的指导意见

财政部

2023 年 12 月 31 日

附件

关于加强数据资产管理的指导意见

数据资产，作为经济社会数字化转型进程中的新兴资产类型，正日益成为推动数字中国建设和加快数字经济发展的重要战略资源。为深入贯彻落实党中央决策部署，现就加强数据资产管理提出如下意见。

一、总体要求

（一）指导思想。

以习近平新时代中国特色社会主义思想为指导，全面深入贯彻落实党的二十大精神，完整、准确、全面贯彻新发展理念，加快构建新发展格局，坚持统筹发展和安全，坚持改革创新、系统谋划，把握全球数字经济发展趋势，建立数据资产管理制度，促进数据资产合规高效流通使用，构建共治共享的数据资产管理格局，为加快经济社会数字化转型、推动高质量发展、推进国家治理体系和治理能力现代化提供有力支撑。

（二）基本原则。

——坚持确保安全与合规利用相结合。统筹发展和安全，正确处理数据资产安全、个人信息保护与数据资产开发利用的关系。以保障数据安全为前提，对需要严格保护的数据，审慎推进数据资产化；对可开发利用的数据，支持合规推进数据资产化，进一步发挥数据资产价值。

——坚持权利分置与赋能增值相结合。适应数据资产多用途属性，按照“权责匹配、保护严格、流转顺畅、利用充分”原则，明确数据资产管理各方权利义务，推动数据资产权利分置，完善数据资产权利体系，丰富权利类型，有效赋能增值，夯实开发利用基础。

——坚持分类分级与平等保护相结合。加强数据分类分级管理，建立数据资产分类分级授权使用规范。鼓励按用途增加公共数据资产供给，推动用于公共治理、公益事业的公共数据资产有条件无偿使用，平等保护各类数据资产权利主体合法权益。

——坚持有效市场与有为政府相结合。充分发挥市场配置资源的决定性作用，探索多样化有偿使用方式。支持用于产业发展、行业发展的公共数据资产有条件有偿使用。加大政府引导调节力度，探索建立公共数据资产开发利用和收益分配机制。强化政府对数据资产全过程监管，加强数据资产全过程管理。

——坚持创新方式与试点先行相结合。强化部门协同联动，完善数据资产管理体制机制。坚持顶层设计与基层探索相结合，坚持改革于法有据，既要发挥顶层设计指导作用，又要鼓励支持各方因地制宜、大胆探索。

（三）总体目标。

构建“市场主导、政府引导、多方共建”的数据资产治理模式，逐步建立完善数据资产管理制度，不断拓展应用场景，不断提升和丰富数据资产经济价值和社会价值，推进数据资产全过程管理以及合规化、标准化、增值化。通过加强和规范公共数据资产基础管理工作，探索公共数据资产应用机制，促进公共数据资产高质量供给，有效释放公共数据价值，为赋能实体经济数字化转型升级，推进数字经济高质量发展，加快推进共同富裕提供有力支撑。

二、主要任务

（四）依法合规管理数据资产。保护各类主体在依法收集、生成、存储、管理数据资产过程中的相关权益。鼓励各级党政机关、企事业单位等经依法授权具有公共事务管理和公共服务职能的组织（以下统称公共管理和服务机构）将其依法履职或提供公共服务过程中持有或控制的，预期能够产生管理服务潜力或带来经济利益流入的公共数据资源，作为公共数据资产纳入资产管理范畴。涉及处理国家安全、商业秘密和个人隐私的，应当依照法律、行政法规规定的权限、程序进行，不得超出履行法定职责所必需的范围和限度。相关部门结合国家有关数据目录工作要求，按照资产管理相关要求，组织梳理统计本系统、本行业符合数据资产范围和确认要求的公共数据资产目录清单，登记数据资产卡片，暂不具备确认登记条件的可先纳入资产备查簿。

（五）明晰数据资产权责关系。适应数据多种属性和经济社会发展要求，与数据分类分级、确权授权使用要求相衔接，落实数据资源持有权、数据加工使用权和数据产品经营权权利分置要求，加快构建分类科学的数据资产产权体系。明晰公共数据资产权责边界，促进公共数据资产流通应用安全可追溯。探索开展公共数据资产权益在特定领域和经营主体范围内入股、质押等，助力公共数据资产多元化价值流通。

（六）完善数据资产相关标准。推动技术、安全、质量、分类、价值评估、管理运营等数据资产相关标准建设。鼓励行业根据发展需要，自行或联合制定企业数据资产标准。支持企业、研究机构、高等学校、相关行业组织等参与数据资产标准制定。公共管理和服务机构应配套建立公共数据资产卡片，明确公共数据资产基本信息、权利信息、使用信息、管理信息等。在对外授予数据资产加工使用权、数据产品经营权时，在本单位资产卡片中对授权进行登记标识，在不影响本单位继续持有或控制数据资产的前提下，可不减少或不核销本单位数据资产。

（七）加强数据资产使用管理。鼓励数据资产持有主体提升数据资产数字化管理能力，结合数据采集加工周期和安全等级等实际情况及要求，对所持有或控制的数据资产定期更新维护。数据资产各权利主体建立健全全流程数据安全管理机制，提升安全保护能力。支持各类主体依法依规行使数据资产相关权利，促进数据资产价值复用和市场化流通。结合数据资产流通范围、流通模式、供求关系、应用场景、潜在风险等，不断完善数据资产全流程合规管理。在保障安全、可追溯的前提下，推动依法依规对公共数据资产进行开发利用。支持公共管理和服务机构为提升履职能力和公共服务水平，强化公共数据资产授权运营和使用管理。公共管理和服务机构要按照有关规定对授权运营的公共数据资产使用情况等重要信息进行更新维护。

（八）稳妥推动数据资产开发利用。完善数据资产开发利用规则，推进形成权责清晰、过程透明、风险可控的数据资产开发利用机制。严格按照“原始数据不出域、数据可用不可见”要求和资产管理制度规定，公共管理和服务机构可授权运营主体对其持有或控制的公共数据资产进行运营。授权运营前要充分评估授权运营可能带来的安全风险，明确安全责任。运营主体应建立公共数据资产安全可信的运营环境，在授权范围内推动可开发利用的公共数据资产向区域或国家级大数据平台和交易平台汇聚。支持运营主体对各类数据资产进行融合加工。探索建立公共数据资产政府指导定价机制或评估、拍卖竞价等市场价格发现机制。鼓励在金融、交通、医疗、能源、工业、电信等数据富集行业探索开展多种形式的数据资产开发利用模式。

（九）健全数据资产价值评估体系。推进数据资产评估标准和制度建设，规范数据资产价值评估。加强数据资产评估能力建设，培养跨专业、跨领域数据资产评估人才。全面识别数据资产价值影响因素，提高数据资产评估总体业务水平。推动数据资产价值评估业务信息化建设，利用数字技术或手段对数据资产价值进行预测和分析，构建数据资产价值评估标准库、规则库、指标库、模型库和案例库等，支撑标准化、规范化和便利化业务开展。开展公共数据资产价值评估时，要按照资产评估机构选聘有关要求，强化公平、公正、公开和诚实信用，有效维护公共数据资产权利主体权益。

（十）畅通数据资产收益分配机制。完善数据资产收益分配与再分配机制。按照“谁投入、谁贡献、谁受益”原则，依法依规维护各相关主体数据资产权益。支持合法合规对数据资产价值进行再次开发挖掘，尊重数据资产价值再创造、再分配，支持数据资产使用权利各个环节的投入有相应回报。探索建立公共数据资产治理投入和收益分配机制，通过公共数据资产运营公司对公共数据资产进行专业化运营，推动公共数据资产开发利用和价值实现。探索公共数据资产收益按授权许可约定向提供方等进行比例分成，保障公共数据资产提供方享有收益的权利。在推进有条件有偿使用过程中，不得影响用于公共治理、公益事业的公共数据有条件无偿使用，相关方要依法依规采取合理措施获取收益，避免向社会公众转嫁不合理成本。公共数据资产各权利主体依法纳税并按国家规定上缴相关收益，由国家财政依法依规纳入预算管理。

（十一）规范数据资产销毁处置。对经认定失去价值、没有保存要求的数据资产，进行安全和脱敏处理后及时有效销毁，严格记录数据资产销毁过程相关操作。委托他人代为处置数据资产的，应严格签订数据资产安全保密合同，明确双方安全保护责任。公共数据资产销毁处置要严格履行规定的内控流程和审批程序，严禁擅自处置，避免公共数据资产流失或泄露造成法律和安全风险。

（十二）强化数据资产过程监测。数据资产各权利主体均应落实数据资产安全管理责任，按照分类分级原则，在网络安全等级保护制度的基础上，落实数据安全保护制度，把安全贯彻数据资产开发、流通、使用全过程，提升数据资产安全保障能力。权利主体因合并、分立、收购等方式发生变更，新的权利主体应继续落实数据资产管理责任。数据资产各权利主体应当记录数据资产的合法来源，确保来源清晰可追溯。公共数据资产权利主体开放共享数据资产的，应当建立和完善安全管理和对外提供制度机制。鼓励开展区域性、行业性数据资产统计监测工作，提升对数据资产的宏观观测与管理能力。

（十三）加强数据资产应急管理。数据资产各权利主体应分类分级建立数据资产预警、应急和处置机制，深度分析相关领域数据资产风险环节，梳理典型应用场景，对数据资产泄露、损毁、丢失、篡改等进行与类别级别相适的预警和应急管理，制定应急处置预案。出现风险事件，及时启动应急处置措施，最大程度避免或减少资产损失。支持开展数据资产技术、服务和管理体系认证。鼓励开展数据资产安全存储与计算相关技术研发与产品创新。跟踪监测公共数据资产时，要及时识别潜在风险事件，第一时间采取应急管理措施，有效消除或控制相关风险。

（十四）完善数据资产信息披露和报告。鼓励数据资产各相关主体按有关要求及时披露、公开数据资产信息，增加数据资产供给。数据资产交易平台应对交易流通情况进行实时更新并定期进行信息披露，促进交易市场公开透明。稳步推进国有企业和行政事业单位所持有或控制的数据资产纳入本级政府国有资产报告工作，接受同级人大常委会监督。

（十五）严防数据资产价值应用风险。数据资产权利主体应建立数据资产协同管理的应用价值风险防控机制，多方联动细化操作流程及关键管控点。鼓励借助中介机构力量和专业优势，有效识别和管控数据资产化、数据资产资本化以及证券化的潜在风险。公共数据资产权利主体在相关资产交易或并购等活动中，应秉持谨慎性原则扎实开展可研论证和尽职调查，规范实施资产评估，严防虚增公共数据资产价值。加强监督检查，对涉及公共数据资产运营的重大事项开展审计，将国有企业所属数据资产纳入内部监督重点检查范围，聚焦高溢价和高减值项目，准确发现管理漏洞，动态跟踪价值变动，审慎开展价值调整，及时采取防控措施降低或消除价值应用风险。

三、实施保障

（十六）加强组织实施。切实提高政治站位，统一思想认识，把坚持和加强党的领导贯穿到数据资产管理全过程各方面，高度重视激发公共数据资产潜能，加强公共数据资产管理。加强统筹协调，建立推进数据资产管理的工作机制，促进跨地区跨部门跨层级协同联动，确保工作有序推进。强化央地联动，及时研究解决工作推进中的重大问题。探索将公共数据资产管理发展情况纳入有关考核评价指标体系。

（十七）加大政策支持。按照财政事权和支出责任相适应原则，统筹利用现有资金渠道，支持统一的数据资产标准和制度建设、数据资产相关服务、数据资产管理和运营平台等项目实施。统筹运用财政、金融、土地、科技、人才等多方面政策工具，加大对数据资产开发利用、数据资产管理运营的基础设施、试点试验区等扶持力度，鼓励产学研协作，引导金融机构和社会资本投向数据资产领域。

（十八）积极鼓励试点。坚持顶层设计与基层探索结合，形成鼓励创新、容错免责良好氛围。支持有条件的地方、行业和企业先行先试，结合已出台的文件制度，探索开展公共数据资产登记、授权运营、价值评估和流通增值等工作，因地制宜探索数据资产全过程管理有效路径。加大对优秀项目、典型案例的宣介力度，总结提炼可复制、可推广的经验和做法，以点带面推动数据资产开发利用和流通增值。鼓励地方、行业协会和相关机构促进数据资产相关标准、技术、产品和案例等的推广应用。

附录 5　我国主要行业数据资源入表案例摘录

（截至 2024 年一季度）

温州实现数据资源入表第一单

2023 年 10 月，浙江省温州市大数据运营有限公司的数据产品“信贷数据宝”完成了数据资产确认登记。温州市财政局在通告中称，这是温州数据资产确认登记第一单，也是目前国内有公开报道的、财政指导企业数据资源入表第一单。据介绍，“信贷数据宝”是基于温州政务区块链的“数据资产云凭证”体系研发的数据产品。主要功能是通过个人或企业授权后，在确保隐私和数据安全的前提下，为金融机构提供信贷业务相关的数据服务，以此简化申贷材料和流程，提高授信审批效率和银行核查精准度。

“将数据主体授权信息‘上链’，形成数字资产‘云凭证’，这就有效解决了信息认证、存证、追踪、关联、回溯等方面的烦琐性和风险性，实现信贷平均办理时间从之前的近 10 个工作日压缩到 1～2 个工作日。”温州市大数据运营有限公司总经理余仰望说。

据统计，自上线以来，“信贷数据宝”对接多家金融机构，共推出贷款产品 42 项，累计授信 673 亿元，用信 182 亿元，惠及用户 15.2 万。

全国首个电力数据产品资产评估案例落地

2023 年 12 月，国网浙江新兴科技有限公司委托浙江大数据交易中心联合浙江中企华资产评估有限公司及中国质量认证中心，依据中国资产评估协会的指导、全国信息技术标准化技术委员会的数据质量评价标准《信息技术 数据质量评价指标》（GB/T 36344—2018）和中国质量认证中心的技术规范《数据产品质量评价技术规范》（CQC 9272—2023），成功完成了“双碳绿色信用评价数据产品”的市场价值评估。

这一案例不仅是电力行业数据资产市场价值评估的首次实践，也是国内首例在数据交易所市场参考价基础上，融合市场法公允价值与成本法参考的评估案例。

宿迁首笔数据知识产权登记产品交易落地

2023 年 12 月，江苏钟吾大数据发展集团有限公司的一项数据知识产权登记产品成功交易，成为宿迁市在数据知识产权运用场景中的首笔登记数据交易案例。该产品“宿迁宿城区内企业近一年行政处罚可视化分析数据”于 2023 年 6 月底在江苏数据知识产权登记系统完成登记，2023 年 12 月初经过资产预评估后，进入华东江苏大数据交易中心并成功交易，交易额达 8 万元。

20 张数据知识产权登记证书中，其中全省首批 5 组登记证全部落户宿迁；此外，还有 3 笔数据知识产权质押交易，总额达 3 000 万元；1 单数据知识产权侵权保险，并承担江苏省数据知识产权登记系统数据匹配度检测方法研究项目，预计 2024 年年内完成运用测试。

江苏无锡市梁溪区完成企业数据资源入表

2024 年 1 月 1 日，在无锡市梁溪区大数据管理局的指导下，无锡市梁溪大数据有限公司、中科城市大脑数字科技（无锡）有限公司、鲜度数据（无锡）有限公司、江苏猪八戒网企业服务有限公司等辖区内企业成为国内首批完成数据资源入表的企业。

据无锡市财政局工作人员介绍，无锡市梁溪大数据有限公司、鲜度数据（无锡）有限公司等几家数据资源入表尝鲜者都是近年来发展迅猛的新兴经济领域企业，均拥有质量较高的数据资源，通过转化为数据资产，实现优化资产负债，扩大盈利空间。

为确保数据资源在资产化过程中的合规性、价值度，梁溪区大数据管理局按照区委区政府要求组织辖区企业深入学习，多次邀请专业机构、行业专家进行政策解读，探索出一条符合梁溪数字产业实际的入表可行路径，明确了企业数据资源标准，从业务、财务、法务等方面提出了数据资产化的工作要点，具体指导了数据资产化各环节的实施步骤。

广东联合电服公司成功实现数据资源入表

广东联合电子服务股份有限公司（以下简称“联合电服公司”）作为行业首家、全国首批数据资源入表的企业，于 2024 年 1 月 1 日正式将数据资产计入财务报表。

2023 年 4 月，联合电服公司开展“奋进新征程、高质量发展金点子”挂榜揭榜评选活动，前瞻性地提出“数据资源入表路径的研究与实践”提案，围绕“数据资产确认—数据资产评估—数据资产计量与披露”3 个环节，探索数据资源入表的实践模式和实现路径。

项目小组聚焦政策趋势，制定“三步走”入表方案。搭建了涵盖数据来源、数据内容、数据处理、数据管理、数据经营等维度的数据合规体系，确保数据资源的合法、合规。结合实际制定了入表资产类别判断、计量、列表与披露的核算管理体系。专班推进升级迭代已具备成熟商业价值的广东省高速公路出口、入口及路网车流量数据服务项目，从项目立项、人工成本投入、上线验收等环节规范核算，于 2024 年 1 月 1 日成功上线，标志着数据资源正式入表。

据悉，2023 年 12 月 28 日，联合电服公司自主研发的“高速公路重点车辆监控产品”“高速公路车流量产品”“高速公路道路安全产品”3 个系列共计 11 个数据产品，已经在上海数据交易所成功挂牌，完成场内 3 笔交易，交易金额接近 100 万元。

青岛华通集团实现数据资源入表

2024 年 1 月 1 日，青岛华通集团将公共数据融合社会数据治理的数据资源“企业信息核验数据集”列入“无形资产——数据资源”科目，计入企业总资产，成为青岛市首个实现企业数据资源入表的实践案例。

此次入表的“企业信息核验数据集”产品，经过数据梳理、项目立项、数据治理、项目验收、合规审查、资产登记、价值评价、财务入账 8 个关键环节，实现了各环节有制度可依、有标准可循。

一是数据梳理：技术、财务、运营多部门协同，梳理出能产生价值的数据资源。

二是项目立项：经初步研判后形成项目可行性研究报告。

三是数据治理：形成以企业违法违规失信信息为主要内容的“企业信息核验数据集”。

四是项目验收：由研发、财务、业务部门共同对产品进行验收，形成数据资产验收单。

五是合规审查：聘请专业律师事务所进行数据资源合规审查，形成数据合规报告。

六是资产登记：由青岛数据资产登记评价中心颁发数据资产登记证书。

七是价值评价：在《数据资产价值与收益分配评价模型》的指导下，出具数据资产价值评价报告，为数据资源实现经济价值指明方向。

八是财务入账：将“企业信息核验数据集”确认为企业资产负债表中的“资产”一项，计入企业的总资产。

天津市河北区供热燃气公司实现企业数据资源入表

2024 年 1 月 1 日，天津市首单数据资源入表登记评估工作顺利完成，河北区供热燃气有限公司获得《数据资产登记证书》，成为天津市首个具备数据资源入表条件的国有企业。

河北区锚定数字经济新赛道，加快数据要素产业发展，联合国家信息中心组建天津数据资产登记评估中心，并于 2023 年 8 月正式揭牌，专业开展数据资产登记、合规认定、数据治理、数据评价、价值评估、审计核验、数据入表及专业培训等综合服务，以数据资产价值流通为导向，规范数据资产评估方法和流程，培养数据资产评估人才，推进数据资产登记评估配套建设。

2024 年，天津市数据资产登记评估中心全速启航，为全区、全市乃至全国的企业、机构提供数据资产登记评估全流程服务，研究探索银行质押、数据信托、融资入股、数据纳入统计体系等新型数据要素价值应用。

湖南大数据交易所实现全省首单数据资产融资

2024 年 1 月 11 日，湖南大数据交易所与光大银行长沙分行、汇业律师事务所、中伦文德律师事务所等专业机构签约，成功提供湖南首笔数据资产无抵押融资服务，帮助湖南本土企业盛鼎科技获得光大银行 500 万元授信额度。

本案例中，首先，企业将数据资源加工成数据产品，并提交入会资料成为湖南大数据交易所会员；其次，湖南大数据交易所基于融资企业资信情况、律师事务所出具的法律风险评估意见书，以及融资企业数据产品相关材料，出具数据产品登记证书、数据产品上架证书，完成数据产品合规审核、登记上架和平台公示；再次，企业获得相关证书后，能够正式将数据资产纳入财务报表，从而准确衡量数据资源的价值，并为财报使用者提供更为直观的数据资产信息，数据资源入表后，交易所、律师事务所和企业签订融资服务协议；最后，银行会基于律师事务所出具的法律风险评估报告、交易所提供的数据产品登记及上架证书，全面了解投融资企业的数据资产状况，综合评估后，银行完成授信审批，从而形成一个完整的数据资产化服务闭环。

以盛鼎科技为例，该公司本次融资的数据产品是产权交易数据管理系统。光大银行长沙分行在充分了解盛鼎科技的数据资产情况，包括其法律风险评估、数据产品登记及上架情况后，结合数据资产的质量和价值评估，完成了授信审批，实现了数据资产的有效转化利用。

扬子国投完成水务行业数据资源入表

2024 年 1 月 24 日，扬子国投成功完成了首批 3 000 户企业用水脱敏数据资源入表工作，成为水务行业全国首个数据资源入表案例，同时也是全国首批实现数据资源入表的企业。入表工作严格遵循《企业数据资源相关会计处理暂行规定》，成为江苏省首个全流程规范执行的数据资源入表案例。

扬子国投以江北公用集团子公司远古水业的供水数据为基础，借助数研院的技术支持，经过多次研讨和调研，规范完成了数据资产的认定、登记确权、合规评估、经济利益分析及成本归集与分摊等关键步骤，最终将这批脱敏数据纳入“无形资产——数据资产”科目，标志着数据资产化的重要突破。

远古水业相关负责人表示，企业用水数据与经济运行密切相关，是经济运行的“晴雨表”之一。这些数据经过脱敏、清洗、建模分析，可用于经济运行情况分析校验，对行业景气性研判分析乃至金融保障服务起到积极支持作用。用水数据资源入表，对于传统供水企业来说，使这部分“看不见”的数据资源价值得以体现，鼓励企业积极践行“智改数转”要求。

河南省首单数据资产融资获批 800 万元

2024 年 1 月 31 日，在河南数据集团成立一周年之际，集团“企业土地使用权”数据在郑州数据交易中心挂牌上市，获“数据产权登记证书”。金融机构根据会计师事务所、资产评估事务所、律师事务所的相关意见，向河南数据集团批准授信额度 800 万元，完成了河南省首笔数据资产无抵押融资。

这标志着河南数据集团在数据资源入表、数据资产化、数据资本化等数据要素价值化领域的关键环节已实现“零的突破”。

2024 年 1 月以来，河南数据集团结合自身和下属公司实际数据资源情况，按照基础平台建设、数据加工处理、数据开发、数据治理、数据运营等一系列成本来计量数据资产初始价值，开展“数据资源入表”先行先试。

全国首单工业互联网数据资源入表案例在桐乡落地

2024 年 1 月，全国首单工业互联网数据资产化案例在浙江省桐乡市落地。作为桐乡市数据资产化先行先试企业，浙江五疆科技发展有限公司（以下简称“五疆发展”）已完成数据资源入表准备，正式启动入表工作。

五疆发展本次试点形成的数据资产是“化纤制造质量分析数据资产”。通过感知、汇聚来自工艺现场的生产数据，经清洗、加工后形成高质量的数据资源，用数据融通模型计算分析后，可实时反馈并调控、优化产线相关参数，也可实现对产品线关键质量指标的实时监控和化纤生产过程总体质量水平的实时评级，从而实现提高化纤产品质量、提升企业质量管理能力、提高经营效能的目标。目前“化纤制造质量分析数据资产”包含了 2 787 万条质量管理数据，其中包括物理化验数据、过程质检、控制图数据、对比指标参数、指标报警、预警趋势、不合格率等 27 个数据模型，质量指数、合格率、优等率、稳定度等 38 类指标体系。

据介绍，在使用“化纤制造质量分析数据服务”系统前，五疆发展面临的主要问题有：过程质量信息传递不及时、不准确、不全面、不系统，导致质量改进能力不足，质量提升速度缓慢，缺乏相应的信息支撑。质量管理者无法及时获取相关信息，检验人员无法精准掌握过程信息，影响产品质量的判定和把控；客户需求信息不能及时有效地传递到生产部门，导致生产与市场需求脱节。使用该系统后，数据要素驱动的品控体系日臻完善，质量管理效率和管理水平持续提升，质量成本年下降约 6.81%，客诉率年下降约 35.72%。

全国首批数据资源入表案例实质性落地成都金牛

2024 年 1 月，成都市金牛城市建设投资经营集团有限公司（以下简称“金牛城投集团”）在数据资产化领域取得突破，成为国内首批成功实现数据资源入表的企业。

为确保数据资源入表工作的合规、安全，金牛城投集团旗下的鑫金大数据公司联合多方专业机构，包括数据管理服务企业、律师事务所、资产评估机构和会计师事务所，共同组建数据资源入表工作组。该工作组全面研究了数据盘点、确权估值、入表运营等核心问题，着力解决了相关风险障碍。工作组选取金牛城投内部的智慧水务监测数据、运营数据等城市治理数据作为入表对象，设计开发了一系列数据应用场景，最终在 2024 年 1 月 1 日正式完成了数据资源的入表工作。

福建省首个企业数据资源入表在泉州实现

2024 年 1 月，泉州数据要素生态大会上，泉州市大数据产业协会发布了首单成功入表的数据资产“泉数工采通数据集”，使泉州交发集团权属大数据公司成为全省首家实现数据资源入表的国有企业。

“泉数工采通数据集”源自对公共数据的深度加工和定制化开发，旨在满足工程采购数据应用场景的多样化需求，通过提供多维度的数据价值，为外部客户提供数据应用服务。

这一突破性的数据资源入表，标志着泉州交发集团在数据资产化方面取得了显著进展，有力推动了集团从传统资产链向新兴数据资产链的转型。此举不仅强化了大数据产业板块的实力，还树立了泉州数字经济发展的新标杆，为数据要素在数字经济产业中的价值实现提供了强大动力，预计将产生显著的倍增效应。

浙江省完成首单制造业主数据产品交易

2024 年 1 月，浙江大数据交易中心有限公司首席数据官李静将“数据产品交易凭证”递交给浙江俠云科技有限公司（以下简称“俠云科技”）副总经理罗晓雯，标志着浙江首单制造业“数据产品”完成交易。

俠云科技作为产业大脑运营方，致力于通过开发“数据产品”激活沉淀的数据并探索其价值化改革。目前，该公司已经成功推出了 3 款数据产品，在 2023 年 12 月于浙江省大数据交易中心上架，并于近期相继完成交易。

这 3 款数据产品分别针对水暖阀门行业：一款是“产品采购主数据”产品，它提供了对铜材料采购趋势、市场动态和供应链管理的深入分析，成交价为 8 000 元；另一款是“产品生产主数据”产品，它帮助用户了解行业生产趋势、关键指标，支持产业内外的决策和生产流程管理，成交价为 9 000 元；还有一款是“产品主数据标准”产品，它可与企业的 ERP 和 MES 系统集成，为企业数据管理和运营提供标准化基础，成交价为 1 万元。这些产品的推出标志着俠云科技在数据价值化改革方面取得了显著成果。

重庆巴南区打造停车数据资源入表范例

2024 年 1 月，巴渝数智公司与巴洲产发集团、浙江数字医疗卫生技术研究院（以下简称“浙江数研院”）携手，成功打造了西部首批智慧停车数据资源入表范例。

为确保数据资源入表的合规与安全，巴渝数智公司与浙江数研院等合作机构深入研究数据源，解决了数据盘点、确权估值、入表运营等核心问题和风险障碍。此次以巴渝数智的“智慧停车数据”为对象，完成了数据资源的治理、上链存证及入表工作。

基于这些数据资源，开发出包括数智化车场价值评估、智能商家引流、“互联网+益民服务”等在内的首批数据产品，并在北京市知识产权保护中心和北京国际大数据交易所进行了数据知识产权登记。

江苏省首单城投类数据资源入表在南京完成

2024年1月，南京市城市建设投资控股（集团）有限责任公司全资二级子公司集团南京公共交通（集团）有限公司（以下简称“南京公交集团”）成功完成约700亿条公交数据资源资产化并表工作，成为江苏省首单城投类公司数据资源入表案例。

南京公交集团此次评估入表的数据资产涵盖了公交方面历史信息及实时数据等关键资源。通过本次数据资产价值的精准评估入表，公司不仅提升了自身的数据管理能力，也为行业的数字化转型提供了可借鉴的范例。南京公交集团将继续深化数字化转型，充分挖掘数据资产的价值和应用潜力，创新探索更多应用场景，以数据支撑构建智慧交通体系，推动城市公共交通高质量发展。

全国首单车联网领域数据资源入表在苏州完成

2024年2月5日，先导（苏州）数字产业投资有限公司（简称“先导产投”）成功将超30亿条智慧交通路侧感知数据资源资产化并入表，这一举措开创了全国车联网数据资源入表的先例。

先导产投与苏州市大数据集团紧密合作，依托苏州数据要素价值共创平台和苏州大数据交易所的专业服务，对苏州高铁新城智能网联（三期）道路项目建设中产生的路侧感知数据进行了全面的资源盘点、评价和入表准备。

2023 年 9 月，先导产投启动了数据资源入表工作，在探索过程中总结出一套数据资源入表的“七步法”：

第一步：通过苏州大数据交易所及专业律师事务所进行合规及授权体系设计，完成数据安全合规评估，获得相关法律意见书。

第二步：通过苏州数据要素价值共创平台开展数据盘点工作，完成数据质量评估报告。

第三步：借助苏州大数据交易所技术服务生态能力，拟订初步价值意见。

第四步：通过苏州大数据交易所上架数据产品，获得交易所产品证书。

第五步：由专业数据服务机构、评估机构依据先导产投自身财务情况、数据资源质量报告、交易所产品证书开展数据资产评估工作，出具价值咨询意见书和资产评估报告。

第六步：将价值咨询意见书提交银行等金融机构申请授信增信。

第七步：与审计单位沟通制定数据资产相关会计管理制度，实现数据资源入表。整个工作经过数据资产盘点、数据解析、数据加工、登记确权、合规评估、价值评估、成本归集与分摊等环节，完成数据资源入表。

合肥市大数据公司完成全省首单数据资源入表

2024 年 2 月 5 日，合肥市大数据公司成功开具安徽省第一张数据资源入表会计凭证，实现全省首单数据资源入表，同时基于该数据资源推出的公共交通出行数据产品已在合肥数据要素流通平台实现市场化流通。

本次实践形成的公共交通出行数据资产，是通过采购、授权加自身交通业务产生等方式打通不同主体间的数据壁垒，形成的该领域多源融合数据资源，经清洗、加工后形成高质量的数据产品，输出至社会生产经营活动之中。因交通数据协同效应强、市场需求大，此数据产品的流通交易可提高整个行业的运营服务效率，充分发挥数据要素的乘数效应。

全面梳理分析基于自身交通出行板块业务的多源数据资源，完成数据资产相关的成本归集，确定可入表的数据资源范围，组织法律、安全、审计等领域专家进行论证评估，通过确认数据来源、数据用途、使用限制等合法合规评价，在合肥数据要素流通平台进行了存证登记、上架交易，探索出一条安全合规，涵盖确认、计量、记录全流程的企业数据资源入表标准化路径，成功实现了公司资产边界拓展。

河南首例财经媒体数据产品成功上架数据交易所

2024 年 2 月 12 日，河南大河财立方数字科技有限公司（以下简称“财立方数科”）的两项数据应用产品“财金先生”和“立方招采通”成功获得“数据产权登记证书”，并在郑州数据交易中心首次亮相。这两款产品均由财立方数科自主研发。

“财金先生”是财立方数科在技术和数据领域的重要布局，它依托财媒背景、数据支持、技术优势和独特模型，为财金人群提供全天候、可交互、连接公私域、链接投融资的新型智媒服务与场景。该产品首创“先生频道和私享频道”的技术服务模型，为财金人群构建个性化的移动互联私人频道和专属空间，通过精细化财经数据服务，开辟财媒数智服务新路径。

“立方招采通”则专注于提供全国范围内的招标采购等信息数据服务，覆盖政企市场主流招采数据。它能够实现全网招采信息的海量归集、智能分类、穿透分析，并提供灵活多样的取数方式，满足用户不同的数据需求。除了精准的数据服务，还提供 Excel、应用程序编程接口（Application Programming Interface，API）、Kafka、数据库等多种定制方式。

临沂市完成首单数据资源入表

2024 年 2 月 28 日，临沂铁路建设投资集团有限公司旗下的临沂铁投城市服务有限公司（以下简称“临沂铁投城服”）成功将“临沂市高铁北站停车场数据资源集”计入企业总资产中的无形资产科目，成为临沂市企业数据资源入表的首个实践案例。

在临沂市大数据局和大数据中心的指导下，临沂铁投城服精心筹备数据资源入表项目，历经数据梳理、项目立项、数据治理、项目验收、合规审查、资产登记、资产评价和资源入表 8 个关键步骤，成功探索出一条安全合规的企业数据资源入表路径。

此次入表的“临沂市高铁北站停车场数据资源集”将为多种应用提供使用价值，如分析车主停车行为以优化优惠政策、改进停车场管理和分配、辅助站区交通规划和道路拥堵治理，还可为保险公司提供核保定价和商业选址评估分析的依据。

广东完成首单数据资源入表融资

2024 年 2 月，广东诞生首单数据资源入表融资成功范例——南方财经全媒体集团（以下简称“南财”）的金融终端“资讯通”数据资产完成入表，并在此基础上更进一步，在广州数据交易所落地融资对接服务下，获得中国工商银行广东自由贸易试验区南沙分行 500 万元授信。

这标志着南财已经具备数据资产“治理、合规、确权、定价、入表、金融化”的全流程闭环能力。与中国工商银行、广州数据交易所合作探索出的数据资产融资有效路径，意味着“数据要素×金融服务”国家行动在广东取得落地突破。

南财“资讯通”数据产品于 2024 年 1 月纳入财务报表。在广东省政务服务和数据管理局监制下，广州数据交易所为“资讯通”颁发了数据资产登记凭证。在广州数据交易所的融资对接服务下，南财成功向中国工商银行广东自由贸易试验区南沙分行申请并获得了 500 万元的授信。

此次成功授信标志着“资讯通”不仅在公司内部完成了转型升级，而且得到了外部对其作为明确权属、有价值数据资产的认可。

贵州省首单数据资源入表案例落地

2024 年 2 月底，在贵阳大数据交易所助力下，贵州勘设生态环境科技有限公司实现“污水厂仿真 AI 模型运行数据集/供水厂仿真 AI 模型运行数据集”作为数据资产入表，成为贵州首单实现企业数据资源入表的实践案例。

这标志着贵州部分企业已经具备数据资产“治理、合规、确权、定价、入表、金融化”的全流程闭环能力。与贵阳大数据交易所合作探索出了数据资源入表的有效路径，意味着“数据要素×城市治理”的国家行动在贵州取得落地突破。

据悉，“污水厂仿真AI模型运行数据集/供水厂仿真AI模型运行数据集”项目实施过程中，贵阳大数据交易所联合北京智慧财富集团开展了系列调研走访，制定了环保数据多维价值解决方案。通过对贵州勘设生态环境科技有限公司数据资源进行收集、校核、清洗、筛选、大模型数据驯化等多个维度的治理，形成高质量的数据资源。对符合资产定义的数据资源相关环节进行成本归集分析，确定可入表的数据资源，完成了数据资源的资产化。

全国首单能源数据资源入表落地济南

2024年2月，济南能源集团成功完成热网监测数据资产评估，实现供热管网GIS系统数据入表，成为济南市属企业及省内能源行业首个数据资源入表案例，也是能源数据资产公开入表的首例。

济南能源集团通过细致的数据资源梳理和分析，选定供热监测数据作为评估对象，以济南热力集团有限公司为试点，快速完成了数据采集、整合、建模等流程，明确了数据资产的信息价值与市场价值，完成了数据资产登记和市场价值评估。随后，集团成功获得齐鲁银行的授信，贷款用于二期数据资源项目的推进。这一举措不仅激活了存量数据资产，提高了资产使用效率，还为数据资产的市场化运营奠定了坚实基础。

同时，济南能源集团还研究并选定了供热管网GIS系统数据作为入表项目，经过严格的数据资产梳理、确认、内部立项、登记确权、合规评估等流程，最终实现了GIS系统数据资源的入表。这一举措准确反映了GIS系统数据资产的价值，为全面掌握全市供热管线布局和运行状况提供了有效支撑，优化了调度运行、降低了运营风险、促进了数据共享，为节能降耗和提高供热效率提供了有力保障。

上海又一企业获得数据资产质押贷款

2024 年 2 月，中国建设银行上海市分行与上海数据交易所携手，成功发放首笔基于“数易贷”服务的数据资产质押贷款。

“数易贷”凭借其五大创新特色——标的新、模式新、运营新、处置新和基础设施新，为信贷服务提供了动态、实时、全面、准确的新型可信底层基础资产。这一创新服务模式与现有贷款模式高效衔接，并借助数据资产区块链基础设施中的智能合约，以数字人民币形式发放贷款，为金融市场注入了新活力。

此次贷款的发放，依赖上海数据交易所的“数易贷”服务，该服务贯穿贷前、贷中及贷后全过程，通过上海数据交易所的 DCB（Data-Capital Bridge）架构，数据与资本两大市场得以有效链接，全面、动态、实时、准确地反映了数据资产的形成、流通和交易过程。DCB 作为关键基础设施，确保数据资产的真实性、合法性和不可篡改性，为数据资产质押提供了坚实的技术支持。中国建设银行上海市分行基于 DCB 数据资产凭证开展信贷业务，并结合上海数据交易所给出的价值指导意见，最终成功发放了此笔贷款。

附录6　我国部分数商列表

（以企业名称拼音排序）

序号	企业名称	简称	特点	业务简介
1	阿里云计算有限公司	阿里云	云计算及人工智能服务	以在线公共服务的方式，提供安全、可靠的计算和数据处理能力，让计算和人工智能成为普惠科技。服务制造、金融、政务、交通、医疗、电信、能源等众多领域的企业，包括中国联通、12306、中石化、中石油、飞利浦、华大基因等大型企业客户，以及微博、知乎等明星互联网公司
2	百度在线网络技术（北京）有限公司	百度	拥有强大互联网基础的AI公司	基于搜索引擎，百度演化出语音、图像、知识图谱、自然语言处理等人工智能技术；最近10年在深度学习、对话式人工智能操作系统、自动驾驶、AI芯片等前沿领域持续投入
3	北京百分点科技集团股份有限公司	百分点	数据科学基础平台及数据智能应用	以“用数据科学构建更智能的世界”为使命，为政府和企业提供端到端的场景化解决方案，助力客户智能化转型
4	北京海天瑞声科技股份有限公司	海天瑞声	AI训练数据服务	为人工智能全产业链中的企业及科研机构提供工程化数据资源产品和服务。业务覆盖智能语音、计算机视觉、自然语言等AI核心领域，全面服务于人机交互、智能家居、智慧城市等多种创新应用场景。公司具备全球化的业务支持与交付能力，产品线已包含全球150余个主要语种及方言
5	北京金山云网络技术有限公司	金山云	云计算服务	坚持技术立业，逐步构建了完备的云计算基础架构和运营体系，并通过与大数据、人工智能与边缘计算等先进技术有机结合，深耕行业，提供超过150种适用于互联网、公共服务、数字健康、金融等领域解决方案，累计为500+优质客户提供高品质云服务

（续）

序号	企业名称	简称	特点	业务简介
6	北京库斯曼科技有限公司	六派数据	手机互联网接入及数据服务	为企业、个人开发者提供各类生活数据API，方便开发者快速简单的开发App、软件及其他服务平台。致力于打造一个标准、简单、极速、准确的数据平台，让开发者从繁杂的数据抓取、整理中解放出来，专注于核心业务的开发，提升效率、开发周期，减少维护成本
7	北京明略软件系统有限公司	明略科技	大数据整体解决方案	企业数据智能应用软件提供者，致力于通过大数据分析挖掘和认知智能技术，推动知识和管理复杂度高的大中型企业进行数字化转型
8	北京数牍科技有限公司	数牍科技	隐私计算技术	以“为数据要素的发展创造更好的流通环境”为愿景，致力于提供基于多方安全计算、联邦学习和分布式系统等技术的隐私计算平台，以严格的隐私保护和数据安全为前提，实现数据的共享和利用。创始团队和技术团队成员多来自硅谷的知名科技公司，如Facebook、Google等，拥有丰富的数据科学、AI和密码学等领域的技术研发和工程落地经验
9	北京四维图新科技股份有限公司	四维图新	汽车智能化与智慧城市发展	以自动驾驶系统解决方案、云服务平台、高精度地图、高精度定位，以及汽车电子芯片等核心业务，打造“智能汽车大脑”，并基于大数据能力，拓展智慧城市乃至万物互联应用，赋能智慧出行，助力美好生活，成为客户信赖的智能出行科技公司
10	北京天眼查科技有限公司	天眼查	商业安全工具开发	经营范围包含技术开发、技术咨询、技术服务、技术推广、技术转让；计算机系统服务；基础软件服务；应用软件服务；软件开发；软件咨询；经济贸易咨询；企业管理咨询；财务咨询；销售自行开发后的产品；市场调查；设计、制作、代理、发布广告；企业策划；法律咨询翻译服务；商标转让；商标代理；版权转让；版权代理；软件的登记代理服务；代理记账；经营电信业务、互联网信息服务；互联网文化活动等

（续）

序号	企业名称	简称	特点	业务简介
11	北京易华录信息技术股份有限公司	易华录	数据资产化服务	把握政府管理创新需求，发挥央企优势，将金融资本和产业资本相结合，打通产业链，经过不断创新发展，应用物联网、云计算、大数据等先进技术，为智慧城市、智能交通管理、公共交通、轨道交通、民航、航运等领域提供整体解决方案
12	北京云测信息技术有限公司	云测信息	以AI技术驱动的企业服务平台	云测数据标注平台将数据采集、处理、标注、训练、模型输出进行持续迭代集成，支持图像、点云、视频、文本、语音等数据类型的加工处理，可解决AI场景落地多样性、丰富性的数据需求，帮助企业获得高质量训练数据
13	北京中指实证数据信息技术有限公司	中指数据	多媒体系统软件开发	计算机多媒体系统软件的开发和生产，提供电子与信息技术服务，并销售自有产品
14	超聚变数字技术有限公司	超聚变	算力基础设施及服务	致力成为全球领先的算力基础设施与服务提供者
15	东软集团股份有限公司	东软	IT解决方案与服务	全球化信息技术、产品和解决方案公司，致力于成为产业创新变革的推动者和数字化转型的赋能者
16	帆软软件有限公司	帆软	大数据BI和分析平台服务	专注商业智能和数据分析领域，致力于提供一站式商业智能解决方案
17	广电运通集团股份有限公司	广电运通	人工智能行业应用企业	主营业务覆盖智能金融、公共安全、智慧交通、数字政府、大文旅、新零售及智慧教育等领域，为全球客户提供具有竞争力的智能终端、运营服务及大数据解决方案
18	贵州数据宝网络科技有限公司	数据宝	国有数据资产化运营服务商	从事计算机软硬件技术领域内的技术开发、技术转让、技术咨询、技术服务，软件开发，数据处理，企业营销策划，企业形象策划，市场信息咨询与调查，通信工程，计算机系统集成，计算机软件及辅助设备的销售，计算机安装、维修，第二类增值电信业务中的信息服务业务，大数据资产交易，大数据金融衍生数据的设计及相关的服务，大数据清洗及建模技术开发，大数据相关的金融杠杆数据设计及服务

（续）

序号	企业名称	简称	特点	业务简介
19	国信优易数据股份有限公司	优易数据	大数据基础软件产品	以技术创新为核心驱动力，专注于大数据基础软件产品研发与技术服务优化，面向政府现代化治理、城市指挥运行和企业数字化转型，为客户提供基于数据操作系统（DataOS）的一站式领域解决方案和数字化在线服务。同时以合作共赢的理念，开放基础软件技术能力，连接产业链合作伙伴，共同构建面向数字时代的大数据产业生态
20	杭州安恒信息技术股份有限公司	安恒信息	网络信息安全服务	以DAS（数据安全、AI、安全运营服务）为核心战略，涵盖网络安全、数据安全、云安全、信创安全、密码安全、安全服务等数字安全能力，服务10万+政企客户
21	杭州极速互联科技有限公司	极速数据	手机互联网接入服务	为企业、个人开发者提供各类生活数据应用程序编程接口（Application Programming Interface，API），方便开发者快速简单的开发App、软件及其他服务平台。致力于打造一个标准、简单、极速、准确的数据平台，让开发者从繁杂的数据抓取、整理中解放出来，专注于核心业务的开发，提升效率、开发周期，减少维护成本
22	杭州锘崴信息科技有限公司	锘崴科技	隐私保护计算	独有的大数据隐私计算平台可分离数据的所有权、管理权和使用权，充分实现数据安全共享和快捷有效的生物医疗大数据流转
23	杭州数梦工场科技有限公司	数梦工场	新型互联网平台开发	由阿里巴巴集团、银杏谷资本和光大实业资本等投资，定位于新型互联网平台开发和服务
24	航天宏图信息技术股份有限公司	航天宏图	卫星运营与应用服务	经营范围包括技术开发、技术转让、技术咨询、技术服务；计算机技术培训；基础软件服务；应用软件服务；数据处理；计算机维修；测绘服务；货物进出口；卫星传输服务；信息系统集成服务；海洋气象观测服务；导航定位服务；软件开发；工程勘察；工程设计；互联网信息服务等

（续）

序号	企业名称	简称	特点	业务简介
25	华为技术有限公司	华为	信息与通信技术（ICT）解决方案供应商	专注于ICT领域，坚持稳健经营、持续创新、开放合作，在电信运营商、企业、终端和云计算等领域构筑了端到端的解决方案优势，为运营商客户、企业客户和消费者提供有竞争力的ICT解决方案、产品和服务，并致力于实现未来信息社会、构建更美好的全连接世界
26	浪潮集团有限公司	浪潮	云计算、大数据服务	主要业务涉及计算装备、软件、云计算服务、新一代通信、大数据及若干应用场景。已为全球120多个国家和地区提供IT产品和服务
27	联通数字科技有限公司	联通数科	政企客户数字化转型服务	打造独特创新竞争优势、实现创新赛道差异化突围的重大战略布局，致力于推动我国数字经济高质量发展，为政企客户的数字化转型赋能
28	联通云数据有限公司	联通云	算网一体化服务	为数字经济、数字政府、数字社会的建设发展提供“联接+感知+计算+智能”的算网一体化服务
29	蚂蚁科技集团股份有限公司	蚂蚁集团	数字生活及数字金融服务	通过科技创新，助力合作伙伴，为消费者和小微企业提供普惠便捷的数字生活及数字金融服务；持续开放产品与技术，助力企业的数字化升级与协作；在全球广泛合作，服务当地商家和消费者实现“全球收”“全球付”和“全球汇”
30	每日互动股份有限公司	每日互动	数据智能服务	公司将深厚的数据能力与行业“Know-How”有机结合，为互联网运营、用户增长、品牌营销、金融风控等各行业客户及政府部门提供丰富的数据智能产品、服务与解决方案
31	美林数据技术股份有限公司	美林数据	数据治理、数据分析服务	面向企业客户提供数据资产管理、数据分析与挖掘、数据开发应用为主的大数据产品及增值解决方案，引领大数据应用和产业数据运营等创新服务模式

（续）

序号	企业名称	简称	特点	业务简介
32	南威软件股份有限公司	南威	数字政府服务与运营	智慧城市、数字经济、分享经济平台建设运营的综合性科技集团，是全国行业龙头企业，拥有国家信息系统集成及服务壹级资质、涉及国家秘密的计算机信息系统集成甲级资质、国家建筑智能化系统设计专项甲级资质、电子与智能化工程专业承包一级、国家安防工程企业设计施工维护能力一级、CMMI-5 国际认证等业内六甲顶级资质，综合竞争力处于全国前列
33	普元信息技术股份有限公司	普元	软件基础平台产品及解决方案	主要面向金融、电信、政务等行业的大中型企事业单位，为其提供创新的可靠的软件基础平台产品（中间件、工具软件）及相关技术服务。软件基础平台产品和技术服务涵盖云应用平台软件、大数据中台软件和 SOA 集成平台软件三大技术领域，形成了以标准软件为载体，以平台定制实施服务、应用开发服务为特色的“软件产品+技术服务”的业务体系
34	奇安信科技集团股份有限公司	奇安信	网络空间安全	面向政府、企业用户提供新一代企业级网络安全产品和服务
35	软通动力信息技术（集团）股份有限公司	软通动力	软件与信息技术服务	为客户提供软件与数字技术服务及数字化运营服务
36	软通智慧科技有限公司	软通智慧	城市数据智能服务	智慧城市技术服务和运营商，专注于利用大数据、云计算、物联网、人工智能等新兴技术，基于城市发展刚需，沉淀城市数据，为中国城市数字化、智慧化提供一体化设计、建设、运营服务
37	上海爱数信息技术股份有限公司	爱数	全域数据能力服务	提供大数据基础设施，对全域数据进行整合、治理、保护，实现数据资产化和知识化，与客户共创数据驱动型组织。产品覆盖结构化数据、非结构化数据、机器数据、知识图谱数据，并基于 Your-Data 架构建立数据即服务（DaaS），帮助客户从容应对混合云、多云战略的数据自由流动

（续）

序号	企业名称	简称	特点	业务简介
38	上海钢联电子商务股份有限公司	上海钢联	大宗商品及相关产业数据服务	全球领先的大宗商品及相关产业数据服务商之一，拥有国内千亿元级 B2B 钢材交易智慧服务电商平台
39	上海合合信息科技股份有限公司	合合信息	人工智能及大数据服务	主要从事智能移动终端的移动互联网业务，专注移动应用开发，在光学字符识别、手写识别、图像处理及自动图像增强等领域深耕多年，拥有世界领先、自主知识产权的核心技术旗下多个移动互联网产品
40	上海克而瑞信息技术有限公司	克而瑞	房地产信息技术研发	2006 年 7 月 3 日成立，经营范围包括计算机软硬件及技术的开发、制作，销售自有产品等
41	上海脉策数据科技有限公司	脉策科技	城市数字化领域服务	国内领先的大数据和人工智能领域科技公司
42	上海信数科技有限公司	信数	智能科技服务	经营范围包含：网络技术、电子产品、数据处理技术、计算机软硬件、电子商务技术的技术开发、技术咨询、技术服务、成果转让；计算机系统集成；电子产品、计算机软硬件、计算机配件的批发、零售
43	深圳市洞见智慧科技有限公司	洞见科技	隐私计算技术	专注于隐私计算技术服务的公司，致力于以隐私计算技术赋能数据价值的安全释放和数据智能的合规应用
44	深圳市和讯华谷信息技术有限公司	极光	移动大数据平台和移动应用云服务	为 App 开发者提供稳定高效的消息推送、统计分析、即时通信、社会化分享组件和短信等开发者服务，产品有极光广告服务和极光数据服务等
45	深圳市华傲数据技术有限公司	华傲数据	数据治理	聚焦数字中国事业，专注数据治理，依托广东省珠江计划和深圳市孔雀计划引进的创新科研团队、国内省部级数据治理工程技术中心，以填补国际空白的“五跨数据融合方法论”（GLDM）为指引，华傲数据面向“数字政府”“数字经济”“数字社会”三大场景，研发了一整套覆盖完整数据生命周期的数据智能产品族及深入业务的行业解决方案，广泛应用于政府、交通、能源、金融等领域

（续）

序号	企业名称	简称	特点	业务简介
46	深圳市桑达实业股份有限公司	深桑达	企业数字化转型服务	聚焦云计算及存储、数据创新、数字政府与行业数字化服务、高科技产业工程服务 4 项主业，构筑数字与信息服务、产业服务两大业务板块，以自主安全技术助力千行百业数字化转型升级，服务数字经济高质量发展
47	神州数码信息服务集团股份有限公司	神州数码	金融科技全产业链综合服务	以建设数字中国为使命，秉持“成就客户、创造价值、追求卓越、开放共赢”的企业价值观，聚焦数云融合的金融科技战略，以“数字技术+数据要素”融合创新，提供场景金融、数据资产、数字金融、云+信创四大业务，致力于成为领先的金融数字化转型合作伙伴，用数字技术实现普惠金融，助推金融数字化转型，更好地服务实体经济
48	曙光信息产业股份有限公司	中科曙光	我国核心信息基础设施领军企业	为中国及全球用户提供创新、高效、可靠的 IT 产品、解决方案及服务
49	太极计算机股份有限公司	太极股份	软件技术成果转化、信息系统研发	以“IT 咨询、行业解决方案与服务、IT 产品增值服务、IT 基础设施服务”等为主营业务，面向政府、金融、能源、冶金、媒体等行业提供一体化 IT 服务
50	腾讯云计算（北京）有限责任公司	腾讯云	云服务解决方案	为开发者及企业提供云服务、云数据、云运营等整体一站式服务方案
51	天聚地合（苏州）科技股份有限公司	聚合数据	API 数据服务	通过数据交易撮合服务模式，从数据源头上引入数据接口供应商，把控数据接口质量，经过统一 API 集成、融合框架进行标准化处理后提供给开发者调用，涵盖生活、健康、出行、金融、通讯、位置、充值等多个行业领域
52	同盾科技有限公司	同盾科技	决策智能服务	专注决策智能先进技术研发和应用，致力于帮助政企客户防范风险、提升决策效率
53	拓尔思信息技术股份有限公司	托尔思	大数据技术服务	推出海贝大数据管理平台和水晶分布式数据库平台，提供大数据分析挖掘云服务平台，为政府、媒体、安全、金融、教育、企业等领域提供大数据应用解决方案

（续）

序号	企业名称	简称	特点	业务简介
54	万达信息股份有限公司	万达信息	智慧城市综合软件及服务	业务领域涵盖医疗卫生、智慧政务、市场监管、民生保障、城市安全、智慧教育、ICT 信息科技创新、健康管理和智慧城市公共平台的建设与运营。其中，卫生健康、民生保障、智慧城市公共平台等公司业务服务覆盖全国 8 亿人口
55	武汉达梦数据库股份有限公司	达梦数据	国产数据库领军企业	坚持实现自主可控产品体系。旗下有达梦数据库管理系统、数据库集成软件、云计算与大数据产品、数据库生态工具等，其中新一代大型通用关系型数据库 DM8 为公司自研数据库
56	新华三技术有限公司	新华三	新 IT 解决方案	致力于成为客户业务创新、数字化转型值得信赖的合作伙伴。作为紫光集团旗下的核心企业，通过深度布局“云-网-算-存-端”全产业链，不断提升数字化和智能化赋能水平。拥有计算、存储、网络、5G、安全、终端等全方位的数字化基础设施整体能力，提供云计算、大数据、人工智能、工业互联网、信息安全、智能联结、边缘计算等在内的一站式数字化解决方案，以及端到端的技术服务
57	云基华海信息技术股份有限公司	云基华海	国内首家提出数据资产运营理念的公司	数据价值发掘和数据开发应用的服务提供商，始终致力于为政府、企业及公众提供数据智能化解决方案。云基华海基于大数据、区块链、联邦学习、多方安全计算、隐私算法等技术，打造了贯穿数据共享、汇聚、治理、AI 加工、可视化到数据要素交易的全数据要素生命周期产品矩阵
58	云赛智联股份有限公司	云赛智联	智慧城市综合解决方案	以云计算与大数据、行业解决方案及智能化产品为核心业务的专业化信息技术服务企业，以“成为中国一流的智慧城市综合解决方案提供商和运营商”为战略愿景，主动服务于上海市全面提升城市治理现代化水平战略

（续）

序号	企业名称	简称	特点	业务简介
59	中兴通讯股份有限公司	中兴通讯	综合通信解决方案	为全球电信运营商、政企客户及个人消费者提供创新的技术与产品解决方案
60	中远海运科技股份有限公司	中远海科	中国智能交通和交通信息化领域的开拓者之一	以智慧交通为基础，依托中国海运集团开展航运信息化领域相关业务。随着国家“一带一路”倡议的提出，持续加大在港航自动化领域的投入，凭借自身行业优势，充分利用移动互联网、大数据、人工智能等技术，致力智慧交通、智慧海运、智慧物流服务，全力打造一流的智慧交通和航运信息化服务商

参考文献

[1] 陈忆金，奉国和．数据资源管理［M］．北京：机械工业出版社，2024.

[2] 崔静，张群，王春涛，等．数据资产评估指南［M］．北京：电子工业出版社，2022.

[3] 刘炼箴．民法典“数据与网络虚拟财产”条款研究［J］．上海法学研究，2020（1）：141-160.

[4] 李爱君．论数据权利归属与取得［J］．西北工业大学学报（社会科学版），2020（1）：89-98.

[5] 王伟岭，王蕤，贾子君．数据要素市场：全球数字经济竞争新蓝海［M］．北京：电子工业出版社，2023.

[6] 于施洋，王建冬，黄倩倩．论数据要素市场［M］．北京：人民出版社，2023.

[7] 赵星，李向前，数据资产“入表”的准则考量与推进思路［J］．财会月刊，2024，45（3）：55-60.

[8] 王文兵，李珺珺．企业数据资源的会计确认、计量与披露探析：兼评《企业数据资源相关会计处理暂行规定》［J］．商业会计，2024（1）：4-9.

[9] 罗玫，李金璞，汤珂．企业数据资产化：会计确认与价值评估［J］．清华大学学报（哲学社会科学版），2023，38（5）：195-209，226.

[10] 数据入表服务联合体．数据资源入表白皮书（2023版）［R］．2023.

[11] 数据入表服务联合体．企业数据资产入表操作指引［R］．2024.

[12] 刘刚，孙毅，袁方．要素市场化改革下企业数据资产权属辨识与价值评估思考［J］．中国资产评估，2023（2）：19-24.

[13] 李文军，李玮．我国大数据产业和数据要素市场发展的问题与对策［J］．企业经济，2023（3）：26-36.

[14] 胡佳胤．《数据资产评估指导意见》的解读和政策启示［J］．商学院，2023（11）：1.

[15] 财政部资产管理司．财政部资产管理司有关负责人就印发《关于加强数据资产管理的指导意见》答记者问［EB/OL］．（2024-01-11）［2024-07-15］．http：//www.mof.gov.cn/jrttts/202401/t20240115_3925915.html.

[16] 万静．财政部出台《关于加强数据资产管理的指导意见》平等保护各类主体数据资产合

法权益［EB/OL］.（2024-01-18）［2024-07-15］. https：//baijiahao. baidu. com/s? id = 1788389889528590728&wfr = spider&for = pc.

［17］赵治纲. 数据资产入表的战略意义、问题与建议［J］. 会计之友，2024（3）：2-6.

［18］徐涛，尤建新，曾彩霞，等. 企业数据资产化实践探索与理论模型构建［J］. 外国经济与管理，2022，44（6）：3-17.

［19］李晓茹. 数据资产评估方法及难点［J］. 合作经济与科技，2024（9）：142-143.

［20］曾雪云，杜晟. 企业自有数据资产的分类与估值方法探究［J］. 财务与会计，2023（19）：50-53.

［21］周开乐. 数据资产管理［M］. 北京：清华大学出版社，2023.

［22］于施洋，王建冬，黄倩倩. 论数据要素市场［M］. 北京：人民出版社，2023.

［23］中国信息通信研究院. 数据要素白皮书 2023［R/OL］.（2023-09-26）［2024-07-15］. http：//www. caict. ac. cn/.

［24］普华永道. 新要素大市场：企业数据资源入表五大提示及“五步法”入表路径解析［EB/OL］.（2023-10-30）［2024-07-15］. http：//govcdo. digitalelite. cn/nd. jsp? id = 691&fromMid = 600.

［25］陈虎，孙彦丛，郭奕，等. 财务数据价值链：数据、算法、分析、可视化［M］. 北京：人民邮电出版社，2022.

［26］LI L，SU F，ZHANG W，et al. Digital transformation by SME entrepreneurs：acapability perspective［J］. Information Systems Journal：an International Journal Promoting the Study and Practice of Information Systems，2018（6）：1129-1157.

［27］李晶. 知识产权产品核算问题研究［D］. 南昌：江西财经大学，2015.

［28］马丹，郁霞. 数据资产：概念演化与测度方法［J］. 统计学报，2020，1（2）：15-24.

［29］吴江，陈婷，龚艺巍，等. 企业数字化转型理论框架和研究展望［J］. 管理学报，2021，18（12）：1871-1880.

［30］徐丽笑. 知识产权产品核算及其对中国 GDP 增长的贡献［J］. 经济统计学（季刊），2016（1）：39-50.

［31］姚文韵，崔学刚. 会计治理功能研究：分析与展望［J］. 会计研究，2011（2）：31-38，96.

［32］朱扬勇，叶雅珍. 从数据的属性看数据资产［J］. 大数据，2018，4（6）：65-76.

[33] WU X H, YUE Y, GAO R B. Research on geological data security governance system [R]. 2022.

[34] 周开乐. 数据资产管理 [M]. 北京：清华大学出版社，2023.

[35] 赵丽芳，刘小钰. 数据资产入表十大挑战与处理办法 [EB/OL]. (2023-12-27) [2024-07-15]. https://mp.weixin.qq.com/s/_Zddo0Lf1FsBfy2TJpZ4Sw.

[36] 上海数据交易所，大数据流通与交易技术国家工程实验室. 数据资产入表 100 问 [M]. 北京：经济管理出版社，2024.

[37] 中国经济信息社. 经济信息服务业数据资产入表实践操作指南 [R]. 2024.

[38] 金泰资本. 盘点：全国 25 个数据资产入表案例 [EB/OL]. (2024-03-08) [2027-07-15]. http://dsj.guizhou.gov.cn/xwzx/gnyw/202403/t20240308_83900821.html.

[39] 普华永道. 新要素·大市场：企业数据资源入表五大提示及“五步法”入表路径解析 [EB/OL]. (2023-08-25) [2024-07-20]. https://mp.weixin.qq.com/s/530OykpcSArsAXZJd-4w8g.

[40] 邹贵林，陈雯，吴良峥，等. 电网数据资产定价方法研究：基于两阶段修正成本法的分析 [J]. 价格理论与实践，2022 (3)：89-93，204.